SPHINX **Phyllis Mindell**

Starke Frauen sagen was sie wollen

Aus dem Amerikanischen
von Elisabeth Liebl

Im Gedenken an meine Mutter, Esther B. Gross,
und für meine neue Tochter, Ossie Borosh

Die Originalausgabe erschien unter dem Titel
A Woman's Guide to the Language of Success
bei Prentice Hall, Englewood Cliffs.
© Phyllis Mindell 1995

Die Deutsche Bibliothek – CIP-Einheitsaufnahme
Mindell, Phyllis:
Starke Frauen sagen, was sie wollen / Phyllis Mindell. [Aus dem Amerikan. von Elisabeth Liebl]. – 2. Aufl. – Kreuzlingen ; München : Hugendubel, 2001
(Sphinx)
Einheitssacht.: A woman's guide to the language of success <dt.>
ISBN 3-7205-2141-9

2. Auflage 2001
© der deutschen Ausgabe Heinrich Hugendubel Verlag,
Kreuzlingen/München 2000
Alle Rechte vorbehalten

Lektorat: Claudia Göbel
Umschlaggestaltung: Zembsch' Werkstatt, München,
unter Verwendung eines Motivs der Bavaria Bildagentur,
München
Produktion: Maximiliane Seidl
Satz: Impressum, München
Druck und Bindung: Huber, Dießen
Printed in Germany

ISBN 3-7205-2141-9

Inhalt

Detailliertes Inhaltsverzeichnis	6
Vorwort	13
Was eine Sprache des Erfolgs Ihnen bringt	16

1	Der Erfolg hat eine Sprache	19
2	Nieder mit der Grammatik der Schwäche!	41
3	Verschaffen Sie sich Gehör mit der Grammatik der Stärke	72
4	Das treffende Wort	95
5	Organisation ist alles	116
6	Stehen Sie auf und reden Sie: Starke Präsentationen	138
7	Die Körpersprache des Erfolgs: Führen ohne Worte	172
8	Spielen Sie Ihre Rolle mit Stil	199
9	Führen mit der Frauensprache des Erfolgs	212
10	Werden Sie zur Herrin der Feder: In der Sprache des Erfolgs schreiben	231
11	Warum Frauen anders lesen als Männer: Macht durch Lesen	249
12	»Aber ich dachte, Sie hätten gesagt …«: Durch aktives Zuhören Verständigungsprobleme vermeiden	272
13	Der Alltag fordert alle Facetten der Erfolgssprache: Probleme und Lösungen	295
14	Unsere Heldinnen, unser Leben: Wie wir Stärke gewinnen und weitergeben	314

Danksagung	327
Die Autorin	328
Literatur	329
Internet-Adressen für Frauen	332
Register	333

Detailliertes Inhaltsverzeichnis

Vorwort	13

Was eine Sprache des Erfolgs Ihnen bringt	16
Wie Sie dieses Buch am besten nutzen	17

1 Der Erfolg hat eine Sprache   19
Die Sprache der Schwäche   23

Wie Frauen ihre Inhalte abschwächen 23 · Sich sprachlich unsichtbar machen 25 · Wie Frauen ihr Selbstvertrauen aufs Spiel setzen 28 · Lesen ist Macht 30 · Sprachliche Übergriffe und wie Sie am besten damit umgehen 31 · Sehen Sie sich selbst in einem neuen Licht 34

Lernen Sie von erfolgreichen Frauen die Sprache
des Erfolgs   37

Die Heldin am Nebentisch 38

Der nächste Schritt   39
Merksätze   40

2 Nieder mit der Grammatik der Schwäche!   41
Wie Sie die Grammatik der Schwäche hinter sich
lassen   44

Das überflüssige Ich 44 · Leitlinie für Ich-Sätze 47 · Was hinter den Ich-Sätzen steckt 49 · Intimitäten: Gut im Schlafzimmer, Gift im Besprechungsraum 51 · Legen Sie die falsche Bescheidenheit ab: Autorität ist etwas Wunderbares 53 · Wie Sie tatsächliche Unsicherheit ausdrücken 55 · Keine Anhängsel: Halten Sie die Power in Ihren Sätzen 57 · Gefühle und Eindrücke 59 · Echt, irgendwie, eigentlich 61 · Passiv im Passiv: Die Welt, in der niemand etwas tut 61 · Übermäßige Korrektheit 66 · Blasse Füllwörter 67 · Schwache Konjunktionen: und, aber, und ... 68 · Der Super-Gau: Zu viele Wörter, Schachtelsätze und Blabla 69

Merksätze   71

Inhalt

3 Verschaffen Sie sich Gehör mit der Grammatik der Stärke — 72
Charlottes Grammatik — 72
Ein kurzer Blick zurück — 73
Ein paar Grammatikkenntnisse schaden niemandem — 73
Handlungsverben bringen Stärke ins Satzgefüge — 76
Mut zur Distanz — 78
Das Passiv der Stärke — 80
Anweisungen, die befolgt werden — 82
Ein starkes Nein — 84
Vertreten Sie freundlich, aber bestimmt Ihren Standpunkt — 87
Das Geheimnis der Parallelkonstruktion — 89
Merksätze — 94

4 Das treffende Wort — 95
Die Macht der Worte — 95
Sechs Schritte zum Erfolgs-Wortschatz — 97

Schritt 1: Erst denken, dann reden 97 · Schritt 2: Schreiten Sie zur Tat – mit Tätigkeitsverben 103 · Schritt 3: Sicher im Fremdwortgebrauch 105 · Schritt 4: Metaphern: Wie Sie aus Ihrem Arbeitsplatz einen Garten oder einen Webstuhl machen 108 · Schritt 5: Nennen Sie die Dinge beim Namen 112 Schritt 6: Pflegen Sie Ihr Power-Lexikon! 113

Merksätze — 115

5 Organisation ist alles — 116
Planung heißt Stärke — 117

Eine Million machen? Jederzeit! – Eine Rede halten? Um Himmels willen! 118

Ein unfehlbares Rezept für erfolgreiche Kommunikation — 119

13 Schritte zu einer organisierten Präsentation 120 · Der Preis der Spontaneität 136

Erst wer das Rezept beherrscht wird kreativ — 136
Merksätze — 137

Inhalt

**6 Stehen Sie auf und reden Sie:
Starke Präsentationen**   **138**
Aufmerksamkeit fällt Frauen nicht in den
Schoß   139

Man hört Ihnen zu – und was nun? 139 · Mädchen, die pfeifen ... 139

Hübsch leise oder deutlich präsent?   141
Was wollen Sie erreichen, wenn Sie sprechen?   141
Wie man eine Rede *nicht* hält   142
Wie Sie eine Rede interessant gestalten   145

*Legen Sie fest, was Sie sagen wollen – und was nicht 146
Planung ist alles – Skripte sind Planung 147 · Vier Vorteile von
Skripten 147 · Lassen Sie keine wesentlichen Teile weg 149
Schreiben Sie für Hörer, nicht für Leser 149 · Bauen Sie dem
Gedächtnis Brücken 150 · Setzen Sie die Grammatik der
Stärke ein 150 · Erzählen Sie Geschichten 151 · Wiederholtes
prägt sich ein 153 · Es geht um mehr als Rhetorik 154 · Benutzen Sie genaue, konkrete Wörter und Bilder 157 · Lebendige
Grafiken 158*

Wie Sie kontrollieren, was nicht zu kontrollieren ist:
Fragen   160

*Erprobte Antworten auf hartnäckige und destruktive Fragen 162 · Wie man Fragen nicht stellt 163 · Wie man Fragen
stellt 163*

Wie Sie sich Gehör verschaffen   164

*Strategien, die nicht funktionieren 166 · Strategien, die funktionieren 167 · Wie Sie mit destruktiven Unterbrechungen
umgehen 167*

Setzen Sie sich und reden Sie   168

*Seien Sie präzise 168 · Liefern Sie knackige Kommentare 169
Hebeln Sie Blockierer aus 169 · Suchen Sie sich Vorbilder in
Radio oder Fernsehen 170*

Merksätze   170

Inhalt

7 Die Körpersprache des Erfolgs:
Führen ohne Worte 172
Setzen Sie Signale der Stärke 173
Man sieht Sie, bevor man Sie hört 175
Der erste Eindruck zählt 175

Der Gang zum Podium 177

Starke Körpersprache von Kopf bis Fuß 178

Kopf hoch! 179 · Augenkontakt 179 · Das Gesicht sagt alles –
oder nichts 181 · Den Raum erobern 182 · Weibliche Arm-
haltungen 183 · Mit beiden Beinen im Leben stehen 186

Über den Körper hinaus: Ihre Stimme spricht Bände 187

Was Ihre Stimme verrät 187 ·»Ich komme aus Atlanta?«188
Schneller als der Schall 189 · Äh, ähm 190 · Nutzen Sie die
Stille zu Ihrem Vorteil 190

Strategien für Sicherheit und Selbstvertrauen 192

Strategie 1: Was kann denn schon passieren? 194 · Strategie 2:
Lachen Sie über sich selbst 195 · Strategie 3: Tief durch-
atmen 196 · Strategie 4: Niemand ist vollkommen 196

Stark auch im Sitzen 197
Merksätze 198

8 Spielen Sie Ihre Rolle mit Stil 199
Beruf ist Theater: Was passt zu Ihrer Rolle? 200

Frisur 201 · Duft 202 · Figur 203 · Gesicht 204 · Kleidung 205
Accessoires 207 · Schuhe 208

»Dress-Down«-Tage: In der Jogginghose ins Büro? 209
Kopieren Sie Ihre Vorbilder 210
Merksätze 211

9 Führen mit der Frauensprache des Erfolgs 212
Managerin und Mentorin: Was wir von Charlotte
lernen können 213
Neun Wege, Menschen durch Sprache zu führen 213

Inhalt

1. Seien Sie »versiert« 214 · 2. Reagieren Sie auf Anerkennung positiv, aber nicht unterwürfig 215 · 3. Überzeugen Sie in der Sprache des Erfolgs 216 · 4. Wie Sie freundlich, aber bestimmt Nein sagen 218 · 5. Gestalten Sie Besprechungen effektiv 219 6. Zeigen Sie Ihre Anerkennung, wenn es angemessen ist 223 7. Fördern Sie Kooperation und ersticken Sie Feindseligkeiten im Keim 224 · 8. Machen Sie sich zur Mentorin der noch Unerfahrenen 226 · 9. Vertrauen macht aus »Kümmerlingen« Siegerinnen 228

Merksätze   230

10 Werden Sie zur Herrin der Feder: In der Sprache des Erfolgs schreiben   231

Worte der Schwäche von einer starken Frau   232
Eine weibliche Führungskraft schreibt an ihren Chef   233
Meine Antwort auf den Brief   236
Sprachliche Elemente, die Schwäche signalisieren   237

Wie der Brief erfolgreich umformuliert werden kann 239

Schreiben im 21. Jahrhundert   244

Formalien ändern sich, die Prinzipien bleiben gleich 246 Frauen und Computernetze 247

Merksätze   248

11 Warum Frauen anders lesen als Männer: Macht durch Lesen   249

Was Lesen und Erfolg miteinander zu tun haben   250

Was lesen Sie? 251 · Warum lesen Sie? 252 · Wie lesen Sie? 254

Richtiges Lesen: Grundlegend für die Kommunikation   255

Wie Lesen Ihrer Karriere auf die Sprünge hilft 256 · Lesen ist wie Turnierfechten – nett sein bringt gar nichts 266 · Schleichen Sie sich ins Lager des Feindes: Lesen Sie, was Sie schrecklich finden 267

Lesen Sie laut   268

Wie man einen Text fürs Vorlesen präpariert 269 · Tipps zum Lesen vor Publikum 270

Merksätze   271

12 »Aber ich dachte, Sie hätten gesagt …«: Durch aktives Zuhören Verständigungsprobleme vermeiden 272
Zuhören: Eine der wichtigsten Führungsfähigkeiten 273

Was bedeutet »Zuhören«? 273

Was uns am Zuhören hindert   274

Filter 274 · Ungenaues Zuhören 276 · Unaufmerksamkeit 276 Unterschiedliche Hintergründe 277 · Mangelnde Flexibilität 279

Sieben Hör-Schritte zu erfolgreicher
Kommunikation   280

Technik 1: Achten Sie auf nonverbale Signale 280 · Technik 2: Hören Sie genau zu 281 · Technik 3: Wiederholen oder paraphrasieren 286 · Technik 4: Verständnis zeigen 287 · Technik 5: Klare Verhältnisse 288 · Technik 6: Haken Sie nach 288 · Technik 7: Die Coaching-Methode 289

Was genau soll ich denn jetzt sagen? – Wie Sie diese
Techniken einsetzen   291

Szene 1: Eine wütende Mitarbeiterin 291 · Szene 2: Ein Konflikt im Team 292 · Passen Sie die Hörtechniken der aktuellen Situation an 293

Merksätze   294

13 Der Alltag fordert alle Facetten der Erfolgssprache: Probleme und Lösungen 295
Beleidigungen und herabsetzende Bemerkungen   296

Ignorieren Sie sie einfach 296 · Schlagen Sie zurück! 296 · Stellen Sie den Betreffenden vor aller Augen zur Rede 297 · Sprechen Sie das Thema unter vier Augen an 298 · Schreiben Sie an den Betreffenden 299 · Bitten Sie eine Mentorin um Hilfe 301

Inhalt

Entschuldigungen	302
Kommunikationsfehler: Was tun, wenn alles fehlschlägt?	304

Ein Beispiel: Götterdämmerung im Schreibbüro 304

Kritik üben	306

Grundregeln für die Sprache der fairen Kritik 307 · Können Sie nett sein und trotzdem führen? Aber ja! 308

Schwierige persönliche Fragen	311

14 Unsere Heldinnen, unser Leben: Wie wir Stärke gewinnen und weitergeben — **314**

Der Weg zur Meisterschaft	314
Überprüfen Sie Ihre Fortschritte	316
Starke Frauen, starke Sprache: Erfolgsgeschichten	319

Wie Sprache aus grauen Mäusen Powerfrauen macht 320 Wie Sprache zur Führungskraft qualifiziert 322 Wie Sprache neue Möglichkeiten schafft 323 · Wie Sprache zum richtigen Image verhilft 324

Authentisch bleiben mit der Sprache des Erfolgs	326

Danksagung	327
Die Autorin	328
Literatur	329
Internet-Adressen für Frauen	332
Register	333

Vorwort

Die Idee zu diesem Buch begann in mir zu keimen, als ich vor einigen Jahren eine Diskussionsrunde zum Thema »Macht« besuchte. Einer der Vortragenden meinte, dass an seinem Arbeitsplatz »kein Mensch einer Frau zuhört«. Mir sträubten sich die Nackenhaare, und ich dachte: »Das ist nicht wahr. Einigen Frauen hört man sehr wohl zu.« Und dann begann ich mich zu fragen: »Warum hört man einigen Frauen zu und anderen nicht? Was machen die Frauen, denen man zuhört, anders? Und können andere Frauen diese Fähigkeiten von ihnen lernen? Oder müssen Frauen sich wie Männer benehmen, um Gehör zu finden?«

Die Antwort auf all diese Fragen fing an, mir zu dämmern, als mich in der folgenden Woche eine kleine Freundin mit dem Kinderbuch *Wilbur und Charlotte* von E. B. White besuchte, aus dem ich ihr vorlesen sollte. Als ich merkte, dass die Hauptfigur in diesem Buch, die Spinne Charlotte, zu den weiblichen Wesen gehörte, denen man zuhörte, lieh ich es mir aus und las es mit ganz neuen Augen. Charlotte hat sich eine Sprache der Stärke geschaffen, die sie auf absolut weibliche Weise benutzt. Sie greift dabei weder auf Macho- noch auf Amazonengehabe zurück, sondern setzt ihre Sprache ein, um Gutes zu tun: Sie will ihren Freund Wilbur, das Schweinchen, retten. Nun werden Sie sich sicher fragen, was diese Kindergeschichte in einem Buch für erwachsene Frauen soll. Ganz einfach: Berufstätige Frauen können sehr viel aus dieser einfachen Geschichte und von Charlotte lernen. Für das weitere Verständnis meiner Ausführungen müssen Sie die Geschichte nicht kennen, ich werde Ihnen alle nötigen Informationen geben. Doch später mehr dazu.

Ich suchte mir also weitere Informationen und ging in Bibliotheken, um die Sprache von Frauen zu studieren, um herauszufinden, wann sie eine Sprache der Stärke war und wann sie

Vorwort

Schwäche signalisierte. Ich las und horchte, um Beispiele sowohl für eine erfolgreiche als auch für eine erfolglose Kommunikation im Beruf zu finden. Auch wenn zum Thema »Sprache und Macht« das letzte Wort noch lange nicht gesprochen ist, so wurde mir doch bald klar, dass es sehr wohl konkrete und praktische Tipps gibt, mit denen berufstätige Frauen zu einer Sprache des Erfolgs finden können.

Als ich in meiner Eigenschaft als Kommunikationstrainerin durch die Vereinigten Staaten reiste, wurde mir bewusst, wie sehr wir Frauen sprachliche Hilfsmittel brauchen, die uns Vertrauen in unsere beruflichen, kommunikativen und Führungsqualitäten geben. Daher entwarf ich einen Workshop mit dem Titel »Frauensprache – Frauenmacht«. Die Frauen strömten in Scharen in dieses Seminar, begierig zu lernen und begierig, von ihren Erfahrungen zu berichten, gleich ob es sich dabei um Horror- oder Erfolgsstorys handelte. All diese Geschichten sammelte ich, und schließlich fielen mir dabei die immer wiederkehrenden Muster auf: Sie tauchten in jeder Geschichte auf, ob die Frau nun im Schreibbüro oder auf der Managementebene arbeitete.

Die Erfahrung zeigt, dass es falsch ist, zu glauben, an der eigenen Sprache ließe sich nichts verändern. Sie können Ihre Sprache verändern und zwar zum Besseren hin. Das geht einfacher als Sie denken. Außerdem gibt es einen Rückkopplungseffekt: Wenn Sie Ihre sprachlichen Mittel auf Erfolg programmieren, wächst Ihr Selbstvertrauen und damit auch der Mut, Dinge zu sagen und zu tun, die Sie vorher nicht gewagt hätten. Für mich ist es stets eine große Freude, von den großen und kleinen Erfolgen der Frauen zu hören, mit denen ich in den letzten fünf Jahren gearbeitet habe. Erfolg lässt das Selbstvertrauen wachsen. Und ein gestärktes Selbstbewusstsein führt zu mehr Erfolg, ob in der Führungsetage oder im Sachbearbeiterbüro.

Anfang der 90er Jahre hörte ich mir dann den Vortrag einer berühmten Feministin an. Nahezu jede Frage aus dem Publikum bezog sich auf sprachliche Probleme. Eine Frau erzählte von den heimlichen Botschaften, welche die von ihr und ihren Freundinnen gelesenen Liebesromane transportierten. Eine

Vorwort

andere fragte, was sie gegen die dauernden Belästigungen von Seiten ihrer Studienkollegen unternehmen könne. Die Dritte wollte wissen, wie sie einen Eindruck von Stärke vermitteln könne, ohne aggressiv zu wirken. Und so manche Frau berichtete über ihren Mangel an Selbstvertrauen. Die Fragen dieser Frauen ließen in mir den Entschluss, dieses Buch zu schreiben, weiter heranreifen.

Die amerikanische Linguistin Julia Penelope meinte einmal, dass »Sprache Macht ist, und zwar auf sehr viel grundlegendere Weise, als die meisten Menschen annehmen. Wenn wir sprechen, nutzen wir die Macht der Sprache, um die Wirklichkeit zu verändern.« Wir Frauen versuchen, die Wirklichkeit unserer Arbeitsplätze so umzuwandeln, dass wir dort erfolgreich, stark und selbstbewusst sein können, ohne unsere weibliche Identität und Integrität aufzugeben. *Starke Frauen sagen, was sie wollen* weist Ihnen den Weg dorthin.

Dieses Buch folgt keiner besonderen politischen oder philosophischen Richtung. Hier finden Ideen und Zitate von Frauen und Männern gleichermaßen Eingang, denn gute Ideen haben kein Geschlecht. Das Werk will Ihnen einfach praktische Hilfe für die Verbesserung Ihrer beruflichen Kommunikation an die Hand geben. Dazu setzt es auf Geschichte und Geschichten von Frauen. Genießen Sie es, während Sie daraus lernen.

Was eine Sprache des Erfolgs Ihnen bringt

Dieses Buch zeigt Ihnen, wie Sie sprachliche Mittel im weitesten Sinn einsetzen, um im Berufsleben vorwärts zu kommen. Zunächst werde ich Ihnen darlegen, wie eine Sprache der Schwäche Frauen behindert, ihr Selbstbewusstsein untergräbt und somit ihren Erfolg blockiert. Dann stelle ich Schritt für Schritt die sprachlichen Mittel vor, die Ihnen zu mehr Selbstvertrauen und Power verhelfen, und führe Ihnen vor, wie sie funktionieren, bis Sie sie schließlich selbst beherrschen. Sozusagen als Sahnehäubchen serviere ich Ihnen wahre Geschichten von wirklichen Frauen. Natürlich habe ich manchmal Namen und Berufsbezeichnung geändert, um die Privatsphäre der Betroffenen zu wahren. So wie die Frauen aus meinen Beispielen Sprache eingesetzt haben, um ihr Berufsleben reicher zu machen, genauso werden auch Sie lernen, die Sprache des Erfolgs zu benutzen.

Dieses Buch wird Ihnen zeigen, wie Sie

- Ihre Angst vor der freien Rede überwinden
- mehr Selbstvertrauen entwickeln und ausstrahlen
- klar Stellung beziehen, ohne sich zurückzunehmen
- Ihre Erfolge ins rechte Licht rücken
- höflich, aber entschieden widersprechen
- sich durchsetzen, ohne aggressiv zu wirken
- Kommunikationsstrukturen finden, die funktionieren
- so reden, dass Sie Gehör finden
- mit Gesten positive Botschaften vermitteln
- klare Anweisungen geben, die gern befolgt werden
- erfolgreich Management- und Führungspositionen ausfüllen
- mit Verleumdungen, Beleidigungen und Belästigungen bereits im Vorfeld fertig werden

- Besprechungen effektiv führen
- mit Lesestoff Ihre Karriere fördern
- so zuhören, dass die Botschaft immer ankommt
- wichtige Entscheidungen an der Spitze beeinflussen.

Wie Sie dieses Buch am besten nutzen

Dieser Führer soll benutzerinnenfreundlich sein, daher geht es hier nicht nur um graue Theorie. In diesem Buch finden Sie detaillierte Beispiele und Situationshilfen, die zur Nachahmung gedacht sind. Häufig werden Sie Skripte oder gar Spickzettel finden, die wie geschaffen für Ihre Situation sind. Die Rubrik *Praxistipp* gibt Ihnen Hinweise, wie Sie das Gelernte im Beruf umsetzen können. Die Tipps in *Merksätze* am Ende jedes Kapitels fassen den Stoff noch einmal schlagwortartig zusammen. Auf Seite 316 ff. finden Sie einen Fragebogen, mit dem Sie Ihre Beherrschung der Frauensprache des Erfolgs selbst einschätzen können.

Sie können bei der Lektüre mit Kapitel 2, *Nieder mit der Grammatik der Schwäche,* und Kapitel 3, *Verschaffen Sie sich Gehör mit der Grammatik der Stärke,* beginnen, da hier die Grundlagen für die Sprache der Stärke gelegt werden. Dann können Sie mit Hilfe des oben erwähnten Fragebogens ausloten, welche Themenbereiche Sie am meisten interessieren. Nun können Sie entweder alles lesen und sämtliche Hinweise in *Praxistipp* ausprobieren, oder Sie lesen nur die Abschnitte, die aktuell für Sie wichtig sind. Sind Sie als Rednerin versiert und sicher, neigen Sie vermutlich dazu, die Abschnitte zu diesem Thema zu überspringen, um sich sogleich dem Kapitel *Führen mit der Frauensprache des Erfolgs* oder dem Problem der effektiven Informationsaufnahme durch Lesen und Zuhören zuzuwenden. Von den Kapiteln über die Grammatik der Stärke bzw. Schwäche können Sie alle Kapitel in jeder beliebigen Reihenfolge lesen.

Wenn Sie eine Tochter haben, sollten Sie dieses Buch mit ihr zusammen lesen, denn gerade junge Frauen leiden häufig unter der Sprache der Schwäche, so dass eine Grammatik des

Was eine Sprache des Erfolgs Ihnen bringt

Erfolgs ihnen besonders nutzt. Gehören Sie einem Frauen-Netzwerk an, sollten Sie überlegen, ob Sie dieses Buch nicht in der Gruppe lesen möchten. Viele der Tipps in *Konkret* beziehen ohnehin eine weitere Frau mit ein, mit der Sie zusammen an einer Frauensprache des Erfolgs arbeiten können. In Ihrer Gruppe finden Sie möglicherweise eine gute Partnerin. Außerdem sollten Sie von Zeit zu Zeit Ihren Erfolg messen: Sind Sie noch Anfängerin, oder haben Sie vielleicht schon die Ebene der Mentorin erreicht? Legen Sie auf jeden Fall Ihre künftigen Ziele fest. Kapitel 14 ist Ihnen dabei behilflich.

Doch gleich was Sie tun und worauf Sie sich vorbereiten, ob Sie Managerin, Ingenieurin, Führungskraft, Sekretärin, Fabrikarbeiterin, Ärztin, Anwältin oder Studentin sind: Dieses Buch wird Ihnen die Regeln und Prinzipien einer funktionierenden Kommunikation in genau der Power-Sprache vermitteln, die Sie lernen wollen.

Der Erfolg hat eine Sprache

1

Heute, da wir Frauen auf allen Ebenen in die vormals rein männlich bestimmten Management- und Chefetagen vordringen, bietet sich uns die historische Chance, diese Welt zu verändern. Doch obwohl wir Frauen die traditionellen Strukturen der Geschäftswelt aufgebrochen und uns neue Karrierewege geschaffen haben, ist es uns bisher nicht gelungen, denselben Einfluss zu gewinnen wie unsere männlichen Kollegen und Schlüsselpositionen zu besetzen. In so handfesten Angelegenheiten wie Macht bzw. Einkommen und Karriere hinken Frauen immer noch hinterher. Ironischerweise liegen die Ursachen hierfür zu einem großen Teil in einer Fertigkeit, deren Beherrschung ganz in unserer Hand liegt und die darüber hinaus als weibliche Domäne schlechthin gilt: Kommunikation. Ohne es zu merken, setzen wir am Arbeitsplatz nämlich meist kommunikative Muster ein, die das, was wir wollen, sabotieren und dadurch unseren Erfolg verhindern.

Unsere sprachliche Ausdrucksfähigkeit bestimmt, welche Botschaften über uns selbst und unsere Fähigkeiten wir anderen vermitteln. Jedes Mal, wenn wir mit Kollegen reden, den Stift aufs Papier setzen oder vor Publikum sprechen, schwächen wir mit bestimmten Signalen den Eindruck ab, den unsere Worte hinterlassen. Diese Sprache der Schwäche entwertet unsere Beiträge und begrenzt sowohl unser persönliches Wachstum als auch unseren Einfluss. Hingegen ermöglicht uns eine Sprache der Stärke ein wesentlich selbstbestimmteres Arbeitsleben.

Viele Frauen stehen einer Sprache des Erfolgs ablehnend gegenüber. Sie haben Angst, »karrieregeil« zu wirken, oder glauben, dass Erfolg nur mit klassisch »männlichen« Verhaltensmustern zu erreichen ist, die sie ablehnen. Aber Macht und Einfühlungsvermögen schließen einander keineswegs aus. Und eine Sprache der Stärke hat nichts Unweibliches an sich. Wir

Der Erfolg hat eine Sprache

müssen uns auch nicht wie Männer verhalten, wenn wir stark sein wollen. Benehmen wir uns doch einfach wie starke Frauen. Die Sprache, die zu unserem Erfolg am Arbeitsplatz beiträgt, ist keineswegs auf Konfrontation ausgerichtet oder arrogant. Sie schmälert den Erfolg anderer nicht und versucht nicht, sie von Entscheidungspositionen fern zu halten oder gar auszuschließen. Ganz im Gegenteil: Sie stärkt uns selbst, so dass wir in der Lage sind, die Stimmung und den Umgangston in unserem Unternehmen um Werte wie Würde und Takt zu bereichern. Mit unserer Sprache bestimmen wir uns selbst, unsere Kollegen und unseren Arbeitsplatz. Gestalten wir also unsere Sprache neu, so ändert sich all dies mit.

Wie das funktionieren soll? Denken Sie doch einmal an all die Dinge, in denen Sie gut sind. Von wem haben Sie sie gelernt? Richtig: Sie hatten Vorbilder oder »Rollenmodelle«: Ihre Mutter, Ihre Lieblingslehrerin, Ihre beste Freundin. Daher ist der erste Schritt hin zu einer neuen Sprache die Analyse der sprachlichen Muster von Frauen, die bereits Erfolg hatten. Zum Glück gibt es mittlerweile eine ganze Reihe von Frauen, an denen wir uns orientieren können, wenn es um geschickte, klare und offene Kommunikation geht. Wie Leuchtfeuer in der Nacht weisen sie uns den Weg, sobald wir darangehen, die linguistischen Ketten zu zerbrechen, die uns an Schwäche und Angst fesseln, und stattdessen eine Sprache des Erfolgs und des Muts zu erlernen. In diesem Buch werden uns die berühmte Fliegerin Amelia Earhart, Ruth Bader Ginsburg, Richterin am höchsten amerikanischen Gerichtshof, und Carla Hills, Beraterin von Bill Clinton bei den schwierigen Verhandlungen um die amerikanischen Handelsabkommen, immer wieder mit leuchtendem Beispiel vorangehen und uns zeigen, wie wir unsere Sprache verändern müssen, wenn sie eine Sprache des Erfolgs sein soll.

Eine unserer besten Lehrerinnen finden wir – wie oben bereits angedeutet – an einem gänzlich unerwarteten Ort: Charlotte, die Spinne aus dem Kinderbuch *Wilbur und Charlotte* von E.B. White, ist ein exzellentes Beispiel für eine starke Frauensprache. Die kluge kleine Spinne mit dem großen Herzen setzt die Macht der Sprache ein, um zu überzeugen, um ein Bild

Der Erfolg hat eine Sprache

zu schaffen, mit dem sie den Ablauf der Ereignisse unwiderruflich nach ihren Vorstellungen verändert. Träger der sprachlichen Botschaften ist dabei ihr Netz, in das sie Botschaften einwebt, die landauf, landab Aufmerksamkeit erregen und schließlich das Leben ihres Freundes Wilbur retten. Sie ist das perfekte Rollenmodell für uns, da sie weibliche Tugenden wie Klugheit und Einfühlungsvermögen mit der Entschlossenheit und Stärke vereint, die nötig sind, um die Welt zu verändern.

Für alle, die die Geschichte nicht kennen oder nicht mehr im Kopf haben, hier eine kurze Zusammenfassung: Das Buch beginnt mit der Geburt eines Schweinchens, das viel kleiner und schwächer ist als der Rest des Wurfes. Da Mr. Arable, der Farmer, nichts von »Kümmerlingen« hält, will er das Schweinchen »wegtun«. Doch seine kleine Tochter Fern kann ihn davon abhalten. Sie verspricht, sich um das Tier zu kümmern, es aufzupäppeln und für es zu sorgen. Sie gibt dem Kleinen sogar einen Namen: Wilbur.

Aber sobald Wilbur herangewachsen ist, wird er an Ferns Onkel, Mr. Zuckerman, verkauft, wo ihn ein übles Schicksal erwartet. Auf Mr. Zuckermans Farm lebt der kleine Wilbur zunächst arglos vor sich hin, bis ihm ein Schaf von seiner wahren Bestimmung erzählt: Räucherspeck und Schinken. An dieser Stelle nun tritt Charlotte, Wilburs Freundin, auf den Plan.

Sie rettet sein Leben, indem sie ein Netz aus Worten für ihn spinnt. Ihr Plan ist ganz einfach: Sie spannt über seinem Stall ein Netz, in das sie ein bestimmtes Wort einwebt, das die Qualitäten dieses Schweines auf den Punkt bringt. Mit der Auswahl dieses Wortes hat sie sich ungeheure Mühe gegeben. Ihr erstes Wort, über das sie lange meditiert hat, lautet: *Prachtschwein*. Natürlich ist ein Wort in einem Spinnennetz eine mittlere Sensation in dem kleinen Ort. Von nah und fern kommen Menschen, um das berühmte Spinnennetz zu betrachten. Ferns Onkel glaubt gar, dass ein Wunder geschehen sei. Doch was noch wichtiger ist: Das Wunder überzeugt ihn, dass Wilbur tatsächlich ein Prachtschwein ist. Doch leider genügt dies noch nicht.

Also geht Charlotte noch einen Schritt weiter. Bevor sie das nächste Netz webt, beruft sie ein Meeting aller Tiere ein

Der Erfolg hat eine Sprache

(sozusagen eine Arbeitsgruppe). Sie machen miteinander ein Brainstorming und wählen dann als Team das nächste Wort: *grandios*. Auch dieses Wort funktioniert. Und zwar in zweifacher Hinsicht: Erstens überzeugt sich der Farmer bald auch davon, dass Wilbur ein grandioses Schwein ist. Zweitens beginnt Wilbur selbst allmählich, an sich zu glauben. (»Aber ich bin nicht grandios, Charlotte. Ich bin höchstens ein mittleres Durchschnittsschwein.« … »Für mich bist du grandios«, sagte Charlotte herzlich.) Jedes einzelne der Worte löst eine enorme Aufmerksamkeit aus. Auf *grandios* folgt *strahlend*. Und schließlich, als ihr eigener Tod bereits naht, nimmt Charlotte noch einmal alle Kräfte zusammen. Sie fährt mit Wilbur auf die Landwirtschaftsausstellung, fest entschlossen, ihm gegen die übermächtige Konkurrenz einen Preis zu verschaffen, da dieser ihm auf Dauer das Leben sichern würde. Und sie gibt nicht auf: Sogar als klar scheint, dass »der« Preis einem anderen Schwein verliehen wird, webt sie ihr Netz. Ihr letztes Wort ist *schlicht*. Und tatsächlich bekommt Wilbur, »der vor Schlichtheit nur so strahlte«, einen Sonderpreis zugesprochen, was ihm für immer einen Platz in Mr. Zuckermans Stall garantiert. Am Ende der Geschichte stirbt Charlotte, aber nicht, ohne einen Sack mit 514 Eiern zu hinterlassen, aus denen im Frühjahr neue Spinnenfreundinnen für Wilbur kriechen würden.

Charlotte ist ein leuchtendes Beispiel für all jene von uns, die ihre Botschaft an den Mann bzw. die Frau bringen wollen, ohne sich dabei in nutzlosen oder brutalen Strategien zu verausgaben. Jemanden mit Lautstärke zu besiegen ist nämlich genauso ineffektiv wie die Taktiken, zu denen uns die fehlende Aufnahmebereitschaft unserer Zuhörer manchmal verführt: schnelles Sprechen, damit man auch sämtliche Ideen unterbringt, bevor die unvermeidliche Unterbrechung erfolgt; ständige Wiederholung oder das ewige Warten auf eine Gesprächspause, die natürlich nie kommt. Haben Sie schon einmal die Erfahrung gemacht, dass das, was Sie zu sagen haben, ignoriert, unterminiert oder falsch verstanden wurde? Dann finden Sie in Charlotte ein Rollenmodell, das Ihnen zeigt, wie Sie Ihre Botschaften klar, charismatisch und doch mit Einfühlungsvermögen formulieren können. Charlottes Sätze, ihre Effizienz, ihre Fähigkeiten, ihr Vokabular und ihr Managementstil sind nachahmenswert, da sie vor allem eines ausstrahlen: eine Sprache der Stärke.

Die Sprache der Schwäche

Dieses Buch wurde als Antwort auf all die Probleme im Berufsleben geschrieben, die mir Frauen in meinen verschiedenen Seminaren schilderten: Sie waren frustriert, weil ihre Kommunikationsstrukturen nicht funktionierten, weil sie nicht ernst genommen wurden oder Schwierigkeiten hatten, gewissen verbalen Entgleisungen entsprechend zu begegnen. Sie kannten die Sprache der Stärke noch nicht, doch das, was sie erzählten, gibt einen ausgezeichneten Überblick über das Problem. Jede der folgenden Geschichten ist wahr. In einigen werden Sie sich vielleicht wiedererkennen. Daher habe ich bei jedem Punkt bereits die Kapitel des Buches genannt, die sich speziell mit diesem Problemkreis beschäftigen. Dort lernen Sie konkret, wie Sie diesen oder ähnlich gelagerten Schwierigkeiten vorbeugen bzw. auf sie reagieren können. Natürlich habe ich die Namen der erwähnten Frauen geändert. Das ist aber auch alles. Ansonsten wird jede Geschichte in den Worten der Betroffenen erzählt. Einige der Aussagen wurden so überarbeitet, dass die Intimsphäre der Frau gewahrt bleibt und das Problem trotzdem klar erkennbar ist.

Wie Frauen ihre Inhalte abschwächen

Auf die Frage, weshalb sie einen Workshop über Frauensprache besuche, antwortete Cheri Goldson: »Ich denke, der Grund, weshalb ich hier bin, hat damit zu tun, dass ich Frauen zugehört habe, die sich für mich einfach irgendwie richtig anhörten. Ich möchte das auch gern können ...« Ihre Antwort ist ein geradezu klassisches Beispiel für die Sprache der Schwäche, die weibliche Kommunikation quasi lahm legt. Sie zeigt sich in der Angewohnheit, die Aufmerksamkeit der Zuhörenden vom

Thema hin zum Sprecher zu lenken, oder in der Tatsache, dass oben sämtliche Sätze mit »Ich glaube« oder »ich denke« eingeleitet wurden. Damit unterminieren Sie nur Ihre eigene Glaubwürdigkeit. Weitere Beispiele für diese Sprache der Schwäche finden Sie im Folgenden. Vielleicht erkennen Sie ja ein paar davon wieder:

Psychogelaber

Es ging um ein professionelles Planungs-Meeting an einer großen Universität. Sowohl die teilnehmenden Männer als auch die Frauen spielten eine führende Rolle in Forschung und Lehre. Die Frauen taten ihre Einschätzung der Lage in folgender Weise kund: »Ich denke, ich habe das Gefühl, dass wir alle das wollen.« »Das fühlt sich für mich richtig an.« Und: »Ja, das fühlt sich prima an.«

Wenn Sie Ereignisse oder Sachthemen als Ergebnis von Gefühlen darstellen, überdecken Sie mit einem solchen »Psychogelaber« Ihre klaren Gedanken. Wenn Sie lernen wollen, die Aufmerksamkeit Ihrer Zuhörer auf Ihr Thema zu lenken statt auf Ihre Gefühle, lesen Sie die Kapitel 2 und 4.

Anweisungen, die niemand befolgt

Renee Whitcomb war befördert worden. Nun unterstanden ihr sechs Angestellte, die jedoch kaum Zeit fanden, ihre Anordnungen auszuführen. Eines Tages stand sie unter Zeitdruck und fragte eine ihrer Untergebenen: »Könnten Sie dies bitte bis zwölf Uhr erledigen?« Die Antwort war Nein.

Wenn niemand Ihre Anweisungen befolgt, lesen Sie die Kapitel 2, 3 und 9.

»Es tut mir schrecklich Leid«

Lida Sylvester ist Vizedekanin an einer Universität. Sie hat ihre Kommunikationsmuster weitgehend im Griff, sagt aber selbst: »Ich bekomme jedes Mal weiche Knie, wenn ich mit meinem Chef über meinen Vertrag spreche.« Und sie hat selbst bemerkt, dass sie sich viel zu häufig entschuldigt. Sie ist eine wirklich gute Tennisspielerin, aber wenn sie einen einzigen Schlag verfehlt, sagt sie:»Entschuldigung. Es tut mir Leid.« Ihre männlichen Tennispartner tun das nie.

Wenn Sie sich ständig entschuldigen, lesen Sie die Kapitel 2 und 3.

*Wenn Sie wie eine Versagerin schreiben,
wird man Sie als solche behandeln*

Vor einiger Zeit stellte die *Harvard Business Review* einen Brief einer Managerin an ihren Chef vor, in dem es um Diskriminierung von Frauen in Führungspositionen geht. Obwohl er Dinge anspricht, die für alle Frauen von Bedeutung sind, bedient er sich dabei doch einer Sprache, die letztlich unsere Ziele in weite Ferne rückt.

Wenn Sie wissen wollen, wie Sie Mitteilungen, Kritik und Berichte so verfassen, dass sie auch einem kritischen Auge standhalten, lesen Sie dazu die Kapitel 3, 5 und 10. In letzterem geht es um den Harvard-Text.

Sich sprachlich unsichtbar machen

Frauen berichten häufig, dass ihre Mitteilungen und Beiträge einfach ignoriert werden. Doch tatsächlich ist es unser eigenes Sprachverhalten, mit dem wir uns bei Meetings und Präsentationen selbst ein Bein stellen. Es gelingt uns nicht, die Aufmerksamkeit auf uns zu ziehen und Vertrauen und Glaubwürdigkeit auszustrahlen. Wir haben Angst, jemanden zu unterbrechen, auch wenn dieser »Jemand« endlos und sinnlos dahinschwafelt. Wir lassen zu, dass andere unsere Ideen vorbringen, ohne uns zu wehren. Wir lassen uns stumm machen. So diktiert unser sprachliches Verhalten unseren Erfolg bzw. unseren Misserfolg.

Der Erfolg hat eine Sprache

Tauben Ohren predigen

Millicent Ruth, Lektorin in einem großen Verlag, schildert dieses Problem so: »Wenn mir niemand zuhört, werde ich lauter. Das klappt nicht. Also rede ich schneller und packe viel zu viele Informationen in meine Sätze. Aber das funktioniert genauso wenig.« Susan Whitmeirer fügt hinzu: »Ich ertappe mich oft dabei, dass ich mich dauernd wiederhole – einfach, weil mir niemand zuhört.« Cheri Blanding fragt: »Wie können wir es schaffen, dass man uns zuhört – und zwar auf positive Weise? Einem Mann hört man immer zu, ganz gleich, in welcher Position er ist.« Sarah Channings stellt das so dar: »Ich möchte einen Weg finden, das, was ich sage, glaubwürdig wirken zu lassen, so dass man mir schon beim ersten Wort zuhört.«

Wenn Sie Interesse erwecken und Menschen dazu bringen wollen, dass man Ihnen zuhört, lesen Sie die Kapitel 3 und 6.

Wenn Sie warten, kommen Sie nie an die Reihe

Am 14. Dezember 1992 wurden in der *Today Show* des Fernsehsenders NBC zwei Teilnehmer am Clintonschen Wirtschaftsgipfel »interviewt«: Paul Allaire, der Generaldirektor von Xerox, und Mary Kelley, Vorstandsmitglied der National Federation of Independent Business. Das Interview verlief folgendermaßen:

Moderator:	Zwei der Teilnehmer am Wirtschaftsgipfel haben wir heute Morgen hier in Little Rock: Paul Allaire, Präsident von Xerox, und Mary Kelley, ein Vorstandsmitglied der National Federation of Independent Business. Guten Morgen, meine Herrschaften.
Mary Kelley:	Guten Morgen.
Paul Allaire	Guten Morgen.
Moderator:	xxx
Allaire:	xxx
Moderator:	xxx
Allaire:	xxx

Die Sprache der Schwäche

Moderator:	xxx
Allaire	xxx
Moderator:	xxx
Allaire:	xxx
Moderator:	xxx
Allaire:	xxx
Moderator:	xxx
Allaire:	xxx
Moderator:	Herr Allaire, Frau Kelley, Sie haben zwei anstrengende Tage vor sich. Wir danken Ihnen, dass Sie gekommen sind, und wünschen Ihnen beiden alles Gute.

Wenn Sie sicher sein wollen, dass Sie auch zum Zug kommen, lesen Sie Kapitel 6.

Übersehen und dann kopiert

Marilyn McDavid ist Verwaltungschefin in einer Computerfirma. Normalerweise ist sie in geschäftlichen Meetings die einzige Frau. Bei einem dieser Treffen »stellte ich etwas vor, das ich für eine gangbare Lösung hielt. Keiner hörte zu. Dann sagte einer der Männer genau dasselbe und erntete entsprechend Beifall. Das will ich nicht noch einmal erleben.« Linda Williams, Produktmanagerin, machte ihrer Gruppe den Vorschlag, bei einer Produktpräsentation auch den Preis zu nennen, ohne auch nur die geringste Reaktion zu erzielen. »Dann kam der Boss, sagte genau dasselbe und plötzlich war jeder voll des Lobes. Natürlich wurde die Anregung danach aufgenommen.«

Wenn Sie mit dem verbreiteten Problem zu kämpfen haben, dass andere sich mit Ihren Federn schmücken, lesen Sie die Kapitel 3, 6 und 7.

Probleme bei Meetings

Immer wenn Laurita Simmons auf Vorstandssitzungen das Wort ergreift, wirft einer der Geschäftsführer seinen Stift auf den Tisch und kreuzt demonstrativ die Arme über der Brust.

Sue Bell berichtet vom stellvertretenden Geschäftsführer ihres Unternehmens, der jedes Mal, wenn sie eine Präsentation hält, eine Unterhaltung mit seinem Nachbarn beginnt. Janet Morrell ist Software-Entwicklerin. In ihrer Arbeitsgruppe befindet sich ein »Gegner«, der sie prinzipiell unterbricht, wenn sie spricht.

Wenn Sie lernen möchten, wie man seinen Auftritt bei einem Meeting in den Griff bekommt oder ein solches Treffen erfolgreich leitet, lesen Sie die Kapitel 6 und 9.

Wie Frauen ihr Selbstvertrauen aufs Spiel setzen

Eine Sprache der Schwäche macht uns nicht nur unsichtbar für andere, sondern auch für uns selbst. Das Syndrom der »unsichtbaren Frau« zerstört unser Selbstbewusstsein im Berufsleben und schafft dadurch einen Teufelskreis, der uns auf immer zum Schweigen verdammt. Frauen, die am Empfangsschalter sitzen, haben damit genauso zu kämpfen wie jene, die an Vorstandssitzungen teilnehmen.

Wie Frauen sich selbst zurücknehmen

Diane Telt leitet das Qualitätsmanagement in einem Produktionsbetrieb. Ihre Ergebnisse muss sie sowohl dem Firmenchef als auch seinem Stellvertreter vorstellen, um deren Einverständnis zu den von ihr vorgeschlagenen Änderungen zu erhalten. Zu diesen Präsentationen meint sie: »Ich würde gern sicherer erscheinen. Ich sähe es wirklich lieber, wenn meine Hände nicht zittern würden. Ich glaube, dass ich entschiedener und überzeugender auftreten sollte, um Veränderungen zu bewirken. Ich finde, dass die Leute in meiner Gruppe generell grauenhafte Manieren haben. Wenn ich versuche, meine Inhalte zu präsentieren, stehen sie einfach auf und verlassen den Raum.«

Wenn Ihre Hände zittern, Ihnen vor Angst die Stimme wegbleibt und Ihre Zuhörerschaft fluchtartig den Raum verlässt, wenn Sie mit Ihren Chefs sprechen, lesen Sie Kapitel 6.

Die Sprache der Schwäche

Benutzen Sie wie Diane immer wieder Ausdrücke, in denen Sie sich selbst zurücknehmen (»ich möchte gern«, »ich glaube, ich sollte« und »ganz allgemein finde ich«), dann lesen Sie die Kapitel 2 und 3.

»Kein Mensch hört mir zu«

Suzanne Nordstrom ist Chefin des Aktionsprogramms zum Schutz von Minderheiten bei einer internationalen Pharmafirma. Sie sagt über ihren Job: »Ich würde die Unternehmensspitze gern einmal darauf aufmerksam machen, wie sehr Diskriminierungsprobleme die Arbeitsmoral verschlechtern, aber sobald ich das versuche, werde ich richtig nervös. Ich fange an zu stottern, mache endlose Pausen und am Ende hört mir einfach keiner mehr zu.«

Wenn Sie bei Präsentationen nervös werden, nach Worten suchen oder feststellen, dass Ihnen kein Mensch zuhört, lesen Sie die Kapitel 3, 6 und 13.

»Ich verliere schnell den Faden«

Sharon Brown arbeitet seit 13 Jahren in der Personalabteilung ihres Unternehmens, und immer noch fehlt es ihr an Selbstvertrauen, wenn sie mit anderen Menschen reden muss: »Ich werde nervös und weiß nicht mehr, was ich sagen wollte.«

Wenn Sie unter mangelndem Selbstvertrauen und Nervosität leiden, so dass Ihnen beim Reden der rote Faden verloren geht, lesen Sie Kapitel 6.

Ärger in der Chefetage

Betty Spitale managt das weltweite Datennetz für eines der 500 Unternehmen, die die Zeitschrift *Fortune* jedes Jahr in ihre Bestenliste aufnimmt. Auch sie ist nicht immun gegen eine Sprache der Schwäche. Sie beschreibt dies so: »Manchmal brennt man ein Feuerwerk von Ideen ab, zu anderen Zeiten fühlt man sich wie ein sabbelnder Idiot.« Und Diane Peters, Qualitätsmanagerin in einem absolut hierarchischen, männerdominierten Be-

Der Erfolg hat eine Sprache

trieb, erzählte auf einem meiner Seminare, dass sie dazu neige, sich bei allen viel zu häufig zu entschuldigen oder sich zurückzuziehen, wenn jemand sie herausfordert. Sie hoffte, mehr Selbstvertrauen zu finden. Chris Tanners hakt heute ihre Erfahrungen, die sie unter einem unangenehmen Chef machte, mit den Worten ab: »Ich war zu einem sprachlosen Nichts geworden, einer totalen Versagerin.«

Wie Sie Ihre Management- und Führungsqualitäten steigern können, um zu einer Frau zu werden, deren Anweisungen man nachkommt, zeigt Ihnen Kapitel 3.

Lesen ist Macht

Wenn Sie die Sprache der Stärke meistern wollen, müssen Sie sämtliche Kommunikationswege beherrschen, auch den passiven. Effizientes Lesen ist mehr als reine Informationsaufnahme und -verarbeitung. In Ihrem Kommunikationsnetz stellt die Fähigkeit zu lesen einen wesentlichen Faktor dar. Sicheres Lesen bedeutet sichere Kommunikation, wenn Sie mit anderen zu tun haben – gleich vor welchem Hintergrund.

»Die schiere Menge erschlägt mich«

Sylvia Ortiz hatte sich um eine Führungsposition in einem ihr völlig neuen Arbeitsgebiet beworben. Sie hatte sechs Wochen Zeit, um sich mit Hilfe von 50 Büchern und etwa 300 Artikeln in die Materie einzuarbeiten. Sie musste dabei »herausfinden, was wichtig war, und dies mit den Anforderungen der neuen Position in Einklang bringen«. Doris Kain ist Leiterin der Abteilung für Pressearbeit in einem Unternehmen mit einem Jahresumsatz von 600 Millionen Dollar. Sie erzählt, dass sie einmal von einer sechstägigen Geschäftsreise zurückkehrte und drei Stapel Papier auf ihrem Schreibtisch vorfand, die sie schnell durchzulesen hatte. »Ich lese täglich zwei Zeitungen, zwischen sechs und zehn Magazine pro Woche und dazu noch meine gesamte Korrespondenz. Ich komme nicht einmal dazu, das Wall Street Journal zu lesen.« Sue McAlpin, ebenfalls Führungskraft

Die Sprache der Schwäche

mit einem überquellenden Posteingangskorb, beklagt, dass sie als Mädchen nur Romanzen zu lesen bekam, in denen am Ende alle glücklich und zufrieden heiraten. Nun muss sie eine Fachzeitschrift kritisch durchleuchten und braucht dazu ganz andere Textlesefähigkeiten.

Lesen ist sowohl für Lernende als auch für Führungskräfte ein kritisches Thema. Betsy Blackburn zum Beispiel bereitete sich gemeinsam mit ihrem Vorgesetzten auf ein Examen im Versicherungswesen vor. Dabei konnte sie beobachten, dass ihr Chef mit dem Stoff ganz anders umging als sie: »Er liest ganz anders als ich, mit einem Blick findet er das wichtigste Wort auf der Seite … Männer lesen überhaupt anders als Frauen.«

Wie Sie Ihre Lesefähigkeiten zu einem effizienten Werkzeug ausbilden können, erfahren Sie in Kapitel 11.

Sprachliche Übergriffe und wie Sie am besten damit umgehen

Manchmal werden Frauen Opfer eines männlichen Sprachverhaltens, das am Arbeitsplatz nichts zu suchen hat und eher urzeitlichen Männlichkeitsritualen und Jagdgebräuchen angemessen scheint. Diese Art von Sprache zielt darauf ab, unser Selbstbewusstsein zu untergraben und hindert uns an der Erfüllung unserer Aufgaben. In diese verbale Gruselkiste gehören unter anderem die schmutzigen Witze, die bei Treffen auf der Chefetage mitunter die Runde machen, Beurteilungen, die mehr Wert auf Aussehen denn auf Können legen, und unpassende Anreden wie »Schätzchen«, »Herzchen«, »Mäuschen« oder noch schlimmerer Art. Die Frauensprache des Erfolgs gibt Ihnen Mittel an die Hand, wie Sie dieser Art von Übergriffen angemessen begegnen können.

»Verniedlichende« Namen

Bettina Henderson, Marketingfrau auf nationaler Ebene, klagt zum Beispiel: »Wann werden Männer endlich lernen, dass ich Bettina heiße und nicht ›Betty‹ oder ›Kleines‹?«

Der Erfolg hat eine Sprache

Auch Katharina Glynn wird ständig ›Kathi‹ genannt, woraufhin sie jedes Mal antwortet: »Mein Name ist Katharina.«

Schimpfworte, Beleidigungen und herabsetzende Bemerkungen

Mary Ann Duarte ist eine hochrangige Systemanalytikerin in einer rein männlichen Gruppe und häufig Zielscheibe subtiler männlicher Beleidigungen. Einige der Männer nennen sie beispielsweise »Flintenweib«.

Marguerite Rojas arbeitet in der Personalabteilung eines großen Planungsbüros. Als die männlichen Manager feststellten, dass sie zu wenig Frauen eingestellt hatten, setzten sie sich zusammen, um zu überlegen, wie sie das Problem angehen sollten. Einer der Manager fasste es dabei so zusammen: »Hmm, Sie meinen also, wir sollten mehr von den Schnuckelchen einstellen.«

Dolores (Dolly) Green sollte in ihrer Firma Transportwagen für neue Computer, bestellen, im Englischen *dollies,* woraufhin einer der Männer meinte: »Wozu das denn? Wir haben doch eine Dolly.«

Wenn in Ihrem Betrieb Frauen als »Baby«, »Mäuschen«, »Süße« oder anders tituliert werden und Sie eine schlagfertige Antwort auf dumme Bemerkungen oder Beleidigungen dieser Art suchen, lesen Sie die Kapitel 3, 4 und 13.

Gemeinheiten, Belästigungen und Respektlosigkeiten

Veronica Bailey wurde zu ihrem fünfjährigen Firmenjubiläum mit den Worten gelobt, es gebe ja schließlich »hervorstechende Belege für ihre Eignung«. Unweigerlich glitt der Blick einiger Zuhörer dabei auf Veronicas wohlgeformten Busen. Sally Carrers erzählte, sie habe die schmutzigen Witze in ihrem Büro einfach satt. *Publisher's Weekly* veröffentlichte die Geschichte einer Lektorin, die von ihrem Verlagschef immer »unsere Nuttengöttin« genannt wurde, vor allem, wenn außer ihr ausschließlich Männer anwesend waren. Angeblich »meinte er es ja nicht so«.

Die Sprache der Schwäche

Wie Sie Grausamkeiten dieser Art verhindern und einen Arbeitsplatz schaffen können, an dem gegenseitige Achtung und Wertschätzung vorherrschen, zeigen Ihnen die Kapitel 9 und 13.

Die Herabwürdigung weiblicher Arbeit

Frauen in Führungspositionen sehen sich nur allzu oft mit dem »Old-Boys-Network« konfrontiert, das heißt mit Männern, die seit Jahren an der Macht sind und sich in dieser Zeit ein dichtes Geflecht an Beziehungen aufgebaut haben. So nehmen Kunden wie Lieferanten meist an, dass eine Frau immer Untergebene ist, bzw. spielen darauf an, dass das Geschäft dann wohl von »Ihrem Chef abgewickelt wird«, auch wenn sie als Ansprechpartnerin ausgewiesen ist. Frauen aus der Chefetage berichten häufig, dass sie von Anrufern für ihre eigene Sekretärin gehalten werden.

Eine Frau erzählt folgende Geschichte: Ihr Unternehmen war aufgekauft worden, und der neue Geschäftsführer kam in die Stadt, um mit dem Management eine neue globale Strategie festzulegen. Nach einer absolut professionellen Präsentation, in der er darlegte, dass die Frauen künftig an dieser aufregenden weltweiten Expansion voll teilhaben würden, schloss er mit: »Und nun zurück ans Telefon, Mädels.«

Laura Smith, Unternehmensberaterin, war sehr erfreut, als sie ihre erste Einladung zum Treffen von Führungskräften in Schlüsselpositionen erhielt. Als sie den Raum betrat, stellte der Mann, der die Einladungen verschickt hatte, sie mit den Worten vor: »Nun, ich dachte, dass wenigstens ein gut aussehendes Teammitglied dabei sein sollte.«

Judy Vidala, Beauftragte für Personalentwicklung bei einer großen Versicherungsgesellschaft, nahm an einem Treffen der Gesellschaft für berufliche Kommunikation teil. Am Ende wurde ein Preis verlost. Dabei sollte der Name des Gewinners von einem Showgirl gezogen werden, das »eigentlich fast nichts anhatte«. Als der Name gezogen war, fragte der Vorstand der Gesellschaft, ein Universitätsprofessor, den Gewinner: »Was ist Ihnen lieber: der Preis oder die, die ihn gezogen

Der Erfolg hat eine Sprache

hat?« Von diesem Moment an sank das Niveau stetig ins Bodenlose.

Eileen Pastorella, die technische Dokumentationen für Benutzerhandbücher schreibt, ist die einzige Frau in einer Gruppe von 13 Männern. Sie sagt: »Die chauvinistischen Verhaltensweisen der Männer geben mir ein Gefühl der Unterlegenheit. Ich sehe es an ihrem Gesichtsausdruck, an ihren Gesten, dass sie daran zweifeln, ob ich für den Job geeignet bin. Ich sehe förmlich, wenn sie mich testen wollen. Sie nehmen mich nicht ernst. Als ich einmal einen Witz machte, sagte einer der Männer kalt zu mir: ›Eileen, du langweilst.‹ Solch ein destruktives Verhalten hat doch keinerlei Wert. Im Beruf ist es fehl am Platz, und außerdem ist es zutiefst beleidigend.«

Guter Rat, der keiner ist

Auf der Suche nach einem nützlichen Buch über gutes Präsentieren kaufte ich mir ein Taschenbuch über »Verkaufsgespräche vor Gruppen«. Stellen Sie sich mein Entsetzen vor, als ich darin folgenden Ratschlag für Frauen fand: »Das Outfit einer Frau kann ihren Erfolg empfindlich stören. Das hat ganz simple biologische Gründe. Wenn Ihre Kleidung Ihre Weiblichkeit betont, lenken Sie von Ihrer Botschaft ab. Stress, Adrenalin und Nervosität machen Ihre Brustwarzen hart und vorstehend – daher sollten Sie bei Präsentationen einen Blazer tragen. Damit umgehen Sie das Problem der Brustwarzen und lenken gleichzeitig von den vorderen Rundungen ab.« Natürlich diskutierte der Autor nicht die Teile der männlichen Anatomie, die hart und vorstehend werden können.

Sehen Sie sich selbst in einem neuen Licht

Viele Frauen haben Schwierigkeiten, sich selbst als starke Menschen wahrzunehmen. Wir haben unser Leben lang gelernt, bescheiden zu sein und uns auf die Gefühle anderer einzustellen. Diese beiden Tugenden stehen jedoch im Widerspruch zu

Die Sprache der Schwäche

unserem Bild von Macht als arroganter Unterdrückungstechnik. Meiner Meinung nach sollten wir stolz auf die Fähigkeiten sein, die unsere Erziehung uns beschert hat, nämlich Mitgefühl und Einfühlungsvermögen. Beides sind Stärken. In diesem Buch werden Sie Beispiele von Frauen finden, die nett und kompetent sind, stark und einfühlsam. Sie werden Frauen kennen lernen, die zu ihrem Können stehen, ohne dabei arrogant zu sein. Die folgenden Geschichten sollen den Konflikt zwischen angeblich »weiblicher« Erziehung und Effektivität im Berufsleben veranschaulichen.

»Ich hatte Glück«

Betsy Ordway bereitete sich auf einen Job im Verkaufsteam einer großen Firma vor. Als sie es geschafft hatte, einen Vorstellungstermin zu bekommen, beschrieb sie dies so: »Ich weiß nicht, ob ich einfach nur Glück hatte, aber ich war die einzige Frau und gleichzeitig die einzige, die den Eingangstest geschafft hat.«

Viele Frauen machen sich selbst klein, um bei anderen nicht anzuecken. Eine Frau erklärte mir: »Ganz egal, wie ekelhaft die Leute sein mögen, ich versuche immer, mit ihnen auszukommen. Ich möchte so gern ›nett‹ sein. Ich gebe mir immer Mühe, niemanden vor den Kopf zu stoßen, dabei gibt es genug Leute, die das ausnutzen.«

Wenn Sie so »bescheiden« sind, dass Sie Ihre Erfolge nur Ihrem Glück zuschreiben, lesen Sie die Kapitel 3 und 9.

»Ich kann einfach nicht Nein sagen«

Kathy Lu war dazu erzogen worden, immer höflich und brav zu sein. Heute wird sie von Chefs und Kollegen gleichermaßen ausgenutzt, weil sie nie gelernt hat, Nein zu sagen, ohne dabei unhöflich oder grob zu werden. Ihr Ziel ist es, »stark zu sein und dabei ganz Dame zu bleiben«. Die Unfähigkeit, Nein zu sagen, ist die Wurzel der Ausbeutung auf allen beruflichen Ebenen, ob im Sekretariat, im Krankenhaus oder unter Freiberuflern.

35

Der Erfolg hat eine Sprache

Wie Sie eine »Dame« bleiben und trotzdem ein klares Nein vermitteln, lesen Sie in Kapitel 3.

Lob für die falschen Eigenschaften

Nicht selten werden Frauen statt auf Grund ihrer Arbeits- und Führungsqualitäten nach ihrem Aussehen und Auftreten beurteilt. Lydia Ackermann beispielsweise dachte, dass sie die Wertschätzung ihres Vorgesetzten durch die Qualität ihrer Arbeit errungen habe, bis er eines Tages zu ihr sagte: »Sie sind wirklich sehr hübsch. Ihre Sachen stehen Ihnen ausgezeichnet.« Sharon Bell hingegen las folgenden denkwürdigen Satz in ihrer Beurteilung: »Sharon sieht im Büro immer gut aus.« Dass sie gleichzeitig ein gutes Zeitmanagement hatte und die Textverarbeitung perfekt beherrschte, fand ihr Chef offensichtlich nicht weiter erwähnenswert.

Wie Sie auf diese Art der Unterschätzung antworten, ohne sich Feinde zu machen, lernen Sie in Kapitel 3.

Die Balance finden

»Ich bin einfach zu aggressiv«, meint Liz Hacker. »Das Problem ist doch, dass ich mich ständig beweisen muss, nur weil ich eine Frau bin. Mir fehlen drei Dinge: Ich möchte lernen zu überzeugen, diplomatisch zu sein und etwas reifer zu agieren. Ich möchte weniger aggressiv sein und mich durchsetzen können, ohne andere gleich vor den Kopf zu stoßen.«

Wenn Sie Ihre Vorstellungen ohne aggressive Töne durchsetzen wollen, lesen Sie Kapitel 3 und 6.

Lernen Sie von erfolgreichen Frauen die Sprache des Erfolgs

All die Probleme, die ich im vorhergehenden Abschnitt dargestellt habe, lassen sich mit der Frauensprache des Erfolgs lösen. Glücklicherweise ist das nur eine Seite der Medaille. Denn natürlich gibt es bereits Frauen, die die Sprache der Stärke einsetzen – im Geschäftsleben, in der Regierung, den Medien und – vermutlich – auch an ihrem Arbeitsplatz. In den folgenden Kapiteln werden daher die Lehren Charlottes immer wieder mit inspirierenden Worten von verschiedenen nichterfundenen Frauen illustriert. Diese Frauen wurden von mir auf Grund ihres Mutes, ihres Einfühlungsvermögens und ihrer Fähigkeiten ausgewählt. Nehmen Sie sie als Mentorinnen, als Lehrerinnen auf Ihrem Weg zur Frauensprache des Erfolgs. Da Sie ihnen auf den folgenden Seiten häufig begegnen, möchte ich Sie Ihnen hier kurz vorstellen.

Die Fliegerin Amelia Earhart ist – wie Charlotte – ein Mythos, obwohl sie auch real existiert hat: eine Frau, die auf ihrem Recht bestand, nach den Sternen zu greifen. 40 Jahre bevor Frauen in aller Welt begannen, um ihre Rechte zu kämpfen, forderte sie eine Erziehung, die Mädchen gleichermaßen zu technischen wie zu häuslichen Leistungen befähigte. Sie bewies Mut und Selbstvertrauen, auch wenn sie alle gegen sich hatte oder sich in Lebensgefahr bewähren musste. Amelia Earhart war mehr als eine große Fliegerin. Sie war eine erfolgreiche Geschäftsfrau, Lehrerin und – wie Charlotte – eine begabte Schriftstellerin. *Last Flight,* das Flugtagebuch ihrer letzten Reise, erzählt von dem Flug um die Welt, bei dem sie verschwand. In diesem Buch werden Sie immer wieder auf Amelia Earhart stoßen und lernen, Ihre eigene Sprache nach der der Flugpionierin zu formen.

Ruth Bader Ginsburg ist Richterin am Obersten Gerichtshof der Vereinigten Staaten. Sie ist eine weitere reale Heldin, eine sehr lebendige übrigens. Sie stieg als Anwältin zu einer der höchsten Positionen in der amerikanischen Justiz auf. Ihr starker Geist half ihr dabei ebenso wie ihre Integrität ausstrahlen-

Der Erfolg hat eine Sprache

de Sprache. Ein leuchtendes Beispiel für die Sprache des Erfolgs ist ihre Senatsrede, die sie vor ihrer Ernennung hielt. Ihre Sätze, Formulierungen und Worte können Sie unbesehen nachahmen.

Zwei weitere Rollenmodelle möchte ich Ihnen noch vorstellen. Beide stammen aus dem Bereich des Geschäftslebens. Carla Hills Karriere nahm ihren Ausgang im Investmentbanking und führte sie schließlich in die Regierung der Vereinigten Staaten: Sie war von 1989 bis 1993 US-Handelsbeauftragte und somit die wichtigste Beraterin des Präsidenten in allen Handelsfragen. In der Geschichte der USA war sie die dritte Frau im Kabinett. Sie verhandelte in zentraler Position die wichtigsten Abkommen. Ihre Rede vor dem Commonwealth Club vom 11. März 1994 weist ein paar besonders wichtige Züge erfolgreicher sprachlicher Kommunikation auf. Auch diese Rede wird im vorliegenden Buch des Öfteren zitiert.

Die zweite Frau aus dem Wirtschaftssektor ist Orit Gadiesh, Vorstandsvorsitzende der in der Wirtschaft international bekannten Unternehmensberatung Bain & Company. Ihre sprachlichen Fähigkeiten und ihr Geschäftssinn wurden einmal so beschrieben: »Sie ist eine leidenschaftliche Leserin, wobei sie sich nicht nur auf Bücher beschränkt, sondern auch in Menschen liest wie in einem Buch. Ihre Kollegen berichten, dass eine ihrer hervorstechendsten Fähigkeiten die Art ist, wie sie zuhört und auf das Gehörte eingeht.« Orit Gadiesh ist – wie Charlotte – eine höchst unkonventionelle Figur. Wir werden uns mit ihrer Sprache genau auseinander setzen.

Die Heldin am Nebentisch

Selbstverständlich finden Sie Vorbilder nicht nur in Büchern oder Schlagzeilen. Sie können sie genauso gut im Büro, am Empfangsschalter, am Zeichentisch oder im Kiosk nebenan treffen. Trudy Fletcher, heute Finanzchefin in einer großen Firma, berichtete mir von einer Frau, die sie immer als Mentorin betrachtet hat. Fletcher holte ihren Uni-Abschluss nach, als ihre Kinder erwachsen waren. Bei ihrem ersten Vorstellungsgespräch bemerkte die Personalchefin, dass Fletcher einen sehr guten Abschluss hatte: »Sie haben da ein ausgezeichnetes Ergebnis erzielt.« Trudy antwortete: »Ich habe hart dafür gearbeitet.« Darauf sagte die Frau zu ihr: »Entschuldigen Sie sich nie für Ihre Leistungen. Männer sagen auf so eine Bemerkung auch nur danke. Sie sollten dasselbe tun.« Trudy bekam den Job, stieg auf der Karriereleiter nach oben und erinnert nun andere Frauen daran, dass sie ihren Erfolg nicht schmälern und sich für Lob einfach nur bedanken sollten.

Trudy Fletchers Geschichte zeigt deutlich, was Ihnen dieses Buch bieten kann: Es macht Sie zur Heldin Ihrer eigenen Geschichte und legt Ihnen gleichzeitig die Verpflichtung nahe, selbst Mentorin zu werden, sobald Sie es geschafft haben. Unsere sprachlichen Vorbilder müssen keineswegs immer aus der Literatur stammen. Sie müssen auch nicht berühmt sein. Viele der hier vorgestellten Lösungen stammen von »ganz normalen« Frauen, mit denen ich jeden Tag zusammenarbeite. Ihr täglicher (weiblicher) Umgang kann eine Menge Inspiration für Sie bereithalten. Benutzen Sie sich doch gegenseitig als Vorbilder. Viele der konkreten Vorschläge sehen ohnehin die Zusammenarbeit mit einer Kollegin oder Freundin vor. Das erleichtert Ihnen den Abschied von der Sprache der Schwäche und den Einstieg ins sprachliche Erfolgstraining. Sobald Sie einmal ein Gespür für kommunikative Stärken und Schwächen entwickelt haben, können Sie von Ihren Kolleginnen sehr viel lernen. Umgekehrt werden Sie natürlich auch Ihrer Mentorinnenschaft im weiblichen Netzwerk gerecht, wenn Sie Ihre Erfahrungen und Ihr Wissen an andere Frauen weitergeben.

Der nächste Schritt

Wenn Sie die Sprache des Erfolgs lernen wollen, müssen Sie zunächst die komplexen Zusammenhänge zwischen Sprache und Macht begreifen. Erst dann werden Sie verstehen, wie sehr Ihr Sprachverhalten Ihrer Karriere schadet. An diesem Punkt dann können Sie beginnen, die Ketten zu sprengen, die Sie bisher an die Sprache der Schwäche schmiedeten, und Ihr Netz kommunikativer Stärke zu weben. Dabei wird Ihr Selbstvertrauen kontinuierlich wachsen, so dass Sie immer neue Aufgaben meistern. Wie viele andere Frauen wird die Sprache des Erfolgs Sie stark machen. Sie werden kompetent wirken, ohne die Eigenschaften aufgeben zu müssen, die Sie zu einer guten Freundin machen. Machen Sie es wie die Heldinnen dieses Buches: Benutzen Sie Ihren Kopf, Ihre sprachlichen Fähigkeiten und Ihre Führungsqualitäten, um das durchzusetzen, was Sie für richtig halten.

Im nächsten Kapitel erfahren Sie, wie das, was Ihren Erfolg und Ihre Stärke so sehr unterminiert, eigentlich aussieht – die Grundzüge einer Grammatik der Schwäche.

Praxistipp

1. Haben Sie sprachliche Vorbilder in der Realität, im Film oder in der Literatur? Listen Sie sie für sich auf, und denken Sie darüber nach, wie Sie diese Rollenmodelle nachahmen könnten. Wenn Ihnen andere »Heldinnen« und »Helden« durch den Kopf gehen, führen Sie auch diese auf.
2. Stellen Sie eine Liste von Menschen zusammen, denen Sie helfen könnten, sobald Sie Ihre eigenen Fähigkeiten vervollkommnet haben.

Merksätze

- Suchen Sie Frauen, deren Stärke ausstrahlende Sprache Sie nachahmen können.
- Suchen Sie Frauen, deren Mentorin Sie werden möchten.

Nieder mit der Grammatik der Schwäche!

2

Sprache ist Macht, und zwar auf eine sehr viel grundlegendere Weise, als die meisten Menschen annehmen. Wenn wir sprechen, nutzen wir die Macht der Sprache, um die Wirklichkeit zu verändern. Warum nur werden sich nicht mehr Menschen dieses Zusammenhangs zwischen Sprache und Macht bewusst?

Julia Penelope

Unsere Sprache ist ein komplexes Netz aus ungeheuer subtilen und zarten Fäden, die schließlich die fertige sprachliche Äußerung ergeben. Rufen Sie sich nur einmal ein simples sprachliches »Ereignis« ins Gedächtnis. Sie treffen bei einer Besprechung eine Ihrer Kolleginnen. Sie schütteln sich die Hand, grüßen sich und setzen sich. Was ist nun genau geschehen?

Zunächst einmal fand dieses Treffen innerhalb der »Geschäftswelt« statt. Diese Tatsache verlieh Ihrem Treffen eine Art Rahmen. Sie haben sich bewegt, gestikuliert, einander angesehen, sich die Hand gegeben. Sie haben einander zugehört und selbst Worte formuliert, die Sie mit Hilfe grammatikalischer Regeln aneinander fügten. Schließlich nutzten Sie noch Ihre stimmlichen Möglichkeiten und modulierten die Tonlage Ihrer Sätze, um zum Beispiel eine Frage zu stellen. Sie haben sich dabei gegenseitig beobachtet und das Gesicht, das Haar und die Kleidung der anderen registriert.

Doch neben all diesen winzigen Handlungen geschahen noch andere Dinge, minimale Aspekte, die – wenn sie verändert worden wären – sowohl die Bedeutung als auch den Ablauf des Ereignisses total gewandelt hätten. Hätten Sie zum Beispiel statt des Kostüms ein Paillettentop getragen, wäre die Begegnung mit Sicherheit anders verlaufen, auch wenn alle anderen Variablen gleich geblieben wären. Oder: Jemand begrüßt Sie mit dem Satz »Darin sehen Sie einfach toll aus.« Die Bedeutung dieses Satzes hängt stark davon ab, ob die Person, die

Nieder mit der Grammatik der Schwäche!

ihn äußert, ein Mann oder eine Frau ist, und von dem, was Sie in diesem Moment getragen haben. Wenn ich als Sprachforscherin also nur den Wortlaut einer Äußerung berücksichtige, ohne ihren Kontext zu beachten, verstehe ich einen Satz unter Umständen völlig verkehrt.

Die Sprache ist ein so komplexes System, dass uns die entscheidenden Aspekte bei den einzelnen Akten sprachlicher Verständigung nicht immer bewusst sind. Worte, die in einem bestimmten Kontext ein Beispiel für Selbstsicherheit und Stärke darstellen, können in einem anderen schwach wirken. Daher lassen sich für sprachliche Kommunikation auch keine einfachen Wenn-dann-Regeln aufstellen. Was im einen Fall souverän wirkt, kann im anderen ein Zeichen von Angst und Unsicherheit sein und umgekehrt. In der Sprache gibt es keinen Königsweg und nur ganz wenige Regeln, an die man sich halten kann. Musterlösungen funktionieren in diesem Bereich nicht.

Ist es dann überhaupt möglich, die Grammatik der Schwäche abzulegen und sich einer Frauensprache des Erfolgs zuzuwenden? Nun, wenn Sie so sind wie die anderen Frauen, mit denen ich landauf, landab gearbeitet habe, dann ist es möglich. Allerdings nur unter der Voraussetzung, dass Sie die Komplexität der Sprache akzeptieren und sich vor diesem Hintergrund mit der praktischen Seite auseinander setzen. Der Schriftsteller F. Scott Fitzgerald meinte einmal, ein wirklich intelligenter Mensch könne zur selben Zeit zwei völlig gegensätzliche Ideen im Kopf haben, ohne dabei mit dem Denken aufzuhören. Genau dasselbe sollten Sie auch tun. Wenn Sie nach einem passenden Wort oder einer passenden grammatikalischen Form suchen, vergessen Sie die eingangs erwähnten Aspekte der Sprache nicht.

Kontrolle ist alles bei der Grammatik des Erfolgs. Je besser Sie Ihre sprachlichen Möglichkeiten kennen lernen und Ihre Reaktionen unter Kontrolle bekommen, umso leichter wird es für Sie, auch komplexe Situationen zu meistern. Meistens gebe ich eine Menge praktischer Hinweise zu den einzelnen Problemkreisen. Welcher Weg davon am besten funktioniert, hängt davon ab, mit wem Sie sprechen, in welchem Rahmen Sie

Nieder mit der Grammatik der Schwäche!

sich bewegen, welche Machtverhältnisse herrschen und letztlich, welche Art von Persönlichkeit Sie sind. Halten Sie einfach Ihre fünf Sinne zusammen und benutzen Sie Ihren gesunden Menschenverstand. Wenn ich Ihnen tatsächlich einmal eine Musterlösung an die Hand gebe oder Ihnen sage, Sie sollten ein bestimmtes Verhalten unter allen Umständen unterlassen, folgen Sie meinem Rat bitte mindestens einmal. Sie werden wahrscheinlich sehen, dass es richtig war, mir zu vertrauen.

Mehrere Studien haben gezeigt, dass letztlich die Grammatik, das Rückgrat unserer Sprache, für das verantwortlich ist, was ich eine kümmerliche, schwache Sprache nenne. Grammatikalische Strukturen übermitteln entweder den Eindruck von Stärke, Mut und natürlicher Autorität oder von Schwäche, Furcht und Opferhaltung. Ihre Ausdrucksweise definiert Sie – in Wort und Schrift gleichermaßen. Die Grammatik der Schwäche attackiert wie eine Immunkrankheit die Fäden, die Ihr sprachliches Gerüst im Innersten zusammenhalten, und zerstört damit seine Struktur.

Wenn Sie in der Schule Grammatik pauken mussten, haben Sie dagegen vermutlich eine Abneigung. Sie haben ihr Wesen als einen unzusammenhängenden Wust von Regeln kennen gelernt, deren Sinn sich auf ein schlichtes »Richtig« oder »Falsch« reduziert. Jeder, der auf der Karriereleiter nach oben geklettert ist, weiß, dass Grammatik weit mehr ist. Sie liefert uns den Schlüssel zu allen kommunikativen Qualitäten wie Klarheit, Überzeugungskraft, Durchsetzungsfähigkeit und Kontrolle über die eigene Umgebung. Linguistische Forschungen haben darüber hinaus immer wieder bewiesen, dass jede und jeder von uns von seinem sprachlichen Können geprägt wird: diejenigen, die erfolglos auf die Sprache der Schwäche setzen, genauso wie die, die mit Klarheit und Stärke kommunizieren.

Wie Sie die Grammatik der Schwäche hinter sich lassen

Bevor Sie lernen, wie Sie diesen Missstand abstellen können, müssen Sie die Grammatik der Schwäche erst einmal als das erkennen, was sie ist: eine Methode, mit der Sie Ihre Kommunikation behindern und sich selbst als Verliererin outen. Und die Sie abstellen können. Dem allzu schicksalsgläubigen Wallenstein hält im gleichnamigen Schiller-Stück einer seiner Hauptleute entgegen, dass sein Schicksal nicht in den Sternen, sondern in seiner eigenen Verantwortung liege: »In deiner Brust sind deines Schicksals Sterne.« Vielleicht hätte er ja sagen sollen: »In deiner Grammatik liegen deines Schicksals Sterne.« Lassen Sie uns also einen Blick auf die Sprache der Verlierer werfen.

Das überflüssige Ich

1. Ich glaube, man kann mich wirklich herumschubsen.
2. Ich könnte darauf schwören, dass Chefs eine Abneigung gegen schlechte Nachrichten haben.
3. Ich hatte viel Spaß und habe schließlich mehr gelernt, als ich erwartet hätte. Ich möchte diesen Kurs allen weiblichen Angestellten empfehlen.
4. Ich denke, sie ist ziemlich voreingenommen.
5. Ich denke, der Grund, weshalb ich hier bin, hat damit zu tun, dass ich Frauen zugehört habe, die sich für mich einfach richtig anhörten. Ich möchte das auch können.
6. Ich habe ein Problem mit meinem Assistenten. Er kommt nie pünktlich ins Büro.
7. Ich habe ein Problem mit meiner Chefin. Sie unterstützt die Gruppe nicht.
8. Ich habe nicht genug Zeit, um diese Aufgabe zu erledigen.
9. Ich mag die Art, wie Sie Ihre Arbeit schaffen. Vielen Dank.
10. Ich habe festgestellt, dass die Tür zu lange offen geblieben ist.

Wie Sie die Grammatik der Schwäche hinter sich lassen

11. Ich habe beobachtet, dass das Labor nicht rechtzeitig geputzt wurde.
12. Ich denke, wir brauchen ...
13. Ich liebe diesen Beruf.

All diese Zitate stammen von intelligenten Frauen, die verantwortungsvolle Jobs innehaben oder gar einen eigenen Betrieb leiten. Sie zeigen verschiedene Formen der Sprache der Schwäche, doch eines ist ihnen durchweg gemeinsam: das überflüssige Ich. Die langjährige Arbeit mit Frauen in meinen Workshops zeigt, dass Frauen Probleme im Berufsleben fast immer in Sätzen präsentieren, die mit »Ich« beginnen. Dies trifft auch zu, wenn die Aussage – wie in Satz 4, 6, 7, 9, 10 und 11 – mit ihnen nicht das Geringste zu tun hat.

Warum ist es problematisch, einen Satz mit »Ich« zu beginnen, wenn man nicht über sich selbst spricht? Dazu müssen wir einen kleinen Abstecher ins Reich der Grammatik machen und uns ansehen, welche Funktion das Subjekt im Satz hat. Generell ist das Subjekt der Teil, auf den sich das Verb bezieht, das Thema also. In dem Satz »Der Computer arbeitet in Echtzeit« geht es um den Computer. Wenn Sie diesen Satz nun mit einem Ich-Satz umkleiden (zum Beispiel »Ich weiß, dass der Computer in Echtzeit arbeitet«), lenken Sie damit die Aufmerksamkeit auf sich selbst und vom eigentlichen Thema ab. Auch in den folgenden Sätzen scheint die Sprecherin nicht über sich reden zu wollen:

Satz	Mögliches Thema
1. Ich könnte darauf schwören, dass Chefs eine Abneigung gegen schlechte Nachrichten haben.	Chefs
2. Ich denke, der Grund, weshalb ich hier bin, hat damit zu tun, dass ich Frauen zugehört habe, die sich für mich einfach richtig anhörten. Ich möchte das auch können.	Grund? Können?

Nieder mit der Grammatik der Schwäche!

3. Ich habe nicht genug Zeit, um diese Aufgabe zu erledigen.

Zeit oder Aufgabe

4. Ich habe festgestellt, dass die Tür zu lange offen geblieben ist.

Tür

5. Ich habe beobachtet, dass das Labor nicht rechtzeitig geputzt wurde.

Labor

6. Ich denke, wir brauchen …

was wir brauchen

7. Ich liebe diesen Beruf.

dieser Beruf

8. Ich habe ein Problem mit meinem Assistenten. Er kommt nie pünktlich ins Büro.

Assistent

9. Ich habe ein Problem mit meiner Chefin. Sie unterstützt die Gruppe nicht.

Chefin

10. Ich mag die Art, wie Sie Ihre Arbeit schaffen. Vielen Dank.

Arbeit oder Sie?

Überflüssige Ich-Sätze schwächen Ihre Aussagen in vielerlei Hinsicht ab. So übernehmen Sie damit unter Umständen Verantwortung für Dinge, die nicht Ihre Sache sind. Satz 8 und 9 beispielsweise ziehen das Problem mit der jeweils anderen Person (Chefin, Assistent) auf die Sprecherin, statt es beim Verursacher zu belassen. Und wenn Frauen Satz 3 einsetzen, wollen sie damit meist sagen, dass man ihnen ein Übermaß an Arbeit aufgegeben hat und nicht etwa, dass sie unfähig sind, diese Aufgabe zu erfüllen.

Andere Ich-Sätze wiederum signalisieren, dass Sie sich Ihrer Behauptung nicht sicher sind. Satz 4 und 5 lassen zum Beispiel durchaus die Interpretation zu, dass nur Sie finden, die Tür sei zu lange offen geblieben bzw. das Labor sei nicht rechtzeitig gereinigt worden. Der Ich-Satz würdigt die Feststellung zu einer bloßen persönlichen Beobachtung herab, die ganz vom Betrachter abhängt.

Wie Sie die Grammatik der Schwäche hinter sich lassen

Satz 10 schwächt zwar die Position der Sprecherin nicht ab, ist aber insgesamt ein Beispiel für eine wenig gelungene Führungsarbeit. Ist es die Aufgabe der Angestellten, ihre Arbeit so zu tun, dass Sie Ihnen persönlich gefällt? Besser wäre es, die Qualitäten der Leistung direkt zu benennen: »Ihr Bericht war rechtzeitig fertig, zeigt alle wichtigen Details und wirkt auf den Kunden überzeugend. Vielen Dank für diese gute Arbeit.«

Doch das Schlimmste an diesen Ich-Sätzen ist, dass sie Sie unreif und kindlich wirken lassen. Die Entwicklungspsychologie hat nachgewiesen, dass es beim Reifungsprozess letztendlich darum geht, zu begreifen, dass wir nicht – wie Kinder es glauben – der Mittelpunkt der Welt sind. Diese Einsicht verschafft uns einen objektiven Blick auf das Leben, der nicht ständig um unser Wohl und Wehe kreist. Reife Personen, erfolgreiche Geschäftsfrauen, produktive Menschen sind in der Lage, über die Welt und das, was in ihr vorgeht, zu sprechen, ohne sich dabei notwendigerweise »einzubringen«.

Leitlinie für Ich-Sätze

Es gibt eine wirklich einfache Regel, die da lautet: Beginnen Sie niemals ein Satz mit dem Wörtchen »Ich«, wenn es nicht ausdrücklich um Sie geht. Ich halte diese Lösung für kurz und schmerzlos, weil andere in diesem Buch sehr viel schwieriger zu handhaben sind. An diese Regel werden Sie sich schnell gewöhnen. Und sie wird Ihr Leben radikal verändern. Halten Sie kurz inne, bevor Sie zu sprechen anfangen, und fragen Sie sich: »Worüber rede ich jetzt? Was ist mein Thema?« Dieses Thema machen Sie dann zum Subjekt. Damit werden Ihre Sätze klarer, knackiger und leichter zu verstehen.

Praxistipp

Nun wollen wir die vorher benutzten Sätze einmal unserer Regel entsprechend umformulieren. Selbstverständlich gibt es auch dazu Alternativen. Sie finden also unter den Sätzen zu-

Nieder mit der Grammatik der Schwäche!

nächst die Form, die durch das simple Weglassen des »Ich« entsteht, und darunter Raum für Ihre Alternativen. Sie werden sehen, dass es eine Menge Möglichkeiten gibt. Um Ihnen zu zeigen, worum es dabei geht, habe ich Ihnen ein Beispiel vorgegeben. Die anderen vervollständigen Sie bitte selbst.

Original	Ich habe ein Problem mit meinem Assistenten. Er kommt nie pünktlich ins Büro.
Mit Regel	Mein Assistent hat ein Problem. Er kommt nie pünklich ins Büro.
Alternative 1	Dass mein Assistent unpünktlich ist, schadet seiner Karriere.
Alternative 2	Pünktlichkeit ist für meinen Assistenten ein ständiges Problem.

Original	Ich habe ein Problem mit meiner Chefin. Sie unterstützt die Gruppe nicht.
Mit Regel	Meine Chefin unterstützt ihre Gruppe nicht.
Alternative	_____

Original	Ich habe nicht genug Zeit, um diese Aufgabe zu erledigen.
Mit Regel	Mein Zeitplan erlaubt mir nicht, mich dieser Aufgabe zu widmen.
Alternative	_____

Original	Ich mag die Art, wie Sie Ihre Arbeit schaffen. Vielen Dank.
Mit Regel	Sie schaffen Ihre Arbeit immer rechtzeitig. Vielen Dank.
Alternative	_____

Original	Ich habe festgestellt, dass die Tür zu lange offen geblieben ist.
Mit Regel	Die Tür ist zu lange offen geblieben.
Alternative	_____

Wie Sie die Grammatik der Schwäche hinter sich lassen

Original	Ich habe beobachtet, dass das Labor nicht
Mit Regel	rechtzeitig geputzt wurde.
Alternative	Das Labor wurde nicht rechtzeitig geputzt.

Original	Ich denke, wir brauchen mehr Zeit.
Mit Regel	Wir brauchen mehr Zeit.
Alternative	

Original	Ich liebe diesen Beruf.
Mit Regel	Das ist ein Spitzenjob.
Alternative	

Diese simple Veränderung Ihrer grammatikalischen Gewohnheiten wird schon bald reiche Früchte tragen. Denn nur reife, nachdenkliche, intelligente Personen, denen man gern zuhört, schaffen es, sich auf das in Frage stehende Thema zu beschränken.

Was hinter den Ich-Sätzen steckt

Diese Art von schwachen, kindlichen Ich-Sätzen verbreitet sich seit einigen Jahren in der weiblichen Berufssprache wie eine schreckliche Krankheit. Weshalb? Vor einiger Zeit war in der Psychotherapie ein Ansatz in Mode, der die Menschen bei der Lösung ihrer Probleme auf sich selbst zurückzuführen versuchte. Es ging dabei letztlich darum, innerhalb von Beziehungen Verantwortung für sich selbst zu übernehmen, und von der Du-Anklage (»Du machst mich unglücklich.«) zurück zur eigenen Reaktion, zu den eigenen Gefühlen zu kommen. (»Ich fühle mich schlecht, wenn du dies oder jenes tust.«) In letzter Zeit findet dieser Ansatz aber auch innerhalb der Psychotherapie immer weniger Anhänger, da er die Menschen zu sehr auf ihre Innenschau fixiert, was sie an der Lösung ihrer

Nieder mit der Grammatik der Schwäche!

tatsächlichen Probleme hindert. Auch Therapeuten gestehen mittlerweile ein, dass diese Art von Ich-Grammatik – wie oben dargestellt – den Blickwinkel vom Problem zu sehr auf das Opfer verlagert.

Achten Sie aber darauf, dass Sie nicht in das ebenso unnütze, anklagende »Du« bzw. »Sie« verfallen, wenn Sie sich von den Ich-Sätzen lösen. Sätze wie die folgenden schwächen Sie nur: »Sie machen mich krank.« – »Du machst mich glücklich.« – »Regentage deprimieren mich.« – »Ihre Entscheidungen machen mich wütend.« Die Linguistin Julia Penelope meint, dass wir mit dieser Art von Sprache »unsere Integrität aufgeben ... wir geben anderen die Macht, über unsere Gefühle und Empfindungen zu bestimmen ... sogar das Wetter hat dann mehr Einfluss auf uns als wir selbst ... wir verlieren die Kontrolle [und] leugnen unsere Kraft, uns für etwas anderes zu entscheiden«.

Außerdem ziehen Ich-Sätze noch einen anderen Effekt nach sich, der ebenso zerstörerisch auf Ihre Ausstrahlung wirkt: Sie verleiten zum Gebrauch so genannter »Schmuseverben«, also Verben mit emotionalem Hintergrund, die in einer Sprache der Stärke nichts zu suchen haben (mehr dazu im nächsten Abschnitt).

Wenn es also ein Charakteristikum der Schwäche gibt, das in fast allen weiblichen Sätzen zu finden ist, so ist es der überbordende Gebrauch des Pronomens »Ich«, das mehr oder weniger allgegenwärtig geworden ist. Machen Sie Schluss damit – außer Sie sprechen wirklich über sich selbst.

Praxistipp

Suchen Sie sich ein Schriftstück heraus, das Sie in der Arbeit erstellt haben, oder ein Video mit einer Rede, die Sie gehalten haben. Zählen Sie dann mit, wie oft Sie einen Satz mit »Ich« begonnen haben.

Wie Sie die Grammatik der Schwäche hinter sich lassen

Intimitäten: Gut im Schlafzimmer, Gift im Besprechungsraum

Nun, da wir die schwachen Ich-Sätze an der Wurzel gepackt und ausgerissen haben, wollen wir uns ihren nahen Verwandten zuwenden, den »Schmusewörtern«. Wohlmeinende Manager haben in dem etwas verunglückten Bemühen, mehr Menschlichkeit am Arbeitsplatz zu erzeugen, bei der beruflichen Kommunikation die Gefühlswelt ins Spiel gebracht. Natürlich sind die Befindlichkeiten der Teammitglieder wichtig, und selbstverständlich wünschen wir uns alle einen menschlicheren Arbeitsplatz. Das Problem ist nur, dass wir diesen kaum mit unklarem emotionalem Gefasel schaffen werden, das zu ebenso unklarem Denken führt. Betty Spitale, die das weltweite Datennetz eines der größten Unternehmen der Welt managt und von dem ganzen emotionalen Getue in den Büroräumen die Nase voll hatte, drückte dies sehr treffend so aus: »Dies ist ein Unternehmen, kein Ort für Gruppentherapien.«

Verben, die Gefühle in die berufliche Kommunikation integrieren, sind fühlen, empfinden, mögen, nicht mögen, gern haben usw. Ihr Sinngehalt zielt auf Emotion statt auf Aktion ab – genau die Art von Sprache, wie Frauen sie gern benutzen. Hier sind ein paar Beispiele, die im Sprechzimmer des Psychotherapeuten oder im Brief an Ihren Liebsten vielleicht gut ankommen, in der Firma aber völlig fehl am Platz sind:

1. Ich habe ein gutes Gefühl bei diesem Entwicklungsprogramm.
2. Wie geht es Ihnen mit dieser Millionen-Investition?
3. Wie fühlen Sie sich mit dieser problematischen Angelegenheit?
4. Ich mag den Entwurf für unseren Zehn-Millionen-Bau.
5. Unser Team kommt mit der Vorstellung, sechs neue Computer zu kaufen, nicht zurecht. Wir haben das Gefühl, das wäre die reine Verschwendung.

Sie haben vermutlich bereits eine gewisse Sensibilität für diese Art von schwacher sprachlicher Ausstrahlung entwickelt und

Nieder mit der Grammatik der Schwäche!

können hören, wie falsch diese Sätze klingen. Wenn nicht, dann überlegen Sie sich doch einmal, welchen Eindruck Satz 1 und 2 auf Sie machen würden, wenn Sie finanziell an der entsprechenden Firma beteiligt wären. Würden Sie Aktien von einem Unternehmen kaufen, das Entwicklungsprogramme oder Millionen-Investitionen auf Gefühlen aufbaut? Ich nicht. Wenn Sie nun weiter unten lesen, wie man diese Sätze sinnvoll umformulieren könnte, wird Ihnen der Unterschied zwischen sachlicher, klarer Sprache und der gefühlsbetonten Variante schnell deutlich. Die Alternativen klingen aber nicht nur besser. Sie zwingen die Sprecherin zur Verwendung von Handlungsverben, die wesentlich mehr sagen als die unscharfen Emotionsverben.

Praxistipp

1. Formulieren Sie die folgenden Sätze mit Aktionsverben neu:

Emotional	Ich habe ein gutes Gefühl bei diesem Entwicklungsprogramm.
Klar	Das neue Entwicklungsprogramm wird Kosten sparen.
Alternative	_____
Emotional	Wie geht es Ihnen mit dieser Millionen-Investition?
Klar	Wie kann diese Millionen-Investition unsere Geschäftsbasis verbessern?
Alternative	_____
Emotional	Wie fühlen Sie sich mit dieser problematischen Angelegenheit?
Klar	Wie können wir dieses Problem lösen?
Alternative	_____
Emotional	Ich mag den Entwurf für unseren Zehn-Millionen-Bau.

Wie Sie die Grammatik der Schwäche hinter sich lassen

Klar	Dieser Zehn-Millionen-Bau ist eine sichere Investition.
Alternative	_____
Emotional	Unser Team kommt mit der Vorstellung, sechs neue Computer zu kaufen, nicht zurecht. Wir haben das Gefühl, das wäre die reine Verschwendung.
Klar	Sechs neue Computer anzuschaffen ist Verschwendung. Unser Team ist gegen den Kauf.
Alternative	_____
Emotional	Jim, es war sehr schön, Sie heute Morgen zu sehen (oder: Ich war sehr froh, Sie zu sehen).
Klar	Jim, unsere Besprechung heute Morgen war angenehm und produktiv zugleich.
Alternative	_____

2. Nehmen Sie sich ein Schriftstück aus Ihrem Berufsleben vor und markieren Sie alle »Schmusewörter«. Achten Sie darauf, wie viele davon nach einem »Ich« folgen. Formulieren Sie nun Ihre eigenen Sätze wie oben um.

Legen Sie die falsche Bescheidenheit ab: Autorität ist etwas Wunderbares

Mit der »falschen Bescheidenheit« meine ich die Tatsache, dass viele Frauen sich immer wieder nach allen Seiten hin absichern, wenn sie eine Feststellung treffen. Sie verstecken sich hinter Worten, puffern ihre Aussagen ab und weigern sich letztlich, Verantwortung für das zu übernehmen, was sie äußern. Unten habe ich ein paar dieser »Puffer« aufgeführt, die wir so gern benutzen. Welche davon erkennen Sie wieder?

Du solltest das wirklich nicht tun.
Nun, . . .

Nieder mit der Grammatik der Schwäche!

> Ich würde wirklich gern befördert werden, zumindest …
> Meiner Ansicht nach …
> Grundsätzlich …
> Ich sehe das so: …
> Ich weiß, dass …
> Eigentlich …
> Ich bin nicht so ganz glücklich mit …
> Sicher …
> Ich möchte gern …
> Ich glaube, …
> Ich denke, …

Jeder Mensch benutzt diese Pufferwörter ab und an, aber Frauen tun dies weit öfter als Männer. Außerdem schadet diese »Bescheidenheit« der Selbstdarstellung von Frauen. Neben den überflüssigen Ich-Sätzen ist das »Puffern« die schädlichste Form in der Grammatik der Schwäche. Warum? Pufferwörter haben eines gemeinsam: Sie lassen eine Feststellung so klingen, als würde die Sprecherin an ihren eigenen Worten zweifeln. William Strunk und E. B. White schreiben in ihrem Führer zu gutem Stil: »Wenn jeder Ihrer Sätze Selbstzweifel signalisiert, fehlt es Ihrem Text an Autorität.« Dasselbe gilt für das gesprochene Wort.

Und mit ein paar dieser Pufferwörter machen Sie sich so klein, dass man Sie nicht mehr wahrnimmt:

> Ich bin nicht wirklich sicher, aber …
> Ich denke, ich möchte wissen, …
> Ich bin ja auf diesem Gebiet keine Expertin, aber …
> Ich weiß ja eigentlich nichts über Bilanzen, aber …
> Meiner Meinung nach …
> Ich hätte gerne, dass …
> Ich kann ja falsch liegen, aber …

Und viele dieser Pufferwörter verleiten uns zu ebenjener »Schmusesprache«, die im Beruf so gar nichts zu suchen hat. Sie brandmarken Sie als Schnulzentante, die mehr an ihre Emotionen als an ihren Job denkt. Und dies wird Ihnen mit Si-

Wie Sie die Grammatik der Schwäche hinter sich lassen

cherheit nicht die gewünschte Beförderung verschaffen. Pufferwörter mit Schmusefunktion sind beispielsweise:»Ich glaube …«,»Ich bin nicht so ganz glücklich mit …« und »Ich bin richtig froh über …«.

Wenn Sie also das nächste Mal den Impuls verspüren, Ihre Worte auf diese Weise einzuschränken, fragen Sie sich, ob der »Puffer« sinnvolle Information enthält. Wenn dies nicht der Fall ist, lassen Sie diese Konstruktion besser weg.

Wie Sie tatsächliche Unsicherheit ausdrücken

Manchmal ist die Tatsache, über die wir sprechen, eben nicht sicher, und dieses Faktum ist für unsere Zuhörer wichtig. In diesem Fall aber können wir eine der vielen sprachlichen Alternativen zum Ausdruck der Möglichkeitsform benutzen: Worte wie *kann, sollte, vielleicht, scheint, angeblich, scheinbar* usw. Auf diese Weise stellen wir das Faktum und nicht uns selbst in Frage.

In der Folge finden Sie ein paar »gepufferte« Sätze und Vorschläge, wie man sie so umformuliert, dass sie entweder gar keine oder nur Unsicherheit in Bezug auf den Sachverhalt zeigen.

Puffersatz	Sie sollten in der Firma wirklich nicht fluchen.
Klare Aussage	Fluchen im Büro ist eine Beleidigung für die Ohren Ihrer Kollegen.
Puffersatz	Nun, der Vorschlag fällt unter die Budgetordnung.
Klare Aussage	Der Vorschlag fällt unter die Budgetordnung.
Puffersatz	Ich würde wirklich gern befördert werden, wenigstens …
Klare Aussage	Würden Sie mich bitte bei der nächsten Beförderung berücksichtigen.
Alternative	Meine Beförderung wäre für die ganze Abteilung sinnvoll.

Nieder mit der Grammatik der Schwäche!

Puffersatz	Meiner Auffassung nach wird dieses Projekt besser laufen, wenn wir für jeden Teilbereich ein Extra-Angebot machen.
Klare Aussage	Dieses Projekt wird besser laufen, wenn wir für jeden Teilbereich ein Extra-Angebot machen.
Unsicherheit bezüglich des Sachverhalts	Dieses Projekt sollte besser laufen, wenn wir für jeden Teilbereich ein Extra-Angebot machen.
Puffersatz	Grundsätzlich erzielen wir mit dem Laden einen höheren Umsatz pro Quadratmeter als mit dem Restaurant.
Klare Aussage	Mit dem Laden erzielen wir einen höheren Umsatz pro Quadratmeter als mit dem Restaurant.
Unsicherheit bezüglich des Sachverhalts	Scheinbar erzielen wir mit dem Laden einen höheren Umsatz pro Quadratmeter als mit dem Restaurant.

Praxistipp

Die folgenden Puffersätze können Sie so oder ähnlich täglich im Büro oder im Geschäft hören. Formen Sie sie zu klaren Aussagen um. Wenn der dargestellte Sachverhalt tatsächlich nicht sicher ist, zeigen Sie dies auf eine Art, die Sie nicht klein macht.

Puffersatz	Ich würde mich gern über die Diebstahlsquote in der Firma informieren.
Klare Aussage	_____
Puffersatz	Ich denke, der neue Gesundheitsvorsorgeplan im Betrieb wird unsere Beschäftigten mehr kosten.
Klare Aussage	_____
Puffersatz	So wie ich das sehe, sollte das Büro des Vizepräsidenten größer sein als das des Finanzchefs.
Klare Aussage	_____

Wie Sie die Grammatik der Schwäche hinter sich lassen

Puffersatz — Ich weiß, dass unsere Gewinne im zweiten Quartal um 15 Prozent angestiegen sind.

Klare Aussage _____

Puffersatz — Offensichtlich ist Kendall letzte Woche vier Mal zu spät gekommen.

Klare Aussage _____

Puffersatz — Sicher wird das Gebäude auf Parzelle 6 mehr einbringen als das auf Parzelle 7.

Klare Aussage _____

Puffersatz — Ich verstehe davon ja eigentlich nichts, aber dieses Budget wird bestimmt zu einem Liquiditätsengpass führen.

Klare Aussage _____

Puffersatz — Ich bin sehr glücklich mit dem, was Herr Rodriguez über unsere Verkaufstruppe sagte.
Klare Aussage

_____

Puffersatz — Der Punkt ist doch, dass wir mit nur 16 Piloten nicht 75 Flughäfen bedienen können.

Klare Aussage _____

Puffersatz — Ich möchte mich gern vorstellen und Ihnen die Vorteile dieser Telefonanlage aufzeigen.

Klare Aussage _____

Puffersatz — Ich bin nicht wirklich sicher, aber ich glaube, dass niemand gern unbezahlte Überstunden macht.

Klare Aussage _____

Keine Anhängsel: Halten Sie die Power in Ihren Sätzen

Ein Anhängsel ist eine kurze Frage, die man an eine Aussage hängt. Übliche Formen sind »nicht wahr?«, »oder?«, »glauben Sie nicht?«. Die linguistische Forschung hat herausgefunden,

57

Nieder mit der Grammatik der Schwäche!

dass Frauen diese Konstruktionen sehr viel öfter benutzen als Männer. Doch diese Anhängsel schwächen Ihr Statement und signalisieren Selbstzweifel. Unten finden Sie ein paar typisch weibliche Anhängsel. Danach werden wir untersuchen, was an ihnen falsch ist, wie Sie Ihre persönlichen Anhängsel herausfinden und in Instrumente machtvollen Sprechens umwandeln können.

> Dies ist der beste Vorschlag, nicht wahr?
> Das ist doch eine gute Idee, finden Sie nicht?
> Sie möchten, dass ich dieses Memo tippe, oder?
> Ich habe nachmittags Herrn Santori angerufen, okay?
> In meinem Büro kommt das auch vor. Wissen Sie, was ich meine?
> Der Schriftsatz muss bis zwölf Uhr mittags eingereicht werden, Sie wissen, was ich meine.

Was also ist schlecht an diesen angehängten Fragesätzen? Jede einzelne dieser Aussagen ist für sich genommen klar, doch das Anhängsel schwächt sie zu Fragen ab. Dadurch kommt leicht der Verdacht auf, dass die dargestellte Tatsache nicht der Wahrheit entspricht. Auf diese Weise werten angehängte Fragen Ihre Äußerungen ab. Und aus diesem Grund sollten Sie Ihre Sprache davon befreien.

Anhängsel als Instrumente der Autorität

Wie immer so gibt es auch hier Ausnahmen von der Regel. Eine Studie über die Sprache von Führungspersönlichkeiten zeigte, dass die Chefin einer Firma solche Anhängsel benutzte, um die Zustimmung ihrer Zuhörer einzuholen. So sagte sie beispielsweise: »Was die neue Produktionsanlage betrifft, so sind wir uns doch einig, nicht wahr?« Warum aber kann die Chefin solche Worte gebrauchen, ohne schwach zu wirken, während sie jeden anderen Autorität kosten? Das liegt an der vorher bereits besprochenen Komplexität sprachlicher Äußerungen, bei denen eine Unmenge von Faktoren eine bedeutende Rollen spielen.

Wie Sie die Grammatik der Schwäche hinter sich lassen

Wenn Sie die größte Autorität im Raum haben, machen Anhängsel Sie weniger unnahbar. Mit dieser Art der Fragestellung ermutigen Sie Ihre Mitarbeiter zum Widerspruch, wenn diese anderer Meinung sind. Machtvolles Denken geht einer machtvollen Sprache voraus. Wenn Anhängsel für Sie einen kommunikativen Zweck erfüllen, können Sie sie natürlich ohne weiteres benutzen. Wenn es sich aber nur um eine unreflektierte Gewohnheit oder gar ein Zeichen der Unterwürfigkeit handelt, sollten Sie sie gnadenlos aus Ihrer Sprache tilgen. Schließlich wollen Sie doch zu Ihren Worten stehen.

Praxistipp

Tun Sie sich mit einer Freundin oder Kollegin zusammen, um gemeinsam an Ihrer beruflichen Kommunikation zu arbeiten. Hören Sie einander aufmerksam zu und achten Sie darauf, ob Sie derartige Anhängsel benutzen. Wenn ja, fragen Sie sich, ob diese Ihr Sprachverhalten schwächen (was meist der Fall ist) und meiden Sie sie in Zukunft.

Gefühle und Eindrücke

Ganz im Gegensatz zu dem, was neuerdings in Management-Seminaren gern erzählt wird, sind Gefühle etwas, was Sie am Arbeitsplatz eindeutig schwächt. Das heißt nicht, dass Sie keine haben dürfen. Ich will damit nur sagen, dass wir unser Denken nicht in Gefühle kleiden sollten. Und dies ist eine eindeutige Regel, die nicht dem Vorbehalt der sprachlichen Komplexität unterliegt. Der Ausdruck »Ich habe das Gefühl (den Eindruck), dass ...« hat im Arbeitsleben nichts zu suchen, da er das, was wirklich gesagt werden soll, nur emotional verbrämt, letztlich also vom wahren Sachverhalt ablenkt.

Viele Leute hören das gar nicht gerne. Was würde wohl geschehen, wenn Sie im Berufsleben niemandem mehr von ihren Gefühlen erzählen können? Wenn Sie zu den Menschen gehören, die sich einen Arbeitstag nicht ohne ein »Mein Ein-

Nieder mit der Grammatik der Schwäche!

druck ist, dass ...« vorstellen können, sollten Sie einmal darüber nachdenken, wie und wann Sie von Eindrücken und Gefühlen sprechen und ob Sie damit erreichen, was Sie wollen. Ich habe Ihnen natürlich auch hier wieder ein paar typische Beispiele aus dem »wahren Leben« mitgebracht:

> Haben Sie das Gefühl, wir sollten so vorgehen?
> Bei unseren neuen Expansionsplänen habe ich ein komisches Gefühl.
> Haben Sie den Eindruck, dass der neue Halbleiter ...

Was wollten diese Menschen wohl tatsächlich sagen? Vielleicht Folgendes:

> Wie sollen wir vorgehen?
> Diese neuen Expansionspläne bedrohen das ganze Unternehmen.
> Wie sind die Erfolgsaussichten für den neuen Halbleiter?

Verstehen Sie mich nicht falsch: Ich denke nicht, dass unsere Arbeitsplätze kalte Orte sein sollten, an denen sich niemand mehr mit dem anderen austauschen darf. Mein Ziel ist es, dass Frauen (und Männer), die am Arbeitsplatz denken, handeln, Informationen abwägen und weitergeben, dies auf professionelle, machtvolle, höfliche und freundliche Art tun.

Praxistipp

Sehen Sie sich noch einmal eine Aufzeichnung von einer Besprechung oder ein von Ihnen verfasstes berufliches Schriftstück durch und streichen Sie alle »Gefühle und Eindrücke«, die darin vorkommen. Sie werden augenblicklich feststellen, dass der Text dadurch an Autorität gewinnt.

Wie Sie die Grammatik der Schwäche hinter sich lassen

Echt, irgendwie, eigentlich

Sie sind eine Frau und Sie wollen Karriere machen. Sie sind kein Schulmädchen mehr, und Sie haben etwas zu sagen. Wie ernst, glauben Sie, nimmt man Sie, wenn Sie etwas *eigentlich* wollen. Oder wenn Sie etwas *irgendwie* denken. Ganz zu schweigen von dem bekräftigenden *echt*, das Sie auf den Status einer naiven Kinderseele herabsetzt, die ihre Glaubwürdigkeit erst noch unter Beweis stellen muss. Die oben genannten modischen Füllwörter haben in unserem alltäglichen Sprachverhalten so zugenommen, dass sie unsere Sätze durchziehen wie eine schleichende Krankheit. Auch hier gibt es keine Ausnahme von der Regel: Wenn Sie etwas erreichen wollen, meiden Sie diese Karrierekiller. Ich gebe zu, dass dies nicht einfach ist, aber hier ist eine Methode, mit der Sie es schaffen können:

Praxistipp

Bitten Sie eine Freundin, die ebenso ehrgeizig ist wie Sie, Ihnen dabei zu helfen. Jedes Mal, wenn Sie eines dieser Wörter gebrauchen, macht Ihre Freundin ein Geräusch: mit den Fingern, dem Mund oder einem Gegenstand. Sie können diese Übung am Arbeitsplatz oder auch zu Hause machen. Auch Kollegen, denen Sie vertrauen, können Sie dabei unterstützen. Sind Sie sich erst einmal klar darüber, wie häufig Sie diese Wörter benutzen, werden Sie sie schon bald im Griff haben.

Passiv im Passiv: Die Welt, in der niemand etwas tut

Wenn wir uns mit dem Passiv beschäftigen wollen, müssen wir uns zunächst einmal einige Grammatikkenntnisse aneignen. In den europäischen »Standardsprachen« benutzt man vorzugsweise das Aktiv. Dies gilt für das Englische ebenso wie für das Deutsche. Die Sätze stehen dabei in der sogenannten SPO-Stel-

Nieder mit der Grammatik der Schwäche!

lung: auf das Subjekt folgt zunächst das Prädikat und dann das Objekt. (Beispiel: Die Geschäftsführerin schrieb ihre Rede.) Aktiv nennt man diese Form, weil hier das Subjekt das Verb ausagiert. Manche Menschen glauben, dass im Aktiv nur Personen als Subjekt dienen können. Das ist aber ein Missverständnis. Das Subjekt kann sowohl belebt als auch unbelebt sein. (Beispiel: Die Rede brachte das Thema auf den Punkt.)

Passiv oder Leideform bedeutet, dass wir das Objekt zum Subjekt machen und das Verb in der passiven Form verwenden. (Beispiel: Die Rede wurde geschrieben.) Sogar wenn wir den handelnden Teil in diesen Satz einfügen (von der Geschäftsführerin), bleibt das Verb im Passiv. (Beispiel: Die Rede wurde von der Geschäftsführerin geschrieben.)

Beachten Sie bitte, dass auch im Passiv eine Vorgangs- und eine Zustandsform existiert. (Das Vorgangspassiv wird mit dem Hilfsverb »werden«, das Zustandspassiv mit dem Hilfsverb »sein« gebildet.) Beide haben jeweils unterschiedliche Bedeutung. Außerdem kann nicht jedes Verb ins Passiv gesetzt werden. Generell können nur transitive Verben, das heißt solche mit einem Akkusativobjekt (wen oder was?), ins Passiv gesetzt werden. Intransitive Verben können nur dann passivisch umgeformt werden, wenn sie nicht mit einem unpersönlichen Subjekt verbunden sind. (Beispiel: Der Satz »Diese Aussage beruht auf einem Irrtum« kann nicht ins Passiv umgewandelt werden.)

Aber keine Angst: Sie müssen nicht zum Grammatikprofi werden, um Ihr Sprachverhalten zu verbessern. Die folgenden Beispiele werden Ihnen den Unterschied zwischen Aktiv und Passiv schnell klar machen.

Aktiv	Das Team beendete das Projekt noch vor dem Schlusstermin.
Passiv	Das Projekt wurde noch vor dem Schlusstermin beendet.
Passiv	Das Projekt wurde vom Team noch vor dem Schlusstermin beendet.
Aktiv	Die Telefongesellschaft wünscht noch vor Juni einen Kostenvoranschlag.

Wie Sie die Grammatik der Schwäche hinter sich lassen

Passiv	Ein Kostenvoranschlag wird noch vor Juni gewünscht.
Passiv	Ein Kostenvoranschlag wird von der Telefongesellschaft noch vor Juni gewünscht.
Aktiv	Das Medikament schwächt den Patienten.
Passiv	Der Patient wird geschwächt.
Passiv	Der Patient wird von dem Medikament geschwächt.
Aktiv	Herzlichen Dank für Ihre Bereitschaft, persönlich all Ihre Einrichtungen zu erläutern.
Passiv	Ihre Bereitschaft, persönlich all Ihre Einrichtungen zu erläutern, wurde sehr wohl wollend aufgenommen.
Aktiv	Das Diagramm passt überall in den Bericht.
Passiv	Das Diagramm kann überall in den Bericht eingefügt werden

Die Beherrschung der grammatikalischen Formen ist die Wurzel jeder Art von erfolgreicher Sprache. Richard Mitchell drückt dies so aus: »Entweder Sie sind Herr Ihrer Sprache oder Sie sind Ihr Sklave.« Wenn Ihnen der Unterschied zwischen Aktiv und Passiv erst einmal ins Blut übergegangen ist, haben Sie die Wahl, ob Sie eine Passivform einsetzen oder nicht. Denn wie Sie sehen werden, gibt es auch bezüglich des Passivs keine strikten Regeln: In manchen Fällen macht die Verwendung von Passivkonstruktionen einen Satz ausdruckslos, in anderen wiederum erreichen Sie mit einem »täterlosen« Satz Ihr Ziel besser. Mehr darüber erfahren Sie im nächsten Kapitel.

Praxistipp

Die folgende Übung soll Ihnen die Schwächen des Passivs zeigen. Lesen Sie zuerst die Sätze weiter unten. Sie gehören zu einer Übung, die ich häufig in Seminaren zum Thema »Frauen und Karriere« anbiete. Das Ergebnis ist immer das gleiche: Wenn Sie den ersten Satz vier verschiedenen Frauen vorlegen und diese bitten, ihn ins Aktiv zu übertragen, haben Sie am Ende vier verschiedene Subjekte. Stellen Sie sich erst einmal vor,

Nieder mit der Grammatik der Schwäche!

wie schwierig dies in einer Firma wird, wo keiner den anderen kennt. Diese Unschärfe stellt sich immer dann ein, wenn wir einen Satz aus einem knackigen Aktiv- in einen wortreichen Passivsatz umwandeln.

Passiv   Für dieses drängende persönliche Problem muss eine Lösung gefunden werden.
Aktiv 1   Bill muss für dieses drängende persönliche Problem eine Lösung finden.
Aktiv 2   Die Geschäftsführerin muss für dieses drängende persönliche Problem eine Lösung finden.
Aktiv 3   Der Personalchef muss für dieses drängende persönliche Problem eine Lösung finden.
Aktiv 4   Die Firma muss für dieses drängende persönliche Problem eine Lösung finden.

Jetzt kennen Sie das Prinzip und können es selbst ausprobieren. Suchen Sie in einem Handbuch, einem Bericht oder einem Brief einen Passivsatz. (Sie finden mit Sicherheit nicht nur einen.) Bitten Sie dann mindestens zwei (gern auch mehrere) Frauen aus Ihrem persönlichen Netzwerk, diesen Satz in einen Aktivsatz umzuwandeln. Vergleichen Sie dann die Lösungen und sehen Sie, wie weit sie voneinander abweichen.

Zu viele Passivsätze sind allgemein ein Zeichen der Schwäche. Sie zeugen von mangelnden Führungsqualitäten, weil sie eine Welt ohne Handelnde und ohne klare Verantwortlichkeiten schaffen. Obwohl das Passiv in Texten und Reden von Männern genauso verbreitet ist wie in solchen von Frauen, schaden sie uns doch wesentlich mehr, weil wir uns ja häufig erst bemerkbar machen müssen. Und um Aufmerksamkeit auf uns zu ziehen, müssen wir eine klare Sprache verwenden.

Praxistipp

1. Nehmen Sie sich ein Schriftstück vor, das Sie verfasst haben, und suchen Sie alle Passivsätze heraus. Sie können das natürlich auch mit Hilfe einer Textverarbeitung tun. Setzen Sie dann alle Sätze ins Aktiv.

Wie Sie die Grammatik der Schwäche hinter sich lassen

2. Nehmen Sie sich einen Artikel in einer guten Wirtschaftszeitschrift oder einem entsprechenden Buch vor. Sie werden feststellen, dass gute Texte zu über 90 Prozent Aktivsätze benutzen.
3. Lesen Sie die wunderschön klaren Aktivsätze, in denen sich unsere Heldinnen ausdrücken. Zu diesem Zweck habe ich unten einige Zitate aufgeführt und sie selbst ins Passiv gesetzt, um Ihnen den Unterschied deutlich zu machen. Versuchen Sie, die kraftvolle Ausstrahlung der Sätze beizubehalten und sie in die Business-Sprache zu übersetzen:

Earhart	»Er hegte zu viele Befürchtungen.«
Passiv	Zu viele Befürchtungen wurden gehegt.
Business-Sprache	_____

Earhart	»Ich habe alles wohl überlegt.«
Passiv	Alles wurde wohl überlegt.
Business-Sprache	_____

Earhart	»... die Aufgabe forderte vom Piloten höchste Konzentration.«
Passiv	Höchste Konzentration wurde vom Piloten gefordert.
Business-Sprache	_____

Ginsburg	»Ich begrüße die Tatsache, dass viele Komiteemitglieder sich die Zeit nahmen, mich in den Wochen nach der Nominierung durch den Präsidenten persönlich aufzusuchen.«
Passiv	Die Tatsache, dass viele Komiteemitglieder sich die Zeit nahmen, mich in den Wochen nach der Nominierung durch den Präsidenten persönlich aufzusuchen, wurde begrüßt.
Business-Sprache	_____

Ginsburg	»Aber nicht nur die Rechtsprechung schützt die verfassungsmäßigen Rechte. Die Gerichte teilen sich diese große Verantwortung mit dem Kongress, dem Präsidenten, den Bundesstaaten und den Bürgern.«

Nieder mit der Grammatik der Schwäche!

Passiv	Die verfassungsmäßigen Rechte werden nicht nur von der Rechtsprechung geschützt. Diese große Verantwortung wird von den Gerichten mit dem Kongress, dem Präsidenten, den Bundesstaaten und den Bürgern geteilt.
Business-Sprache	_____
Hills	»Allerlei Probleme behinderten im letzten Jahr unsere Anstrengungen zur Öffnung der Weltmärkte.«
Passiv	Unsere Anstrengungen zur Öffnung der Weltmärkte wurden im letzten Jahr durch allerlei Probleme behindert.
Business-Sprache	_____
Hills	»Die neuen Verträge ermöglichen einen fairen Wettbewerb in der Landwirtschaft.«
Passiv	In der Landwirtschaft wird fairer Wettbewerb ermöglicht.
Business-Sprache	_____

Übermäßige Korrektheit

Eine weitere sprachliche Form weist sie sofort als zu einer nicht gerade einflussreichen Bevölkerungsgruppe gehörig aus: die hyperkorrekte Sprachverwendung. Übermäßig korrekt sind Sie dann, wenn Sie in Ihrem Bemühen um gutes Sprechen über das Ziel hinausschießen und dabei jede Natürlichkeit verlieren. Sehr häufig kommt es dabei zu stark artikuliertem Sprechen oder zu grammatikalischen Formen, die zwar schick klingen, aber leider grundfalsch sind. Ein gutes Beispiel dafür ist der Ersatz einfacher Verben durch »erhaben« klingende, wenn »Flaschen eröffnet werden«, Maßnahmen gar »in Fortfall geraten« oder gewisse Dinge »zu befürchten stehen«. Vorsicht ist auch bei der Fremdwortverwendung geboten: Setzen Sie nur Fremdwörter ein, deren Bedeutung Sie auch wirklich kennen, sonst kann es Ihnen geschehen, dass aus kosmetischer Chirurgie »kosmische Chirurgie« und aus der Raffinesse eines

Entwurfs plötzlich eine »Raffinerie« wird. Die Sprache der Stärke ist etwas völlig Natürliches. Sie lernen dabei, Ihre sprachlichen Mittel zu kontrollieren. Übermäßig korrekte Formen aber verraten immer, dass Sie sich Ihrer Sache nicht ganz sicher sind.

Blasse Füllwörter

Wir füllen unsere Sätze meist so lange mit ihnen auf, bis sie keinerlei greifbare Aussage mehr enthalten: Modaladverbien. Häufig gebrauchte Formen wie *sehr, wirklich, viel* und *sicher* wirken fast so wie Pufferwörter. Sie bieten fast keine zusätzliche Information. Verwenden Sie sie also nur, wenn Sie damit tatsächlich etwas ausdrücken wollen. Wir neigen zum Gebrauch dieser Adverbien, weil wir das Gefühl haben, sonst kein Gehör zu finden, weil wir für unsere Aussage keine präzisen Worte finden, weil wir zu unsicher sind, einfach eine Aussage in den Raum zu stellen, und manchmal auch, weil unsere Gedankengänge unklar sind. Achten Sie einmal darauf, wie viel ein beliebiger Text an Ausstrahlung gewinnt, wenn Sie diese Allerweltsadverbien weglassen bzw. sie durch aussagekräftigere ersetzen.

Allerweltsadverb	In diesem Workshop haben wir wirklich sehr wichtige Fähigkeiten erworben.
Präzise Form	In diesem Workshop haben wir die neuen Windows-Anwendungen zu bedienen gelernt.
Allerweltsadverb	Ihr Bericht ist ganz sicher der Aller-, Allerbeste.
Präzise Form	Ihr Bericht ist am umfassendsten.
Allerweltsadverb	Dieses Entwicklungsprojekt ist für unsere Zukunft ungeheuer wichtig.
Präzise Form	Mit diesem Entwicklungsprojekt entscheidet sich unsere Zukunft.

Nieder mit der Grammatik der Schwäche!

Allerweltsadverb	Die meisten Arbeitnehmer kamen ein bisschen zu spät.
Präzise Form	75 Prozent der Arbeitnehmer kamen mehr als drei Minuten zu spät.
Allerweltsadverb	Ich möchte diese Stelle wirklich sehr gern haben.
Präzise Form	Ich möchte diese Stelle haben.
Allerweltsadverb	Wenn ich einen Bericht schreiben soll, weiß ich meist nicht, wo ich anfangen soll, und dann schiebe ich es dauernd vor mir her.
Präzise Form	Wenn ich einen Bericht schreiben soll, weiß ich häufig nicht, wo ich am besten anfange, und schiebe daher den Vorgang immer wieder auf.

Wie Sie sehen, ist der Umgang mit Modaladverbien leicht in den Griff zu bekommen. Auch hier sollten Sie sich mit einem Ihrer eigenen Texte befassen und sehen, wie Sie ihn verbessern können, indem Sie blasse Füllwörter einfach streichen.

Schwache Konjunktionen: und, aber, und ...

Auch wenn Sie Ihre Gedanken wahllos aneinanderkleben, geben Sie ein machtvolles Mittel der Einflussnahme auf Ihre Zuhörer aus der Hand. Wörter wie *und* bzw. *aber* sind einfach zu vorhersehbar. Diese kindliche Art des Sätze-Verbindens soll – linguistischen Forschungen zufolge – bei Frauen weiter verbreitet sein als bei Männern. Im Folgenden finden Sie einen Text, der einen Arbeitstag mit solch einfallslosen Ideensträngen beschreibt.

Ich komme um acht Uhr morgens im Büro an und hole mir schnell noch einen Kaffee und dann fange ich zu schreiben an, aber mein Chef kommt und unterbricht mich, so dass ich nur wenig vom Tisch kriege. Und ehe man sich's versieht, ist

Wie Sie die Grammatik der Schwäche hinter sich lassen

Mittagspause, und ich gehe mit meinen Freundinnen in die Cafeteria und esse dort mit ihnen. Aber auch dort verfliegt die Zeit und im Nu sind wir wieder zurück in der Mühle.

Im nächsten Kapitel werden Sie lernen, wie Sie Ihre Ideen auf nuanciertere und interessante Weise verknüpfen.

Praxistipp

Nehmen Sie sich wieder ein Schriftstück vor, das Sie verfasst haben, und überprüfen Sie es daraufhin, ob auch Sie zu viele *und* bzw. *aber* benutzen.

Der Super-Gau: Zu viele Wörter, Schachtelsätze und Blabla

Eine der vielen unwahren Behauptungen über Frauen besagt, dass wir zu viel reden. Tatsächlich wurde in wissenschaftlichen Studien bewiesen, dass Männer mehr reden als Frauen und dass Männer ihre Gesprächspartner viel häufiger unterbrechen. Trotzdem gibt es natürlich auch Frauen, die beim Reden oder Schreiben zu weitschweifig sind. Auch dieses Verhalten gehört zur Grammatik der Schwäche. Wenn Sie sich jedoch an die vier Tipps halten, die ich Ihnen bisher mit auf den Weg gegeben habe, können Sie auch diesem Problem elegant aus dem Weg gehen: Vermeiden Sie überflüssige Ich-Sätze, Pufferwörter, mit denen Sie sich zurücknehmen, und Allerweltswörter. Setzen Sie stattdessen beim Sprechen und Schreiben aufs Aktiv.

Meist geht Weitschweifigkeit auf der Wortebene einher mit einem ähnlichen Verhalten auf der Satzebene: mit Schachtelsätzen, die vom Thema abweichen. Prüfen Sie, ob Ihre Sätze zu lang sind: Sie sollten im Durchschnitt nicht mehr als 15 Worte umfassen und in der Länge variieren. Wenn Sie Sätze mit 25 oder gar 50 Wörtern bauen, ist die Wahrscheinlichkeit groß, dass Sie nicht nur zu viele Wörter benutzen, sondern auch zu viele Nebensätze in den Hauptsatz einschieben. Ver-

Nieder mit der Grammatik der Schwäche!

suchen Sie, sich auf einen Hauptsatz mit maximal einem Nebensatz zu beschränken. Damit haben Sie Platz für eine wesentliche und eine beigeordnete Idee. Wenn Sie nicht sicher sind, was ein langer Satz ist, dann betrachten Sie einmal ein Ungetüm wie dieses:

> Ich habe mich gründlich mit unseren Abnehmern, die die 9890er-Maschine herstellen, warten und reparieren, auseinander gesetzt, und ich bin der Auffassung, dass die kürzlich vorgenommenen Änderungen – der Verzicht auf Markierungen auf jeder Seite und das Anbringen von Laufrollen an der Unterseite des Containers – nicht den Bedürfnissen unserer Kunden entsprechen und daher nicht in das 9890-Programm passen. (58 Wörter)

Der Satz wird sehr viel klarer, wenn man ihn teilt. Die verwirrenden Schachtelsätze wurden hier in Klammern gesetzt:

> (Ich habe mich gründlich mit ... auseinander gesetzt) Unsere Abnehmer, die die 9890er Maschine herstellen, warten und reparieren, finden (und ich bin derselben Auffassung), dass die kürzlich vorgenommenen Änderungen – der Verzicht auf Markierungen auf jeder Seite und das Anbringen von Laufrollen an der Unterseite des Containers – ihren Bedürfnissen nicht entsprechen. Daher passen diese Änderungen nicht in das 9890-Programm. (37 und 8 Wörter)

Praxistipp

Zählen Sie zuerst einmal alle Worte in einem selbstverfassten Schriftstück. Lassen Sie dann alle überflüssigen Ich-Sätze, Klammersätze und Füllwörter weg. Wandeln Sie schließlich noch alle Passiv- in Aktivsätze um und zählen Sie erneut. Wie viele Wörter haben Sie eingespart?

Nun haben Sie gelernt, wie Sie die Grammatik der Schwäche aus Ihren sprachlichen Äußerungen verbannen. Im nächsten Kapitel wenden wir uns der Sprache der Stärke zu.

Merksätze

- Vermeiden Sie überflüssige Ich-Sätze.
- Beginnen Sie Ihren Satz mit dem Wort, das das Thema repräsentiert.
- Lassen Sie Gefühle und Eindrücke weg.
- Heben Sie sich persönliche Mitteilungen für zu Hause auf.
- Nehmen Sie sich nicht zurück.
- Verbannen Sie Pufferwörter aus Ihren Texten.
- Trivialisieren Sie Ihre Aussagen nicht mit angehängten Fragen.
- Teilen Sie Ihre Gedanken als solche mit.
- »Das ist doch echt eigentlich irgendwie.« – Kein Satz für Sie!
- Passiv im Passiv – nicht mit Ihnen!
- Übermäßige Korrektheit bringt Sie nicht weiter.
- Keine blassen Füllwörter!
- Schluss mit überflüssigen Sätzen.

3 Verschaffen Sie sich Gehör mit der Grammatik der Stärke

Frauen haben viel mehr auf dem Kasten, als sie selbst glauben.
Die Entdeckung, dass man lernen kann, anders zu sprechen,
war für mich sensationell.

Julie Felix

Sie wissen nun, wie die Grammatik der Schwäche aussieht und wie Sie sie meiden. Nun können Sie langsam darangehen, sich Muskeln zuzulegen: die Grammatik der Stärke hilft Ihnen dabei. Lassen Sie uns dabei unseren Vorbildern folgen, die sich mit Kraft und Ausdauer eine Sprache des Erfolgs gewebt haben.

Auf den folgenden Seiten finden Sie das Gegengift zur Grammatik der Schwäche: Sätze, die zeigen, dass es Ihnen ums Geschäft geht, und die Ihnen die Aufmerksamkeit Ihrer Zuhörer sichern; sachliche Sätze, mit denen Sie sich selbst darstellen und kommunizieren oder konstruktive Kritik äußern können.

Charlottes Grammatik

Charlotte ist eine ausgesprochene Satzkünstlerin. Ihre Sätze sind kurz, knackig und klar. Sie unterscheiden sich erheblich von den verbalen Bandwürmern, die Sie heutzutage in Ihren E-Mails finden. Für die berufliche Kommunikation sind Charlottes Äußerungen eine nie versiegende Quelle der Inspiration. Als Charlotte dem Ferkel Wilbur ihre Freundschaft anbietet, stellt sie sich ihm so vor:

»Brauchst du eine Freundin, Wilbur? Ich will deine Freundin sein.«

Ein paar Grammatikkenntnisse schaden niemandem

»Schau hier herauf in die Ecke des Tors. Hier bin ich. Schau, ich wink dir!«

»Na ja, hübsch bin ich. Das kann man nicht leugnen. Die meisten Spinnen sehen gut aus.«

»Zuerst werfe ich mich auf sie [die Fliege] ... Dann wickle ich sie ein. ... Jetzt noch der Knock-out, das ist angenehmer für sie«, erläutert sie Wilbur, als dieser sie nach ihrer Nahrung fragt.

»Ich trinke sie – ich meine ihr Blut.«

»Es ist wahr, und wenn es wahr ist, muss ich es auch sagen«, erklärt sie dem Schweinchen, das ob ihrer Lebensweise entsetzt ist.

»Seit Tausenden und Abertausenden von Jahren haben wir Spinnen auf Fliegen und Käfer gelauert.«

Behalten Sie Charlottes Art der Selbstdarstellung immer im Hinterkopf, während Sie langsam in die Grammatik der Stärke hineinwachsen.

Ein kurzer Blick zurück

Im letzten Kapitel haben Sie gelernt, was Sie künftig besser ganz vermeiden: unnötige Puffer, angehängte Fragen, blasse Füllwörter und übermäßige Korrektheit. Darüber hinaus haben Sie erfahren, welche Formen der Schwäche Sie durch andere, starke Formen ersetzen können: überflüssige Ich-Sätze durch themenzentrierte Aussagen, Passiv- durch Aktivsätze und überlange durch knappe und klare Sätze. Diese eben erworbenen Fähigkeiten werden Sie nun weiter ausbauen.

Ein paar Grammatikkenntnisse schaden niemandem

Natürlich müssen Sie nicht zum Grammatikprofi werden, wenn Sie sich eine machtvolle Sprache aneignen möchten. Aber ein paar Grundregeln werden Ihnen auf jeden Fall nütz-

Verschaffen Sie sich Gehör mit der Grammatik der Stärke

lich sein. Wenn Sie sich Ihrer Grammatikkenntnisse nicht völlig sicher sind, sollten Sie sich eine gute Darstellung der deutschen Grammatik besorgen. Tipps dazu finden Sie im Anhang. Auf den folgenden Seiten finden Sie einen kurzen Überblick über die wichtigsten Verbkategorien. Fachbegriffe werden dabei aber durchgehend erläutert.

Das Verb bestimmt den »Wirkungsgrad« des Satzes. Wenn Sie also wirkungsvollere Sätze bilden wollen, müssen Sie den Unterschied zwischen aktiven und passiven Satzstrukturen ebenso verstehen wie den zwischen Handlungs- und Zustandsverben.

Kurzer Exkurs zum Thema »Tätigkeits- und Zustandsverben«

Ein Verb drückt entweder eine Tätigkeit oder einen Zustand aus. Handlungs- oder Tätigkeitsverben können darüber hinaus nach ihrem Bezug zum Objekt des Satzes eingeteilt werden in:

	Beispiel	Tipps/Bemerkungen
Transitives Verb (funktioniert nicht ohne Akkusativobjekt)	Ian hörte den Vorschlag.	
Intransitive Verben (bei diesen Verben kann kein Akkusativobjekt stehen, ein anderes Objekt aber durchaus)	Die Maschine hielt an.	
Verben, die sowohl intransitiv als auch transitiv gebraucht werden.	Die Maschine hielt die Produktion an.	Nur transitive Verben können ins Passiv gesetzt werden. Dies zu wissen ist ganz praktisch, wenn Sie überlegen, ob ein Satz im Passiv nicht besser klingt.

Ein paar Grammatikkenntnisse schaden niemandem

Zustandsverben

	Beispiel	Tipps/Bemerkungen
Sie sind intransitiv. (Sie funktionieren zwar auch ohne Objekt, brauchen aber noch eine zusätzliche Bestimmung, die sich auf das Subjekt bezieht oder mit diesem identisch ist.)	Colleen *ist* tüchtig.	*Tüchtig* beschreibt hier eine Eigenschaft von Colleen.
	Colleen *ist* Gruppenleiterin	Das *ist* funktioniert hier wie ein Gleichheitszeichen. *Colleen* und die *Gruppenleiterin* sind identisch.

Auch die beiden Passivformen, die wir bereits erwähnt haben – das Vorgangs- und das Zustandspassiv –, haben bestimmte Funktionen:

	Beispiel	Tipps
Vorgangspassiv	Die Tür wird geöffnet.	Dieses Passiv wird immer mit dem Hilfsverb *werden* gebildet. Damit lenken Sie die Wahrnehmung Ihrer Zuhörer bzw. Leser auf den Vorgang selbst.
Zustandspassiv	Die Tür ist geöffnet.	Seine Bildung erfolgt mit dem Hilfsverb *sein*. Hier stellen Sie nur das Ergebnis dar, ohne die zu Grunde liegende Handlung (hier: das Öffnen) zu benennen.

Verschaffen Sie sich Gehör mit der Grammatik der Stärke

Ein Zustand kann also durch ein Zustandsverb oder ein mit *ist* geschaffenes Zustandspassiv ausgedrückt werden. Im folgenden Abschnitt lernen Sie, den Unterschied zwischen Tätigkeits- bzw. Vorgangsform und Zustandsform souverän zu Ihren Gunsten einzusetzen.

Handlungsverben bringen Stärke ins Satzgefüge

Handlungsverben versetzen Ihrer Sprache einen wahren Energieschub. Mit ihnen wird Ihre Ausdrucksweise lebendig, und sie verleihen Ihnen eine natürliche Autorität. Im letzten Kapitel haben Sie gesehen, dass in unnötigen Ich-Sätzen häufig »Schmuseverben« wie *das Gefühl haben* oder *gern mögen* zum Einsatz kommen. Machen Sie hingegen das Thema (und nicht sich selbst) zum Subjekt, ist es viel einfacher, mit einem Handlungsverb fortzufahren. Das bedeutet aber auch, dass Sie sich Gedanken machen müssen, worum genau es in Ihrem Satz geht. Leider benutzen Frauen im Berufsleben heute immer noch zu viele Zustandsverben, was ihren sprachlichen Ausdruck enorm schwächt.

So hört man häufig: »Das Projekt war erfolgreich.« Viel interessanter klingt: »Das Projekt verlief erfolgreich.« Oder: »Ich bin Gruppenleiterin beim System-Management-Team.« Besser wäre: »Ich leite das System-Management-Team.« Gleiches gilt für Sätze wie »Die Gruppe ist mit der Budgetierung beauftragt.« Die Leistung der Beteiligten kommt stärker zum Ausdruck, wenn Sie sagen: »Die Gruppe arbeitet an der Budgetierung.« Natürlich ist der Ausdruck eines Zustands in der Sprache wichtig, doch wenn Sie zu ausgiebig mit diesen Formen arbeiten, werden Ihre Sätze weitschweifig und lassen die schneidige Klarheit vermissen, mit der Charlotte dem kleinen Wilbur ihre Natur erklärt. Flache Sätze aber sind wahre Karrierekiller.

Die folgenden Beispiele zeigen Ihnen, wie viel besser eine aktive Form wirken kann. Vergleichen Sie die ursprünglichen Sätze mit Ihren eigenen. Gibt es Ähnlichkeiten? Versuchen Sie im nächsten Schritt sowohl beim Schreiben als auch beim Spre-

Handlungsverben bringen Stärke ins Satzgefüge

chen die ausdrucksschwachen Zustandsverben durch prägnante Tätigkeitsformen zu ersetzen. Vergessen Sie bitte nicht, dass Sie den Satz mitunter umformen müssen, um ihm mehr Dynamik zu geben.

Zustandsform	Das fünfwöchige Produkttraining, das für die Qualifizierung zum Materialprüfer erforderlich ist, war unendlich wertvoll im Hinblick auf Handhabung, Mechanik, Schmelztechnik und Optik der Papierherstellung.
Aktivform	Das fünfwöchige Produkttraining, das für die Qualifizierung zum Materialprüfer erforderlich ist, hat mein Verständnis für Handhabung, Mechanik, Schmelztechnik und Optik der Papierherstellung vertieft.
Zustandsform	Eine meiner größten Herausforderungen ist es, klar, präzise und einfach zu schreiben, so dass mein Zielpublikum mich versteht.
Aktivform	Ich habe mir vorgenommen, klar, präzise und einfach zu schreiben.
Zustandsform	Ihr Vorschlag, mich weiterzubilden, war ein wichtiger Punkt in meiner Karriere.
Aktivform	Ihr Vorschlag, mich weiterzubilden, spornte mich an, ...

Lassen Sie überflüssige Konstruktionen weg, die mit Zustandsverben oder dem entsprechenden Passiv arbeiten. Dadurch schärfen Sie Ihr Denken ebenso wie Ihr Schreiben.

Praxistipp

Lesen Sie einen gut geschriebenen Text aus dem Themenbereich »Wirtschaft«. Sehen Sie ins *Handelsblatt*, studieren Sie den Wirtschaftsteil der *Frankfurter Allgemeinen*, der *Frankfurter Rundschau* oder der *Süddeutschen Zeitung*, blättern Sie ein entsprechendes Buch durch. Machen Sie um alle Tätig-

Verschaffen Sie sich Gehör mit der Grammatik der Stärke

keitsverben einen Kreis – je besser der Text, umso mehr werden Sie finden. Auf diese Weise legen Sie sich ein hübsches Vokabular zu, auf das Sie nach Belieben zurückgreifen können. In Kapitel 4 werden wir noch einmal auf die dynamischeren Verben zurückkommen.

Mut zur Distanz

In Kapitel 2 konnten Sie feststellen, dass der übermäßige Gebrauch von emotionsgeladenen Ausdrücken und Wörtern zusammen mit der Sucht, Sätze mit »Ich« zu beginnen, Frauen häufig unreif, zögerlich und so gar nicht auf der Höhe der Ereignisse erscheinen lässt. Hier geht es nun darum, wie Sie die Distanziertheit Ihres Auftretens bestimmen und so mehr Glaubwürdigkeit erlangen können. Schon durch kleine Veränderungen an Ihrer Ausdrucksweise können Sie wählen, welche Distanz Sie zu Ihrem Gegenüber einnehmen möchten. Probieren wir es doch einmal an einem Beispiel aus. Je nachdem, wie Sie den Satz umbauen, steuern Sie damit die Perspektive, unter der der Sachverhalt wahrgenommen wird.

Stellen Sie sich vor, im Schreibbüro ist eine Kollegin ausgefallen und Sie ertrinken in Arbeit. Sie müssen also Ihre Chefin informieren. Mit der Wahl des Subjekts steuern Sie nun die Art der Darstellung.

Subjekt

Sie selbst:	Ich glaube, wir haben zu viel Arbeit, um diese Aufgabe rechtzeitig erledigen zu können.
Die Gruppe:	Wir haben zu viel Arbeit, um diese Aufgabe rechtzeitig erledigen zu können.
Die Chefin:	Sie haben uns mehr Arbeit hingelegt, als wir schaffen können.
Das Problem (aktiv):	Das Schreibbüro kann diese Aufgabe nicht rechtzeitig erledigen.
Das Problem (passiv):	Diese Aufgabe kann nicht rechtzeitig erledigt werden.

Mut zur Distanz

Diese Sätze sind grammatikalisch korrekt und enthalten alle die gleiche Information. Ihre Überzeugungskraft allerdings nimmt von oben nach unten zu. Weshalb? Nun, der erste Satz drückt nicht mehr aus als eine persönliche Meinung. Der letzte hingegen ist ein sachliches Statement, das auf die Arbeitsüberlastung verweist. Was wirkt wohl in der angesprochenen Situation besser? Und können Sie sich Situationen vorstellen, in denen jeweils einer der anderen Sätze angemessen wäre?

Das nächste Beispiel kommt aus dem Managementbereich. Stellen Sie sich vor, einer Ihrer Angestellten stört die anderen und hält sie von der Arbeit ab. Sie müssen dieses Verhalten nun stoppen.

Subjekt

Sie selbst:	Ich möchte, dass Sie aufhören, den Arbeitsablauf zu stören.
Der Angestellte:	Sie stören den Arbeitsablauf. Lassen Sie dieses Verhalten.
Die anderen Angestellten:	Jeder beschwert sich, dass Sie ständig den Arbeitsablauf stören.
Das Problem (aktiv):	Ihr Verhalten stört den Arbeitsablauf und muss aufhören.
Das Problem (passiv):	Ihre Störungen des Arbeitsablaufs können nicht mehr länger geduldet werden.

Sie sehen, wie Sie durch die wachsende Distanz, die Sie zwischen sich und das Problem legen, an Glaubwürdigkeit gewinnen. Konnte der erste Satz noch als persönlich gefärbte Wahrnehmung durchgehen, so präsentiert der letzte einen scheinbar objektiven Sachverhalt. Dieses Sprachverhalten stärkt Ihre Autorität.

Diese Art des Distanzschaffens wirkt auch bei einem Dauerproblem von Frauen, nämlich den Männern, die unsere Präsentationen stören. Sie möchten den ungehobelten Kerl natürlich stoppen und bitten ihn daher um ein persönliches Gespräch. Nun haben Sie folgende Möglichkeiten:

Verschaffen Sie sich Gehör mit der Grammatik der Stärke

Subjekt

Sie selbst:	Ich fühle mich furchtbar, wenn Sie mich andauernd unterbrechen. Könnten Sie mit Ihren Kommentaren nicht bis zum Ende warten?
Der Flegel:	Sie unterbrechen mich mitten in meinen Präsentationen. Bitte warten Sie mit Ihren Kommentaren bis zum Ende.
Das Problem (aktiv):	Ihre Unterbrechungen sabotieren die Wirksamkeit meiner Präsentation und stören mich bei der Darstellung meiner Ideen. Bitte warten Sie mit Ihren Kommentaren bis zum Ende.
Das Problem (passiv):	Die Darstellung meiner Ideen wird durch Ihre Unterbrechungen gestört. Bitte warten Sie mit Ihren Kommentaren bis zum Ende.

Praxistipp

Spielen Sie die einzelnen Distanzstufen noch einmal durch. Wählen Sie diesmal eine Situation aus Ihrem Arbeitsumfeld. Sie können die Vorgaben benutzen oder sich ganz neue Sätze ausdenken.

Das Passiv der Stärke

Im letzten Kapitel haben Sie das Passiv als Zeichen sprachlicher Schwäche kennen gelernt. Und trotzdem funktioniert es in den obigen Sätzen ganz gut. Keine grammatikalische Form gehört also von sich aus schon zur Sprache der Schwäche. Normalerweise ist das Passiv nicht gerade die erste Wahl, weil es zu unscharf ist und die Sätze verlängert. Manchmal aber benutzen wir es gerade deshalb. Es verschleiert nämlich die genaue Information über den Handelnden, manchmal (beim Zustandspassiv) sogar die Handlung selbst. Wenn Sie jemandem etwas Unangenehmes sagen müssen, glättet das Passiv die Wogen. Sie behalten damit das Heft in der Hand. In diesem Buch werden Sie noch des Öfteren auf das Passiv als Sprache der Stärke stoßen.

Das Passiv der Stärke

Hier ein paar Beispiele, in denen auch Powerfrauen distanzierte und unpersönliche Passivkonstruktionen nutzen. Wenn Sie diese in Aktivsätze umwandeln, werden Sie schnell merken, weshalb in diesen speziellen Fällen ein Satz ohne handelndes Subjekt besser funktioniert.

Wie man sich über etwas beschwert:

> Fluchen wird in diesem Raum nicht geduldet.
> Grobheit kann als Zeichen mangelnder Selbstachtung angesehen werden.
> Auf Jims Zeitkarte finden sich vier rote Stempel für Zuspätkommen.
> Frauen »Baby« zu nennen kann in der Firma nicht als angemessene Anrede gelten.

Wie man Kritik formuliert:

> Eine Preissteigerung in dieser Höhe kann nicht akzeptiert werden.
> Das Design kann nicht als benutzerfreundlich betrachtet werden.
> Das Resultat dieser Arbeit kann nur als Ausdruck von Achtlosigkeit gesehen werden.

Wie man Tadel vermeidet:

> Die Datei ist verloren gegangen.
> Es wurden Fehler gemacht.

Praxistipp

Listen Sie alle Kritikpunkte auf, die Sie an Ihrem Arbeitsplatz immer schon ansprechen wollten. Formulieren Sie diese zuerst im Aktiv. (Denken Sie daran: Generell können nur transitive Verben ins Passiv gesetzt werden.) Wandeln Sie sie dann in Passivsätze um. Welche Form wirkt im Einzelfall besser?

Verschaffen Sie sich Gehör mit der Grammatik der Stärke

Anweisungen, die befolgt werden

Sue Bardokowski ist Chefin einer Entwicklergruppe. Sie berichtet, dass ihre Anweisungen häufig missachtet werden, ja dass man ihr mitunter nicht einmal zuhört. In meinen Workshops schildern viele weibliche Führungskräfte dieses Problem. Weshalb? Untersuchungen haben gezeigt, dass Männer nicht auf Frauen hören, nicht einmal, wenn diese Frau ihre Chefin ist. Aber auch hier gilt, was die klinische Psychologin Ruth Haber meint: »Was geschieht, hat immer auch mit uns zu tun.« Denn es stimmt leider ebenso, dass Frauen ihre Anweisungen nicht immer klar ausdrücken. Hier sind vier beispielhafte Anweisungen von Chefinnen:

1. Ich möchte von Ihnen, dass Sie diesen Bericht bis Mittag fertig machen.
2. Glauben Sie, dass Sie diesen Bericht bis Mittag fertig machen können?
3. Wenn Sie ein paar Minuten Zeit hätten, möchte ich gerne, dass Sie diesen Bericht bis Mittag fertig machen.
4. Ich brauche diesen Bericht schnell. Können Sie mir einen Gefallen tun und ihn bis Mittag umschreiben?

Kein Wunder, dass niemand zuhört. In der ersten Anweisung geht es um die Chefin und nicht um den Bericht. Die Dame kann zum Beispiel von ihrem Freund etwas *mögen*, aber das hat nichts mit dem Beruf zu tun. In Satz 2 nimmt sie sich selbst zurück und erteilt keine Anweisung. Satz 3 kombiniert gleich drei schwache Formen: Er knüpft den Befehl daran, ob der Ausführende dafür Zeit findet. Die Chefin schwächt ihre Anweisung selbst ab und erteilt keinen klaren Auftrag. Satz 4 reduziert das Berufsleben wieder einmal auf die Ebene von Bedürfnissen und Gefallen. Was sagen Sie aber, wenn Sie eine Frau sein möchten, deren Anweisungen befolgt werden?

1. Bitte machen Sie diesen Bericht bis Mittag fertig.

Anweisungen, die befolgt werden

Wenn es nicht ganz so dringend ist, Sie aber trotzdem nicht das Risiko eingehen wollen, ein Nein zu kassieren:

1. Es wäre hilfreich, wenn Sie diesen Bericht bis Mittag fertig hätten.
2. Es wäre hilfreich, wenn der Bericht mittags fertig wäre.
3. Herr Meier stresst uns wieder einmal. Der Bericht muss bis Mittag umgeschrieben sein.

Glücklicherweise haben wir im Deutschen wie im Englischen eine sehr höfliche, aber machtvolle Art, Befehle zu erteilen: Das altmodische »Bitte« kombiniert mit einem Tätigkeitswort im Imperativ wirkt hier Wunder. Und schon sind Sie die Frau, deren Anweisungen man nachkommt.

Einige Frauen geben trotzdem lieber indirekte Befehle. Die Sprachwissenschaftlerin Deborah Tannen hat sich in ihren Büchern der Business-Sprache gewidmet und festgestellt, dass es auch hier keine goldene Regel gibt. Denn Frauen in Führungspositionen scheinen indirekte Befehle zu bevorzugen. Hier gibt es einen einfachen Praxistest: Wenn Ihre Mitarbeiter Ihre indirekten Befehle befolgen, können Sie sie natürlich weiterhin benutzen, denn die Distanz einer Führungsposition ermöglicht es, indirekt Anweisungen zu erteilen, ohne schwach zu wirken. Wenn indirekte Befehle allerdings Ihre Position unterminieren, sollten Sie zur direkten Form übergehen. Heben Sie sich die indirekten Formen in diesem Fall für die Gelegenheiten auf, wenn tatsächlich Zeitdruck herrscht oder Ihr Mitarbeiter die Wahl hat, ob er die Sache sofort erledigen will. Sind Sie allerdings die Frau an der Spitze, können Sie Befehle in jeder beliebigen Form erteilen. Wie in allen sprachlichen Situationen, so kommt es auch hier darauf an, die Lage unter Kontrolle zu haben. Sie selbst entscheiden, ob indirekte oder direkte Anweisungen in Ihrem Fall besser funktionieren.

Verschaffen Sie sich Gehör mit der Grammatik der Stärke

Welche Methode funktioniert in Ihrem Fall besser?

Indirekt	*Direkt*
Die Tür ist immer noch geschlossen.	Bitte öffnen Sie die Tür.
Es muss eine Möglichkeit gefunden werden, diese Aufgabe termingerecht zu erledigen.	Bitte erledigen Sie diese Aufgabe bis Mittag.
Das Projekt muss bis zum 12. fertig gestellt sein.	Lassen Sie uns das Team so organisieren, dass wir das Projekt termingerecht bis zum 12. fertig stellen.
Es wäre günstig, wenn das Mittagessen um zwölf Uhr serviert werden könnte.	Servieren Sie das Mittagessen bitte pünktlich um zwölf Uhr.
Ist die Post schon da?	Bitte sehen Sie nach, ob die Post schon da ist.

Schreiben Sie die Anweisungen auf, die Sie im Beruf zu geben haben. Suchen Sie jeweils drei verschiedene Formulierungen: a) schwach, b) indirekt und c) direkt.

Ein starkes Nein

Mittlerweile haben Frauen so viele Fähigkeiten erworben, dass sie in nahezu allen Sparten glänzen: Frauen leisten Großartiges als Ingenieurinnen, Anwältinnen, Ärztinnen, Büroleiterinnen und einige wenige auch als Vorstandsvorsitzende von Unternehmen. Doch wenn man den inzwischen Tausenden von Frauen aus allen Schichten glauben will, mit denen ich in meinen Workshops gearbeitet habe, fehlt uns Frauen immer noch eine zentrale Qualität: Wir können nicht Nein sagen, ohne uns dabei selbst zu schwächen. Im Großen und Ganzen fehlt uns die Fähigkeit zum Widerstand, und wir zahlen einen hohen

Ein starkes Nein

Preis dafür: Wir lassen uns ausbeuten und mit Arbeit überhäufen, worunter unsere Zufriedenheit leidet. Hier sind einige Erfahrungsberichte von Frauen aus den unterschiedlichsten Arbeitsverhältnissen:

1. Ich sage sogar dann zu, eine bestimmte Aufgabe zu erledigen, wenn ich genau weiß, dass ich nicht genug Zeit dafür habe. Nur damit ich nicht Nein sagen muss.

2. Ich bin Christin. Wenn meine Kollegen andauernd fluchen, stört mich das sehr. Aber ich weiß nicht, wie ich darauf reagieren soll, weil alles, was ich dazu sagen kann, so grob und unhöflich wäre. Ich wünschte, ich könnte ganz Frau bleiben und meinen Kollegen trotzdem mitteilen, wie schrecklich ich ihr Fluchen finde.

3. Der Abteilungsleiter unterbricht mich andauernd bei meiner Arbeit. Dann verliere ich den Faden und weiß nicht mehr, wie ich weitermachen soll. Das geht jeden Tag so. Ich weiß nicht, wie ich das stoppen kann.

4. Ich habe immer ein bestimmtes Tagespensum, das ich erledigen muss. Wenn ich alles organisiert habe, kommt in der letzten Minute mein Chef daher und möchte, dass ich etwas für ihn tue. Das heißt, ich muss mein ganzes Tagewerk verschieben, um ihm auszuhelfen.

5. Ich leite eine Verkaufsgruppe, die nur aus Männern besteht. Dabei verfolge ich einen Ansatz der »offenen Tür«, das heißt, ich bin eigentlich immer ansprechbar. Einer aus der Gruppe nutzt dieses System aber aus. Er kommt in mein Büro, setzt sich und quasselt und quasselt. Da ich höflich bleiben möchte, weiß ich nicht recht, wie ich ihn loswerden soll.

6. Ich bin eine ziemlich verständnisvolle Managerin. Da mir die besonderen Probleme von Frauen im Berufsleben geläufig sind, bin ich recht großzügig, wenn sie zu spät kommen oder einen freien Tag brauchen. Fast meine gesamte Abteilung nutzt diese Vorteile auf faire Weise, nur eine Frau nimmt sich immer mehr frei und schafft deshalb ihre Arbeit

Verschaffen Sie sich Gehör mit der Grammatik der Stärke

nicht mehr. Ich will aber nicht ihre Mutter sein und für alles Verständnis aufbringen. Wie ich dieses Problem in den Griff bekommen soll, ist mir nicht klar.

Die Grammatik der Stärke findet für jede der geschilderten Schwierigkeiten eine Lösung:

Problem 1 · Versuchen Sie es mit sprachlicher Distanzierung: »Im Zeitplan ist für diese Aufgabe leider kein Platz mehr.« (Aktivsatz) Oder: »Diese Aufgabe kann jetzt leider nicht erledigt werden.« (Passivsatz)

Problem 2 · In der Grammatik der Stärke können Sie sehr wohl ganz Frau bleiben und trotzdem sagen, was Sie denken: »Dies (das Fluchen) ist ein absolut unakzeptables Verhalten.« (»Unkorrekt« bzw. »Kündigungsgrund« würden genauso passen.) Oder: »Fluchen schafft so eine unangenehme Stimmung. Bitte unterlassen Sie das doch in meiner Anwesenheit.« Am schlechtesten käme hier der Ich-Satz an: »Ich fühle mich schlecht (oder: »werde so wütend«), wenn jemand in meiner Gegenwart flucht.«

Problem 3 · Die Grammatik der Stärke gibt Ihnen die Kontrolle über Ihre Zeit zurück. »Unterbrechungen stören die Konzentration. Es wäre sehr hilfreich, wenn Sie mich vorher wissen ließen, dass Sie mich brauchen. Dann kann ich Sie zurückrufen, sobald ich diese Aufgabe erledigt habe.« Oder: »Ohne Unterbrechungen kann ich effizienter arbeiten. Wenn Sie nichts dagegen haben, würde ich gern diese Aufgabe beenden, bevor wir über die Nächste sprechen.«

Problem 4 · Sie unterstreichen die Qualität Ihrer Arbeit, wenn Sie hier klar sagen, was Sie denken: »Bitte lassen Sie uns die Prioritäten für den Tag am Morgen festlegen. Das hilft mir, die Dinge in Ihrem Sinne zu erledigen.«

Vertreten Sie freundlich, aber bestimmt Ihren Standpunkt

Problem 5 Hier gibt es natürlich eine Menge Möglichkeiten. Doch auch die Grammatik der Stärke leistet ihren Beitrag zur Lösung dieses Führungsproblems: »Dieser Bericht verlangt leider meine ganze Aufmerksamkeit. Verlegen wir das Gespräch doch auf nächsten Donnerstag. Ich werde 15 Minuten für Sie eintragen.« Oder: »Machen Sie doch zu diesem Thema eine kurze Notiz. Das spart Zeit, und ich bin bei unserem Gespräch bereits entsprechend vorbereitet.«

Problem 6 Hier kommt der weibliche Führungsstil in Schwierigkeiten. Die Flexibilität der Managerin bringt ihr von Seiten der reiferen Mitarbeiterinnen Loyalität, die »kleinen Mädchen« aber, die mit ihrer Verantwortung nicht fertig werden, nutzen diese Situation weidlich aus. Die Angestellte in diesem Fall braucht Führung, kein Verständnis. Hier hilft nur Distanz: »Obwohl die Arbeitszeit frei einteilbar ist, ist eine durchschnittliche Wochenarbeitszeit unumgänglich, weil sonst zu viel liegen bleibt. Bitte notieren Sie während der nächsten beiden Wochen Ihre Arbeitszeiten. Dies hilft Ihnen, Ihre Zeit so einzuteilen, dass der Job nicht darunter leidet.«

Wie Sie an diesen Beispielen sehen können, vermittelt Ihnen die Grammatik der Stärke viele neue Wege, wie Sie Nein sagen können, ohne aggressiv, gemein oder feindselig zu wirken.

Vertreten Sie freundlich, aber bestimmt Ihren Standpunkt

Engagement und Teamgeist sind – neueren Studien zufolge – die Qualitäten, die am Arbeitsplatz immer stärker gefragt sind. So sehr dies einerseits zu begrüßen ist, so schwierig wird es andererseits, in einem solchermaßen geprägten Arbeitsklima aktive und wohl wollende Kritik zu äußern oder einen abweichen-

Verschaffen Sie sich Gehör mit der Grammatik der Stärke

den Standpunkt zu vertreten. Dies gilt für Männer und Frauen gleichermaßen. Allerdings haben Frauen darüber hinaus mit ihren geschlechtsspezifischen Konditionierungen zu kämpfen, die ihnen Sanftmut, Höflichkeit, Demut und ein stilles Auftreten als besondere weibliche Qualitäten vorgaukeln. Die Folge ist, dass eine abweichende Meinung uns häufig gar nicht in den Sinn kommt oder dass wir nicht über die sprachlichen Mittel verfügen, sie zu äußern. Die Satzformen, die ich Ihnen in diesem Kapitel vorstelle, versetzen Sie – zusammen mit den Distanzierungsmöglichkeiten aus den früheren Abschnitten – in die Lage, Ihre Meinung zu sagen, ohne dabei »aggressiv« zu wirken. Sie lernen zu argumentieren und Ihren Platz in der Arbeitswelt als voll akzeptierte Erwachsene einzunehmen. Die Beispiele lassen sich spezifischen Arbeitssituationen anpassen.

Praxistipp

In der Zeile unterhalb des jeweiligen Satzes halten Sie den Satz so fest, wie Sie ihn an Ihrem Arbeitsplatz brauchen. Um das Prinzip klar darzustellen, wurde einer der Sätze bereits an eine andere Situation angepasst.

Vorgabe	Dieser Bericht erfüllt nicht die Anforderungen der Abteilung.
Ihr Fall	Diese Budgetierung entspricht nicht den Kundenvorgaben.
Vorgabe	Aber die aktuelle Planung hat sich zum Ziel gesetzt, den Gewinn noch vor Juni zu steigern.
Ihr Fall	_____
Vorgabe	Es scheint so, als wären in der Entwicklungsabteilung Fehler gemacht worden.
Ihr Fall	_____
Vorgabe	Die Restrukturierungsmaßnahmen führten zur Schließung dieses Büros.
Ihr Fall	_____

Vorgabe	Diese Sicht deckt sich nicht mit den Bilanzdaten.
Ihr Fall	
Vorgabe	Dieses Missverständnis ist bedauerlich.
Ihr Fall	
Vorgabe	Höflichkeit bringt uns weiter als ein lauter Streit.
Ihr Fall	
Vorgabe	Es ist einfach inakzeptabel, 20 Minuten zu sprechen, wenn die Tagesordnung nur zehn vorsieht.
Ihr Fall	
Vorgabe	Die Zeitkarte weist für letzten Monate 15 rote Stempel für Zuspätkommen auf.
Ihr Fall	

Sie wissen ja, was Sie sagen wollen. Wenn Sie es nun noch schaffen, das Thema zum Subjekt zu machen und die Distanz zum Publikum entsprechend zu steuern, können Sie höflich bleiben, auch wenn Sie Nein sagen oder Kritik äußern. Diese beiden Strategien helfen Ihnen auch, persönlichen Angriffen zuvorzukommen und Aufträge zu erteilen, die ausgeführt werden. Also: Lassen Sie sich nicht aufhalten.

Das Geheiminis der Parallelkonstruktion

Die Grammatik der Schwäche verbindet Sätze mit *und* oder *aber*. Sie greift viel zu sehr auf Strukturen der gesprochenen Sprache zurück, was gleichzeitig bedeutet, dass sie auf das Stilmittel des Satzbaus weitgehend verzichtet. Wenn wir uns dem Satzbau zuwenden, sticht eine Form sofort ins Auge: die Parallelfigur.

Was sind Parallelfiguren? Figur meint jede Art von sprachlicher Gestaltung und parallel heißt in diesem Zusammenhang, dass in miteinander verbundenen Sätzen gleichartige oder gar identische Satzteile vorkommen. Das ist ein eher technischer

Ausdruck für die Tatsache, dass gleichartige Satzteile dazu benutzt werden, Ideen eindringlicher zu präsentieren. Dabei kann eine Parallelfigur verschiedene Formen der Reihung umfassen, zum Beispiel eine einfache Aufzählung oder Liste. Sie meint aber auch das Aneinanderfügen von Sätzen mit ähnlicher Struktur. In diesem Abschnitt finden Sie Beispiele, die Ihnen die verschiedenen Formen anschaulich erläutern.

Die Parallelfigur ist weit verbreitet, so dass es Ihnen nicht schwer fallen dürfte, interessante Vorbilder zu finden. Die Linguistin Sheridan Baker schreibt in ihrem Handbuch sprachlicher Stilistik: »Verwenden Sie Parallelfiguren, so oft Sie können. Das Denken in Parallelformen bringt Ausgewogenheit und Kontrolle in Ihre Sätze. Und Sie lernen, den Satz als Ganzes zu betrachten, als intellektuelle Einheit.« Gedankliche Geschlossenheit aber ist das Herzstück unserer Grammatik der Stärke.

Das Denken in Parallelismen muss geschult werden. Auch professionelle Schriftsteller feilen daran, ihre Ideen in spannende Parallelfiguren zu kleiden. Auch Sie werden dies tun. Bis Ihnen diese rhetorische Form in Fleisch und Blut übergegangen ist, kopieren Sie einfach Ihre Vorbilder. Sogar ein so begabter Schriftsteller wie T. S. Eliot gab offen zu, dass er von anderen lerne. Er sagte, dass alle Dichter voneinander stehlen würden, aber dass man es bei den guten einfach nicht merke.

Die unten stehenden Beispiele sollen Ihnen zeigen, wie einprägsam die Parallelfigur wirkt. Ich habe einige der Parallelismen kursiv gesetzt, um Sie Ihnen deutlicher zu machen, und dann den Satz unter Beibehaltung der Struktur umgeformt. Auf den leeren Zeilen können Sie den Satz dann Ihren persönlichen Gegebenheiten anpassen. Da Charlottes Parallelfiguren unvergleichlich sind, beginnen wir mit ihr.

Praxistipp

Lesen Sie die Sätze laut, und unterstreichen Sie dann die Parallelformen. In den Zeilen unterhalb der Mustersätze können Sie diese Satzform für Ihre Arbeitssituation umgestalten.

Das Geheimnis der Parallelkonstruktion

Beispiel
Wenn das *erste Licht* am Himmel *erscheint,* wenn die *Spatzen sich regen* und die *Kühe* mit ihren Ketten *rasseln,* wenn der *Hahn kräht* und die *Sterne verblassen* und die ersten *Autos* über die Landstraße *rauschen,* dann schau hier herauf, und ich zeige dir was. (Charlotte)

Anwendung
Wenn unser *Unternehmen wächst* und unsere *Produkte* in alle Welt *gehen,* wenn unsere *Angestellten wohlhabend sind* und die *Wirtschaft floriert,* kommen Sie wieder, damit wir feiern können.
Ihr Fall

Beispiel	Schlechte Kommunikation ist schlechtes Management.
Anwendung	Effiziente Entwicklungsarbeit ist profitable Entwicklungsarbeit.
Ihr Fall	_____
	_____
	_____

Beispiel	Das Internet zeigt, dass Wissenschaftler allein leben können, ohne allein denken zu müssen.
Anwendung	Die Ausführungen zeigen, dass Sie in der Sprache der Stärke Nein meinen können, ohne Nein sagen zu müssen.
Ihr Fall	_____
	_____
	_____

Beispiel	Offensichtlich sind dies die wesentlichen Strategien, die Führungskräfte in der Krise einsetzen. Und ebenso offensichtlich schlagen diese Strategien gewöhnlich fehl.
Anwendung	Offensichtlich haben Frauen die Grammatik der Schwäche verinnerlicht. Und ebenso offensichtlich können sie diese Sprachformen wieder ablegen.

Verschaffen Sie sich Gehör mit der Grammatik der Stärke

Ihr Fall	_____
	_____
	_____

Beispiel	Ohne Strategie wissen Sie nicht genau, wer Ihre Kunden sind und wie sie die unterschiedlichen Aspekte Ihrer Dienstleistung einschätzen. ... Ohne Strategie können Sie kein Servicekonzept entwickeln oder Widersprüche zwischen Ihrer Unternehmensstrategie und den Anforderungen des Kundenservice aufdecken. ... Kurz gesagt, ohne Strategie haben Sie keine Grundlage für Ihre Arbeit.
Anwendung	Mit einer wirkungsvollen Strategie können Sie sich selbst verändern. Mit einer guten Strategie können Sie an Format und Selbstvertrauen gewinnen. Kurz gesagt, mit einer guten Strategie werden Sie zu einer völlig neuen Frau.
Ihr Fall	_____
	_____
	_____

Beispiel	Unser Erziehungssystem wirft zwar am Ende ein Produkt aus, doch die Industrie will dieses Produkt nicht.
Anwendung	Frauen lernen eine bestimmte Sprache, doch die Wirtschaft braucht diese Sprache nicht.
Ihr Fall	_____
	_____
	_____

Beispiel	Während des Kalten Krieges wurden über das elektronische Netz Echelon Feinde ausspioniert, Daten gesammelt und analysiert sowie Informationen an die Geheimdienste, das Militär und fremde Regierungen weitergeleitet.
Anwendung	In den achtziger Jahren schlossen Frauen mehr Ausbildungen ab, wurden häufiger befördert und nahmen öfter Führungspositionen ein als in

Das Geheimnis der Parallelkonstruktion

Ihr Fall

den fünfzigern, den sechzigern und den siebzigern zusammengenommen.

_____

_____

_____

Beispiel

Wenn das Schlagwort der achtziger Jahre »Computer« war, so ist jenes der neunziger »Kommunikation«.

Anwendung

Wenn die geschlechtsspezifische Sprachforschung der achtziger Jahre erste Missstände ausmachte, fanden die neunziger Mittel und Wege, diese zu beheben.

Ihr Fall

_____

_____

_____

Hier sind ein paar Parallelkonstruktionen von unseren Heldinnen. Schreiben Sie sie so lange ab und um, bis Sie die Form wirklich im Griff haben.

Die Pilotin Amelia Earhart:

Ich habe Mädchen gekannt, die besser Autos reparieren als schneidern konnten, und Jungen, die besser kochen konnten als basteln.

Die Richterin Ginsburg:

Die Gerichte teilen diese große Verantwortung mit dem Kongress, dem Präsidenten, den Bundesstaaten und den Bürgern.

Ruth Scott, die für das Bürgermeisteramt in Rochester im Staat New York kandidierte:

Wir müssen eine Vision davon entwickeln, was Rochester sein könnte. Wir müssen uns eine Zeit vorstellen, da jede normale staatliche Schule Außergewöhnliches leistet ... in der sowohl das Zentrum als auch die Vororte florieren ... in der jeder, der will, einen guten Job findet ... in der junge

Verschaffen Sie sich Gehör mit der Grammatik der Stärke

Menschen voller Hoffnung aufwachsen und keine Angst vor der Zukunft haben ... in der kein Kind in der Stadt Hunger leidet ... in der unsere älteren Mitmenschen nicht isoliert sind ... in der wir alle unsere Lektion gelernt und eingesehen haben, dass es sicherer ist, in Harmonie zusammenzuleben – ohne Zorn und Schmerz.
Diese Zeit beginnt in diesem Augenblick.

Praxistipp

Legen Sie sich in Ihrem Computer eine Datei an, die Sie »Sprache des Erfolgs« nennen. Wenn einer der Sätze dieses Kapitels Ihnen besonders nützlich erscheint, nehmen Sie ihn in die Datei auf, so dass Sie jederzeit darauf zurückgreifen können. Analysieren Sie den Satzbau. Warum passen hier Satzform und Idee so perfekt zusammen? Bauen Sie den Satz dann so um, dass er in Ihre berufliche Umgebung passt.

Nun haben Sie den Wildwuchs grammatikalischer Schwäche in Ihrem Sprachverhalten getilgt und ihn durch Formen ersetzt, die Stärke und Selbstbewusstsein ausstrahlen. Im nächsten Kapitel werden wir den gleichen Prozess auf der Ebene der Wörter fortsetzen, damit Ihre Erfolgssprache zum Blühen gelangt.

Merksätze

- Ersetzen Sie schwache Grammatikformen durch starke.
- Setzen Sie sich mit der Grammatik auseinander.
- Benutzen Sie Tätigkeitsverben.
- Steuern Sie die Distanz zum Thema.
- Nutzen Sie das Power-Passiv.
- Werden Sie eine Frau, deren Anweisungen man befolgt.
- Verwenden Sie das starke Nein.
- Vertreten Sie Ihre Meinung freundlich, aber bestimmt.
- Nutzen Sie die Macht der Parallelen.
- Kopieren Sie Ihre Vorbilder.

Das treffende Wort

4

Für mich sind Wörter eine Form des Handelns, sie bringen Veränderung hervor.

Ingrid Bengis

Wörter bringen Leben in die Grammatik der Stärke. In diesem Kapitel werden wir zunächst Charlottes Vokabular untersuchen. Dann konzentrieren wir uns auf Wörter, die Schwäche signalisieren, und tilgen sie aus unserem Sprachgebrauch. In dem Augenblick, in dem Sie glauben, nie wieder frei sprechen oder schreiben zu können, werden Sie lernen, Ihren Wortschatz Schritt für Schritt auszubauen. Schmieden Sie sich eine eigene Sprache – voller Stärke und Selbstsicherheit.

Die Macht der Worte

Charlottes Erfolg beruht auf ihrer klugen Wortwahl – und für unsere Heldinnen gilt natürlich genau dasselbe. Geschickt setzte Charlotte in die Tat um, was Churchill sagte: »Kurze Worte sind die besten. Wenn diese kurzen Worte dann auch noch Tradition haben – umso besser.« Die Konkretheit von Charlottes Verben bringt ihre Geschichte auf den Punkt. Sie heult, webt, trinkt Blut, beobachtet, spinnt und lauert auf Fliegen. Sie macht niemals so abstrakte Dinge wie Prioritäten setzen, terminieren, in Berührung kommen oder in Verfall geraten.

Charlottes Wortschatz verrät gründliche Kenntnisse: Sie sagt »Salve«, als sie sich Wilbur vorstellt, gibt allerdings im nächsten Atemzug zu, dass dies ein »albernes Wort« ist, das eigentlich keiner mehr gebraucht. Aus diesem Grund lässt sie es auch sofort wieder fallen. Und doch nutzt sie ihr ungewöhnliches Vokabular, um die Aufmerksamkeit der Stallbewohner auf Wesentliches zu lenken:»Sicher wird es für jeden von uns

Das treffende Wort

hier unten im Stall eine große Freude sein zu erfahren, dass unsere Freundin, die Gans, nach vier Wochen unermüdlicher Anstrengung und Geduld nun auch etwas vorzuweisen hat. – Die Gänschen sind da! – Darf ich meine Glückwünsche zum Ausdruck bringen.«

Charlotte weiß, was Konnotationen sind: Sinngehalte, die über die unmittelbare Bedeutung des Wortes hinausgehen. Als jemand ihr vorschlägt, sie solle doch *knusprig* in ihr Netz weben, um Wilburs Qualitäten offensichtlich zu machen, lehnt sie dieses Wort ab. Sie möchte nicht, dass der Farmer zu viel über knusprigen Schweinebraten nachdenkt. Häufig sind es aber gerade die Konnotationen, die uns Frauen zu schaffen machen, wenn man uns im Berufsleben mit »Schätzchen«, »Süße« oder ähnlichen Ausdrücken begegnet. Jedes Mal wenn Sie auf diese Weise angesprochen werden, setzt jemand die Waffe der Konnotation ein, um Sie klein zu machen.

Charlotte kennt die griechischen Wurzeln der von ihr benutzten Worte. So erklärt sie Wilbur, dass ihre Cousine Aeronautin, also Fliegerin, ist. (Das Wort vereint in sich die Wortstämme *aero*, Atmosphäre oder Luft, und *naut*, Schiff oder Segler.) Sie beherrscht das Lateinische, denn den Eisack, den sie am Ende zurücklässt, bezeichnet sie als ihr Opus Magnum (das größte Einzelwerk eines Künstlers). Sie ist sich auch darüber im Klaren, dass Wörter mehr als eine Bedeutung haben. Das letzte Wort, das sie für Wilbur ins Netz webt, heißt »schlicht« – bescheiden im Wesen und einfach in der Erscheinung, was beides auf das kleine Schwein zutrifft. Außerdem verfügt sie über ein präzises und umfangreiches technisches Vokabular. So erklärt sie Wilbur die Besonderheit ihrer Beine und nennt ihm dabei alle Glieder einzeln mit dem richtigen Namen: Coxa, Trochanter, Femur, Patella, Tibia, Metatarsus und Tarsus. Und sie bezeichnet Objekte, die sie auf Mr. Zuckermans Hof wahrnimmt, niemals als »Ding«.

Charlotte übt ihre Führungsrolle also mit klug gewählten Worten aus. Frauen, die es auf diese Ebene schaffen, sollten ebenfalls Worte benutzen, die Stärke signalisieren. Denn all Ihre Organisations- und grammatikalischen Fertigkeiten nutzen Ihnen nichts, wenn sie nicht auf einem soliden Wortschatz aufbauen. In diesem Kapitel werden Sie lernen, wie Sie sich aus aussagekräftigen, präzisen und farbigen Worten Ihre Sprache des Erfolgs schmieden.

Sechs Schritte zum Erfolgs-Wortschatz

Schritt 1: Erst denken, dann reden

Mark Twain meinte einmal, das richtige Wort verhalte sich zu dem fast richtigen wie der Blitz zum Blitzkurier. Welche Wörter hätte Mark Twain wohl als »fast richtig« eingestuft? Jedes Wort ist »richtig«, wenn wir es nur »richtig« einsetzen. Sie werden zu falschen oder fast richtigen Wörtern, wenn wir sie falsch oder gedankenlos benutzen. Ein Beispiel: Das Wort »fein« hat durchaus seine Berechtigung, wenn es etwas Geringfügiges, Dünnes oder Subtiles beschreibt: ein »feines« Netz oder ein »feiner« Unterschied. Gebrauchen Sie das Wort auf diese Weise, so nutzen Sie es als »Blitz«.

Wenn Sie allerdings (wie so viele Frauen) alles, was Ihnen gefällt, als »fein« beschreiben, sind Sie auf dem Niveau des Blitzkuriers gelandet. Diese Wörter gehören Kategorien an, die sich teilweise überschneiden: Pufferwörter, Wortgeklingel, Fachjargon, ausdruckslose Wörter und Itzi-Bitzi-Schmusewörter. Diese Kategorien werden wir jetzt nacheinander untersuchen, um treffende Alternativen dafür zu finden.

Pufferwörter und -sätze

Kapitel 2 und 3 enthalten bereits viele Beispiele für Ausdrücke, mit denen Sie Ihrem Satz die Power vorenthalten und sich selbst zurücknehmen. Typisch dafür sind: *denken, glauben, meinen, grundsätzlich, ehrlich gesagt* usw. Sie können Ihre Lieblingsausdrücke ruhig zu der Liste hinzufügen.

Diese Unsitte können Sie relativ leicht abstellen. Fragen Sie sich, bevor Sie einen dieser Ausdrücke benutzen, ob er tatsächlich etwas zu Ihrer Aussage beiträgt. Ist dies nicht der

Das treffende Wort

Fall, lassen Sie ihn einfach weg. Wenn Sie tatsächlich Unsicherheit bezüglich eines Faktums ausdrücken wollen, nutzen Sie die unten aufgeführten Alternativlösungen. Je mehr Erfahrung Sie gewinnen, umso leichter wird es Ihnen fallen, sich nicht mit Puffersätzen zurückzunehmen und andere Ausdrucksmöglichkeiten zu finden.

Puffersatz	Starke Alternative
Ich denke, dass dies ein gutes Quartal wird.	Dies sollte ein gutes Quartal werden.
Ich glaube, dass dieses Produkt sich gut verkaufen wird.	Dieses Produkt verspricht gute Umsatzzahlen.
Normalerweise erhalten wir jedes Jahr Bonuszahlungen.	Wir erhalten in fast jedem Jahr Bonuszahlungen.
Ich möchte gern …	Mein Ziel ist es …
Ich hoffe …	Ich plane …
Ich spüre, dass das nicht funktioniert.	Das scheint nicht zu funktionieren.
Ich weiß nicht recht, wie ich über die Sache denke.	Die Sache könnte …
Ich denke, hier geht es um …	Hier geht es um …
Ich schätze mal, es macht etwa	Es macht ungefähr …
Meiner Meinung nach ist die Neue …	Es scheint, als ob die Neue …
So sehe ich das.	Scheinbar …

Praxistipp

Gehen Sie eines Ihrer Schriftstücke oder eine Videoaufzeichnung durch und suchen Sie Puffersätze, die tatsächlich Unsicherheit ausdrücken sollen. Ersetzen Sie diese nun durch

Sechs Schritte zum Erfolgs-Wortschatz

Alternativen, die nicht Ihre Unsicherheit ins Blickfeld rücken, sondern den unsicheren Charakter der Mitteilung.

Wortgeklingel

Beeindrucken große Worte unsere Mitmenschen tatsächlich? Nein. »Große«, überzogene Worte sind nur dann angemessen, wenn sie etwas ausdrücken, was sich auf andere Weise nicht sagen lässt. Wörter wie Paradigma oder Exegese machen Ihre Sätze farbiger und genauer, wenn Sie sie richtig einsetzen. Benutzen Sie diese Art von Wörtern jedoch nur, wenn sie passt. In allen anderen Fällen lassen Sie sie weg, da sie Ihrer Rede Aussagekraft rauben. Folgen Sie Churchills Vorschlag und benutzen Sie kurze, knackige Worte. Suchen Sie von all den Worten, die genau ausdrücken, was Sie sagen wollen, immer das kürzeste aus.

»Großes« Wort	Alternative
Prioritäten setzen	Schwerpunkte setzen
in Verfall geraten	verfallen
in Berührung kommen	berühren
terminieren	einen Termin vereinbaren
Konzeptualisierung	Idee
Ranking	Einstufung

Fachchinesisch

Warum Fachchinesisch? Weil Fachsprache zwei Eigenschaften hat: Sie ist für jemanden »vom Fach« logischer und klarer als die Normalsprache, für alle Nicht-Fachleute und Nicht-Chinesen aber genau so verständlich wie das Idiom dieses fernöstlichen Landes. Welcher Schluss ergibt sich daraus für die Sprache des Erfolgs? Dass Sie Fachausdrücke nur dann einsetzen sollten, wenn bei Ihren Präsentationen oder Vorträgen Insider unter sich sind. In sämtlichen anderen Fällen macht Fachsprache Ihre Inhalte unverständlich.

Das treffende Wort

So sollten Sie zum Beispiel nicht von »Substanzwerten« sprechen, wenn Sie nicht von der Börse reden, und nicht von »Benutzeroberflächen«, wenn es nicht um Computer geht. Leider nimmt die Tendenz, fachsprachliche Ausdrücke unhinterfragt zu übernehmen, in den letzten Jahren überhand. Halten Sie sich immer die Zweischneidigkeit eines solchen Redestils vor Augen: So klar Sie sich Ihrer Ansicht nach auch ausdrücken, für Nicht-Profis sprechen Sie chinesisch.

Praxistipp

Nehmen Sie sich ein Schriftstück vor, das Sie für Ihre Kollegen und Kolleginnen verfasst haben. Gibt es darin Ausdrücke, die die Sache auf den Punkt bringen und trotzdem für Outsider verständlich sind? Übersetzen Sie dann alle anderen in Normalsprache.

Allerweltswörter

Die Sprachwissenschaft geht davon aus, dass Frauen ihre Worte zu häufig modifizieren und dabei auch noch ungenaue und bedeutungsschwache Ausdrücke verwenden. Der Autor Tom Robbins verglich diese Wörter mit Schwämmen, »aus denen man Bedeutungen gleich eimerweise quetschen kann, ohne doch je zu wissen, was genau gerade gemeint ist«. Aber wir benutzen ja nicht nur Schwammwörter, manchmal verwenden wir auch Wörter mit einer präzisen Bedeutung so, dass sie schwammig wirken, weil wir nicht darüber nachgedacht haben, was wir sagen wollten. Eines dieser Wörter ist »wichtig«. Es ist ein wunderbares Wort mit einer genau begrenzten Bedeutung. Doch wenn wir damit alles Mögliche von »bemerkenswert« bis »zentral« ausdrücken, wird sein Bedeutungsumfang unscharf.

Der Knackpunkt liegt in der Wahl des treffenden Wortes. Wenn wir es nicht finden (weil wir es nicht gesucht haben), fällt es uns auch schwer, seine Bedeutung zu modifizieren, also anzupassen (etwas Unklares zu modifizieren ist nicht gera-

Sechs Schritte zum Erfolgs-Wortschatz

de einfach). So wird aus einer »wichtigen« eine »sehr wichtige« Angelegenheit. Oder eine »wirklich wichtige«. Oder gar eine »wirklich sehr wichtige«. Unten finden Sie ein paar Beispiele für Wörter, die Frauen verwenden, wenn sie in Wirklichkeit etwas ganz anderes sagen wollen. Wenn Sie Ihre Sätze mit dem richtigen Wort beginnen, werden Ihre Ideen den Zuhörern »blitzartig« einleuchten.

Vage und schlecht gewählte Wendungen	Präzise und kraftvolle Alternativen
sorgen für	liefern, geben
beeinflussen (positiv oder negativ)	verringern, vergrößern, gewinnen, schaden, verbieten, fallen, nutzen, beeinträchtigen, verbessern
mit (der Zuhörerschaft) teilen	mitteilen, geben, erläutern, präsentieren, berichten, zeigen, informieren, diskutieren, austauschen, ins Detail gehen, behandeln
plaudern	treffen, diskutieren, überprüfen, erforschen, verhandeln
entwickeln	ein Design erstellen, schaffen, planen, produzieren, erfinden
erlauben	ermöglichen
Zeit schenken	Zeit investieren, einbringen
brauchen	benötigen, verlangen
sehr, sehr wichtig	kritisch, essenziell, vital, zentral
ein ungeheuer hohes Gebäude	ein Hochhaus
absolut falsch	falsch
unbeabsichtigt vergessen	vergessen
so bald als möglich	bis zum 14. September

Das treffende Wort

Praxistipp

Sämtliche überstrapazierten Wendungen schwächen Ihre Ausdruckskraft. Überprüfen Sie Ihren Text und vergessen Sie nicht, dass es natürlich noch weit mehr Allerweltswörter gibt, als ich hier aufgeführt habe. Wenn Sie Ihre persönlichen Lieblinge gefunden haben, nehmen Sie sie in die Liste auf und meiden Sie sie künftig – außer sie sagen exakt das aus, was Sie in diesem Moment äußern wollen.

Schmusewörter

Wir wissen ja alle, was wir von Kind auf gelernt haben: dass Frauen lieb, schnuckelig und ein bisschen kindlich sein sollten. Aus diesem Grund benutzen wir auch so gern liebe, schnuckelige Wörter, die uns den Anstrich des Kindlichen geben. Wir sind an ihre Verwendung so sehr gewöhnt, dass sie unsere Sprache auch dann noch prägen, wenn wir stark und erwachsen wirken wollen. Ich nenne sie »Itzi-Bitzi-Schmusewörter« und nehme an, dass Sie auch hier Ihre eigenen haben. Ein paar Beispiele sollen Ihnen zeigen, was damit gemeint ist:

Schmusewort	Anmerkungen und Alternativen
nur, eben	Die gleiche Szene wie vorhin: Dieses Mal eröffnen Sie mit: »Ich möchte nur die Vorzüge meines Produkts mit Ihnen teilen.« Oder: »Ich möchte Ihnen eben mein Produkt vorstellen.« Wo liegt das Vergehen? Richtig: Wörter wie *nur* oder *eben* nehmen Sie zurück. Sie drücken im Grunde aus, dass Sie zu klein sind, um Gehör zu finden. Einschränkende Worte wie *nur* und seinesgleichen lassen Sie besser ganz weg.
(Zeit) schenken	*Schenken* hat etwas mit Werten zu tun, die den Besitzer wechseln. Sie wollen aber doch jemanden davon überzeugen, dass es in seinem Interesse ist, Ihnen zuzuhören. Wie kann

Sechs Schritte zum Erfolgs-Wortschatz

er Ihnen also etwas schenken? Besser ist hier: *investieren*, denn damit drücken Sie klar aus, dass der Investor etwas zurückbekommt.

lieb, hübsch, göttlich, süß, zauberhaft

Diese typisch weiblichen Ausdrücke bringen keinerlei Information und lassen Sie schwach erscheinen. Im Geschäftskontext haben sie nichts zu suchen.

Schritt 2: Schreiten Sie zur Tat – mit Tätigkeitsverben

Wir haben uns im Rahmen dieses Buches schon mehrfach mit der Bedeutung der Verben auseinander gesetzt. Sie haben bereits gelernt, wie Sie vage Wendungen durch präzise Verben und Substantive ersetzen. Sie wissen weiterhin, wie schwache Verben zur Grammatik der Erfolglosigkeit beitragen.

Selbstverständlich sind Substantive ebenso wichtig, doch Sie sollten nicht vergessen, dass die Verben die Dynamik eines Textes entscheidend beeinflussen. Erst die Wahl des Verbs zeigt, ob Sie wirklich begriffen haben, wovon Sie sprechen. Das Gute daran ist, dass diese Verben Ihnen in den meisten Fällen bereits geläufig sind. Sie müssen nur lernen, sie richtig zu benutzen. Gehen Sie dabei vor wie eine professionelle Autorin: Wenn Sie das Subjekt des Satzes gewählt haben, machen Sie sich eine Liste von Aktionen, die Sie damit verknüpfen könnten. Probieren Sie dann alle Verben durch, bis Sie diejenige gefunden haben, das passt.

Ein Beispiel: Sie schlagen vor, dass Ihre Firma einen außerordentlich teuren Ausrüstungsgegenstand anschafft. Das Subjekt Ihres Satzes soll also die »ABC-Maschine« sein. Welches Verb passt nun am besten zu dem, was Sie ausdrücken wollen? Arbeitet, verbessert, fördert, hilft, gewinnt, zeigt, produziert, überwacht, vereinfacht, beschleunigt? Maschinen können all diese Dinge tatsächlich tun, aber nur eines dieser Verben wird

Das treffende Wort

Ihrem Vorschlag die nötige Aufmerksamkeit sichern – und Ihnen den entsprechenden Erfolg.

Wenn Sie sich die Sache leichter machen wollen, nehmen Sie aussagekräftige Verben, die Ihnen bei der Lektüre auffallen, in eine Extra-Datei in Ihrem Computer auf oder legen Sie sich ein kleines Büchlein zu. Wenn Sie ein Verb mehrmals benutzt haben, geht es ganz automatisch in Ihren Wortschatz über und bereichert ihn um eine neue Ausdrucksvariante.

Da meine Arbeit als Unternehmensberaterin stark auf dem Begriff der Synthese aufbaut (Sprechen und Schreiben erfordern durchweg das Zusammenführen vieler verschiedener Informationen und Fähigkeiten), sammle ich Verben, die sich um diesen Begriff ranken. Meine Datei hat also eine Unterabteilung »Synthese«, die sich etwa so liest: absorbieren, mischen, zusammenführen, verschmelzen, überlappen, treffen, anpassen, vereinen, zusammenfügen, verweben, integrieren, kombinieren, zusammenarbeiten, wissen, harmonisieren, veredeln, verschweißen, verbinden. Natürlich hat jedes einzelne dieser Wörter eine ganz bestimmte Bedeutung. Sie sind auch nicht austauschbar. Aber das ist eben das Kennzeichen von Sprachen: Sie versorgen uns mit einer Menge von Ausdrücken, die nahezu das gleiche meinen. In der Linguistik nennt man dies ein »Wortfeld«. Sie als erfolgreiche Frau können aus dem ganzen Bedeutungsfeld genau das Wort wählen, das eindeutig sagt, was Sie meinen.

Praxistipp

Haben Sie einen Lieblingsautor oder eine Lieblingsschriftstellerin? Wenn ja, nehmen Sie sich eine Seite aus deren Werk vor und suchen Sie sie nach Tätigkeitsverben ab. Sie werden feststellen, dass ein stilistisch gelungener Text viele Tätigkeitsverben enthält, darunter nicht wenige kurze. Nehmen Sie nun Ihr Schriftstück zur Hand und machen Sie Kreise um die Tätigkeitsverben. Sind es viele? Oder setzen Sie immer noch auf Zustandsverben? Wenn ja, ersetzen Sie sie durch die Verben Ihrer Lieblingsautoren.

Sechs Schritte zum Erfolgs-Wortschatz

Schritt 3: Sicher im Fremdwortgebrauch

Kluge Frauen wählen ihre Worte weise, denn sie wissen um die Macht des Wortes. Lois Niland, Marketingmanagerin bei Rank Xerox, schrieb an einem Vortrag über »Nass-«, also Tintenstrahldrucker. Da der Name ihres Unternehmens die griechische Vorsilbe *xer-* für »trocken« (bezogen auf Trocken- oder Fotokopien), beinhaltet, schien die Arbeit von Lois' Gruppe schlecht zum Firmenimage zu passen. Da Lois nach einer interessanten Einleitung suchte, bat sie eine Freundin, die Altgriechisch beherrschte, doch nachzusehen, ob diese Vorsilbe noch andere Bedeutungen hatte. Und siehe da: Eines der mit *xer-* gebildeten Verben bedeutete »die Hände ins heilige Wasser tauchen« bzw. »reinigen« oder »mit heiligem Wasser besprengen«. Diesen linguistischen Leckerbissen servierte Lois bei ihrem Vortrag und gewann damit sofort die Aufmerksamkeit ihrer Zuhörer.

Viele Begriffe, die uns im Geschäftsleben begegnen, stammen von griechischen oder lateinischen Wörtern ab. Wenn Sie deren Grundbedeutung kennen, können Sie Fehler bei der Verwendung der davon abgeleiteten Fremdwörter vermeiden. Aus diesem Grund möchte ich Ihnen im Folgenden zwei Listen griechischer und lateinischer Wortelemente präsentieren, die Ihnen das Verständnis vieler Begriffe erleichtern werden.

Ein wenig Wortgeschichte

Lateinische Wurzeln

Lateinisches Wort	*Bedeutung*	*Aktueller Wortschatz*
caput, capitis	Haupt, Kopf	Kapital, Kapitän
civis	Bürger	Zivilrecht, zivilisiert
corpus	Körper	Korporal, Korpus
cura	Sorge für	Kur
dominus	Herr	dominant
lex, legis	Gesetz, Regel	legal, illegal

105

Das treffende Wort

littera	Buchstabe	Literatur
locus	Ort	lokal, Lokalität, lokalisieren
manus	Hand	manuell
memoria	Erinnerung, Gedächtnis	in memoriam, Memo, Memorandum
officium	Aufgabe	Offizier
ordo	Rang	Ordnung
pax, pacis	Frieden	Pazifist
plenus	voll	Plenum, Plenar-
populus	Volk	populär
senex	alter Mann, Greis	Senator
solus	allein	Solitär
singulus	allein	singulär, Singular
supra	über	Supermacht, Supraleiter
sub	unter	suboptimal, subkontinental

Griechische Elemente

Griechische Wurzel	*Bedeutung*	*Fremdwort*
amphi-	beide, rundum	Amphitheater
ana-	zurück, hinauf	Analyse
anti-	Gegen-	Antithese
biblio-	Buch	Bibliografie
cata-	weg, hinunter	Katastrophe
chromo-	Farb-	chromatisch
chrono-	Zeit-	Chronologie, Chronometer
cosmo-	Welt-	kosmopolitisch
cyclo-	Kreis	zyklisch
demo-	Volk	Demokrat
dia-	durch, mit, zwischen	Diagramm, Dialog
dyna-	Kraft	Dynamo, Dynastie
dys-	schwierig, krank	disfunktional
ec-	von, heraus	exzentrisch
epi-	an, auf	Epithel, Epigraf

Sechs Schritte zum Erfolgs-Wortschatz

eu-	gut	Euphemismus, Euphorie
-fon	Stimme, Klang	Megafon, Saxofon
geo-	Erde	Geografie
-gon	eckig	hexagonal, Pentagon
-gram	geschrieben	Monogramm, Telegramm
-graph	schreibend	Telegraf, Kryptograf
hemi-	halb	Hemisphäre
hypo-	unter, unten	Hypothese
iso-	gleich	isothermal
-krat	regiert durch	Demokratie, Autokratie
-krat	der durch X regiert	Demokrat, Autokrat
krypto-	verborgen, geheim	kryptisch, Kryptografie
litho-	Stein	monolithisch, Lithografie
-logie	Wissenschaft von	Psychologie, Theologie
mega-	groß, mächtig	Mega-Event, Megalomane
meta-	mit, über	Metamorphose, Metasprache
-meter	Maß	Kilometer, Barometer
-metrie	Kunst des Messens	Geometrie, Trigonometrie
mono-	allein, einzig	Monolog, monoton
morpho-	Strukturform	Morphologie
neo-	neu	Neoklassik
-nomie	Gesetz	Astronomie, Ökonomie
-oid	ähnlich, gleich	anthropoid, faschistoid
-onym *oder*	Name	Pseudonym, Synonym
-nym		
ortho-	gerade, recht	orthodox, Orthografie
para-	neben, darüber hinaus	Paragraf, paranormal
-pathie	fühlen, leiden	Antipathie, Telepathie
peri-	rundherum	Perimeter
philo-	Freund	Philosoph, Philanthrop
pro-	davor	Prolog
pros-	auf etwas zu	Proselyt
pseudo-	falsch	Pseudonym, pseudoliberal
psycho-	Geist, Seele	Psychologie
-skop	zum Betrachten	Mikroskop, Teleskop
syn-	gemeinsam, zusammen	Synthese, Syndikat
type-	Bild, Modell	Typografie

Das treffende Wort

Praxistipp

Wenn Sie Griechisch und Latein nicht in der Schule gelernt haben, nehmen Sie sich ruhig einmal die Zeit, ein wenig im Fremdwörterlexikon herumzublättern. Sie werden feststellen, dass diese Kenntnisse Ihnen bei der richtigen Wortwahl sehr nützlich sein können. Ist genügend Zeit, können Sie auch einmal die Herkunft der einzelnen Wörter studieren. Auf diese Weise erweitern Sie Ihr Verständnis des aktuellen Wortschatzes ganz automatisch, denn die meisten dieser Wurzeln begegnen Ihnen immer wieder. So wird Ihr Ausdruck von Mal zu Mal präziser.

Schritt 4: Metaphern: Wie Sie aus Ihrem Arbeitsplatz einen Garten oder einen Webstuhl machen

Metaphern, sprachliche Bilder, beleben unsere Texte. Eine Metapher ist sozusagen ein Vergleich ohne »wie«. Ein Projektentwurf ist nicht nur *wie* eine Reise sondern er ist eine Reise, geschäftliche Konkurrenz ist Krieg, eine Gruppe von Menschen, die zusammen arbeiten, ist ein Team. Männer denken in männlichen Metaphern, daher ist es kein Wunder, dass die Geschäftswelt von diesen Bildern geprägt ist. Bestimmte Wortfelder dominieren, zum Beispiel Krieg (Stellung beziehen, das Kommando führen, die Bombe platzen lassen, der Feind, Strategie, Taktik, an vorderster Front, in die Schusslinie geraten, niedermähen, Übernahmeschlacht) oder Sport (das Xerox-Team, den Startpfiff geben, Heimvorteil, den Ball ins Aus schlagen, einen Volltreffer landen, punkten, gewinnen). Frauen nehmen an Konferenzen teil, die sich anhören wie Strategiebesprechungen in der Mannschaftskabine oder im Generalstabsraum. Führungskräfte raten ihnen, »jemanden an der Grundlinie festzunageln« oder »die Deckung zu verstärken« und Ähnliches mehr. Wenn Sie sportliche Erfahrung haben, hilft Ihnen dies sicher, diese Männersprache zu verstehen.

Sechs Schritte zum Erfolgs-Wortschatz

Natürlich sind Metaphern aus den Bereichen Krieg und Sport manchmal nützlich, da sie bestimmte Vorgänge anschaulich machen. Doch Vorsicht: Wenn wir das Geschäftsleben als Krieg betrachten, ist die Wahrscheinlichkeit groß, dass wir uns bald tatsächlich im Krieg befinden. Zu viele Firmen haben sich eine solch kampfbetonte Unternehmenskultur aufgebaut, in der Gewinnen alles ist. Dies führt aber letztlich dazu, dass gute Arbeit ihren Wert verliert. Daher ist es durchaus sinnvoll, neue Metaphern für das Arbeitsleben zu erfinden, die die fruchtbare Landschaft unserer Firmen neu zum Blühen bringt. Können Sie als Frau sich sprachliche Bilder vorstellen, mit denen Sie nicht nur Ihre Texte aufpeppen, sondern gleichzeitig Ihren Arbeitsplatz aus diesem gewinnorientierten Kriegs- und Sportverständnis herausholen? Metaphern, die Verständnis und Menschlichkeit ins Berufsleben zurückholen?

Amelia Earhart tat genau dies. Sie war eine Frau in einem »Männerberuf«, und sie schrieb zu einer Zeit, als die Welt sich auf einen gigantischen Krieg vorbereitete. Trotzdem erstaunt die »Weiblichkeit« ihrer Vergleiche all ihre Leser. Hier sind ein paar Beispiele:

Nicht dass mein treuer Wasp [ihr Flugzeug, nicht ihr Mann] mich je im Stich gelassen oder protestiert hätte. Aber daran konnte sich sogar die beste Maschine verschlucken.

Aber es war immer noch kein Land in Sicht. Und so versprach ich meiner hübschen roten Vega an diesem sonnigen Morgen, sie nie wieder über Wasser zu fliegen.

Die Welt von oben sah wunderbar aus. Es war gar nicht so einfach, mein Strickzeug, d. h. den Horizont und die Instrumente, im Auge zu behalten.

Die Felder und Täler waren mit weichem grünem Wald gepolstert. Einzelne Bäume führten das Muster durch die Landschaft fort.

Auch die Richterin Ruth Bader Ginsburg verfügt über eine anschauliche Sprache, die ohne kriegerische Bezüge auskommt:

Das treffende Wort

Ja, es liegen noch Meilen vor uns ...

Er gab mir Auftrieb. Tatsächlich war er wohl der netteste und klügste Berater, den eine Kandidatin haben konnte.

Als Caroline Sperry sich um eine leitende Position im Technikbereich bewarb, verfasste sie ihr Bewerbungsschreiben unter Rückgriff auf die Bildfelder der Geburt und der Reise:

Da das Unternehmen nun aufbricht zu einer Reise von X nach Y, müssen wir uns neue Methoden überlegen. ... Bei diesem Vorgang werde ich die Hebamme spielen. ... Wenn Sie der Admiral der Handelsflotte sind, werde ich als Kapitänin Ihres Flaggschiffs dienen. Ich bin sicher, die Reise wird glücklich verlaufen.

Sie bekam die Stellung.

Orit Gadiesh, Vorstandsmitglied der Unternehmensberatung Bain & Company, hielt vor ihren Mitarbeitern in einem schwierigen Moment eine Rede, um ihnen neuen Mut einzuflößen. Auch sie griff auf das Wortfeld Reise zurück. Dabei stieß sie auf den Begriff des »wahren Nordens«, der in dieser Rede die wahren Werte eines Unternehmens symbolisieren sollte. Werfen wir einmal einen Blick auf ihre Metaphorik:

Wir alle benutzen zum Navigieren einen Kompass. Die meisten von uns sind mit einem Kompass in der Lage, ohne große Probleme zu bestimmen, wo Norden ist ... Doch wenn Sie den wahren Norden finden wollen, brauchen Sie ein anderes Gerät. Dieses Gerät nutzt seine inneren Werte und bezieht sich nicht auf das Magnetfeld, das wandert. Zu wissen, wo der magnetische Nordpol ist, genügt für eine nachmittägliche Wanderung völlig. Doch wenn es um große Reisen geht, wenn Sie sich auf dem stürmischen Meer befinden, die Winde Ihre Segel peitschen und Nahrung sowie Wasser langsam knapp werden, müssen Sie den wahren Norden finden, sonst werden Sie nicht überleben ... Unternehmen, die überleben wollen, müssen ihren wahren Norden finden.

Sechs Schritte zum Erfolgs-Wortschatz

Die Kolumnistin Mary McGrory beschrieb sich selbst einmal als »Reisende auf der Datenautobahn«, als jemand, der »gezielt herumstöbert«. Als sie den neuen Haushaltsplan der Regierung kritisierte, benutze sie Garten-Metaphern: Sie prangerte das übermäßige »Ausdünnen« der Sozialprogramme an, vor allem dort, wo es um Jugendarbeitslosigkeit ging, da diese Programme »die zarten Schösslinge der Nation schützten«.

Jedes Hobby, jeder Interessenszweig kann uns mit Metaphern versorgen. Wie Sie sehen, gibt es Frauen, die Karriere machen mit Bildern aus den Bereichen Reise, Raum, Schifffahrt usw. Metaphern liefern Ihnen einen fast unerschöpflichen Fundus anschaulicher Ausdrücke auf allen Ebenen der Macht. Doch denken Sie daran: Eine gute Metapher ist kurz, präzise, witzig und leicht verständlich.

Im Folgenden finden Sie Metaphern aus allen möglichen Lebensbereichen, die die Frauen in meinen Kursen zusammengestellt haben. Um Ihnen Ideen für eine mögliche Anwendung zu geben, habe ich zum ersten Unterpunkt Beispielsätze gebracht.

Metaphern

Weben und Knüpfen

weben	Weben wir diese Idee doch einmal in unser Projekt ein.
Faden	Unsere Profite hängen am seidenen Faden.
knüpfen	Können wir diese Kräfte verknüpfen?
Teppich	Durch Synergie knüpfen wir aus all diesen Kräften einen Teppich, bei dem jeder Faden sitzt.
Netz	Versuchen Sie doch einmal, diese Vorstellung in Ihr Netz zu integrieren.

111

Das treffende Wort

Garten, Bauernhof

pflanzen	reifen	Samen
säen	füttern	pflügen
Furchen ziehen	wachsen lassen	nähren
düngen	aufbinden, stützen	ernten
die Spreu vom Weizen trennen	jäten	ausmerzen

Geburt

empfangen	austragen	erziehen
nähren	Geburt	pflegen

Küche

filtern	schmoren lassen	umrühren
köcheln lassen	Erfolgsrezept	mixen
schmelzen	würzen	sieben
auf Eis legen	zerhacken	kalt stellen

Praxistipp

1. Suchen Sie sich nützliche Wörter aus den obigen Listen aus und verarbeiten Sie sie in Sätzen, die Sie im Berufsleben nutzen können.
2. Sammeln Sie Tätigkeitsverben und andere Wörter, die mit Ihrem Hobby zu tun haben. Markieren Sie all jene, die Sie möglicherweise am Arbeitsplatz gebrauchen können.

Schritt 5: Nennen Sie die Dinge beim Namen

Dieses Buch legt Ihnen immer wieder nahe, gute Ideen zu kopieren. Das gilt natürlich auch für eine gute Wortwahl. Einige von Charlottes knackigen Aussagen habe ich Ihnen bereits präsentiert. (Obwohl Sie vermutlich für so eindeutige Ausdrücke

Sechs Schritte zum Erfolgs-Wortschatz

wie »auf Fliegen lauern« oder »Blut trinken« keine Verwendung haben werden). Doch unsere Heldinnen aus dem realen Leben sind genauso präzise. Wenn Sie Amelia Earhart lesen, wird Ihnen sofort auffallen, dass sie auf Fachjargon vollkommen verzichtet, obwohl die Fliegerei geradezu einlädt, mit intimen Kenntnissen zu protzen. Erfolgreiche Frauen aber kommunizieren immer klar und knapp, gleichgültig, ob im Flugzeug, in der Anwaltskanzlei oder im Schreibbüro. Haben Sie also keine Scheu, die Dinge beim Namen zu nennen.

Praxistipp

Wenn jemand Sie durch eine präzise Wortwahl besonders beeindruckt, versuchen Sie, einige der verwendeten Ausdrücke zu kopieren. Welche davon können Sie in Ihre Berufssprache übernehmen?

Schritt 6: Pflegen Sie Ihr Power-Lexikon!

Sie würden wohl kaum ein Kostüm tragen, das mehr als 20 Jahre alt ist, oder? Warum also benutzen Sie immer noch das Lexikon aus Ihrer Schulzeit? Als der kleine Wilbur sich in den Kopf gesetzt hatte, dass auch er unbedingt ein Netz weben wollte, erklärte Charlotte ganz offen, dass ihm dazu zwei Dinge fehlten: zum einen die Spinndrüsen, zum anderen das nötige Wissen. Ein gutes Lexikon ist beides für Sie: ein Hilfsmittel beim Verfassen von Texten und eine Quelle unerschöpflichen Wissens. Hier sind ein paar Hinweise, wie Sie das Maximum aus einem Lexikon herausholen – gleichgültig, ob es sich dabei um eine gedruckte, eine Online- oder auch CD-ROM-Version handelt.

Wie Sie ein Lexikon sinnvoll nutzen

1. Überprüfen Sie das Jahr der Auflage. Bei Büchern ist das Jahr auf einer der ersten oder der letzten Seiten im Impressum vermerkt. Sprache ändert sich in unserer Zeit mitun-

Das treffende Wort

ter sehr schnell, und Sie wollen schließlich immer auf dem neuesten Stand sein. Und: Kaufen Sie sich eines der großen Nachschlagewerke, zum Beispiel das Universalwörterbuch der Duden-Redaktion oder das Große Wörterbuch von Wahrig. Nur dort finden Sie ausgiebige Informationen zum größten Teil des deutschen Wortschatzes.

2. Lesen Sie die Einleitung. Lexika sind selbsterklärende Nachschlagewerke. Die Einleitung sagt Ihnen bis ins Detail, wie das Lexikon aufgebaut ist und wie Sie die einzelnen Einträge lesen sollen.

3. Lesen Sie die sprachgeschichtlichen Hinweise. Sehr häufig finden Sie darin Informationen, die Sie für Einleitungen oder auflockernde Anmerkungen verwenden können. Außerdem können Sie so die Bedeutung des Wortes am besten nachvollziehen. Die Etymologie, also Herkunftgeschichte eines Wortes wird meist gleich nach seiner Grundform aufgeführt. Die Etymologie zu »Lesbarkeit« finden Sie also unter »lesen«.

4. Benutzen Sie das Lexikon so oft wie möglich. Es sagt Ihnen mehr über unsere Sprache als nur die korrekte Schreibung einzelner Wörter. Wenn Sie jedes Mal, wenn Sie das Lexikon aufschlagen, drei oder vier neue Wörter lernen, können Sie bald reiche Ernte halten.

Praxistipp

Befolgen Sie alle sechs Schritte, dann werden Sie bald über ein umfangreiches Vokabular verfügen. Nehmen Sie interessante Ausdrücke und Wendungen (zum Beispiel aus Zeitschriften, Büchern oder Vorträgen) in Ihr Power-Lexikon auf und schlagen Sie sie zu Hause im Lexikon nach. Versuchen Sie, diese Worte wenigstens ein oder zwei Mal im Beruf zu benutzen. Sobald Sie ein Wort öfter benutzt haben, wird es Teil Ihres verfügbaren Wortschatzes.

Nun haben Sie die Frauensprache des Erfolgs auf der Satzebene gründlich kennen gelernt. Im nächsten Abschnitt lernen Sie daher, wie Sie Ihre Texte organisieren.

Merksätze

- Vermeiden Sie Wortgeklingel.
- Verwenden Sie präzise Ausdrücke.
- Verlieren Sie die Konnotationen, also Nebenbedeutungen, nicht aus den Augen.
- Fast richtige Wörter bringen gar nichts.
- Grenzen bzw. schränken Sie das Thema ein, nicht sich selbst.
- Kein Fachchinesisch vor »Nicht-Eingeweihten«.
- Lassen Sie Allerweltswörter außen vor.
- Schmusewörter sind Gift für Karrieren.
- Schreiten Sie zur Tat – mit Tätigkeitsverben.
- Sprachgeschichte ist nicht nur etwas für vertrocknete Lateinlehrer.
- Reiche Ernte bringen Sie auf dem fruchtbaren Feld der Metaphern ein.
- Nennen Sie die Dinge beim Namen.
- Ein gutes Lexikon ist die halbe Miete.

5 Organisation ist alles

Gut organisiert ist halb gewonnen.

Florynce Kennedy

Es ging um ein Festbankett zur Verleihung eines firmeninternen Preises. Die stellvertretende Vorstandschefin, die zu den besten und erfahrensten Managern der Firma gehört, sollte die Laudatio halten, eine Aufgabe, die sie zwar zögernd, aber letztlich doch bereitwillig übernahm. Diese Frau, die Projekte im Wert von mehreren Millionen Dollar plant, organisiert und durchführt, verlor auf der Rednerbühne jegliches Charisma. Sie wollte ihre Rede spontan und ohne Notizen halten, daher fing sie an, über den Preis selbst zu sprechen. Dabei griff sie tief in die Klischeekiste der schwachen Selbstdarstellung: »und wir ... äh ... erwarten, dass dieser Preis ... mh ... ein großer Erfolg wird, und ... ich habe das Gefühl, dass Sie alle sich darüber freuen ... äh.« Auf diese Art und Weise stotterte sie immer weiter, wiederholte sich endlos, führte ihre Zuhörerschaft geradewegs ins Nirgendwo, wo sie sie dann mit einer faden Schlussphrase allein ließ.

Was lief schief? Das ganze Geheimnis liegt in den zwei Ausdrücken »spontan« und »ohne Notizen«. Wenn man von ein paar wirklich begabten Rednern einmal absieht, kann kein Mensch der Welt eine wirklich gute Rede halten, ohne sich über deren Struktur Gedanken zu machen. In diesem Kapitel werden Sie daher lernen, wie Sie den Fehler der stellvertretenden Vorstandsvorsitzenden vermeiden. Ich werde Ihnen ein klares Rezept an die Hand geben, mit dessen Hilfe Sie jeden Text, egal ob zur mündlichen oder schriftlichen Präsentation bestimmt, planen und strukturieren können. Damit lösen Sie sich gleichzeitig vom stereotypen Bild der ewig desorganisierten, »spontanen« und emotionalen Frau. Und trotzdem werden Sie nicht wie ein Mann für Ihre Sache eintreten, sondern wie eine selbstsichere Frau, die man ernst nimmt. Werfen wir doch noch einmal einen Blick auf Charlottes Vorgehensweise. War sie spontan?

Planung heißt Stärke

Charlottes Erfolg war schließlich kein Zufall. Jedes einzelne der in das Netz eingewebten Wörter wurde sorgfältig ausgesucht, die ganze Aktion klug geplant. Als Wilbur fragte, wie Charlotte denn sein Leben retten wolle, antwortete sie ihm: »Ich weiß nicht genau. Aber ich arbeite an einem Plan. Er steckt zwar erst in den Anfängen und hat noch keine ganz festen Umrisse angenommen, aber ich arbeite daran.«

Nur ihre umsichtige Planung sicherte ihr letztlich einen schnellen Erfolg. Sie würde nicht Stunden damit zubringen, in finstere Scheunenecken zu starren und auf eine Idee zu warten. Schließlich konnte sie ein Netz an einem Abend spinnen, wohingegen die Menschen fast acht Jahre gebraucht hatten, um eine Hängebrücke zu bauen, die es mit ihren Konstruktionen aufnehmen konnte. Nein, Charlotte gehörte nicht zu jenen, die ihre Zeit damit vertun, sich selbst zu quälen. Und auch Sie werden damit Schluss machen, wenn Sie sich mit dem folgenden System angefreundet haben.

Vergleichen Sie diese kluge Herangehensweise einmal mit dem Diktum der Spontaneität, dem Frauen so häufig unterworfen sind. Nun, es ist an der Zeit, sich davon zu trennen, schließlich meinte schon John F. Kennedy, dass spontane Reden das Papier nicht wert seien, auf dem sie (danach) gedruckt würden.

Die Stilistik teilt alle sprachlichen Äußerungen in vier Typen ein. Zwei davon setzen einen hohen Grad an Planungsgenauigkeit voraus, nämlich der Typus »Klarheit« (Beispiel: Nachrichtensprache) sowie der Typus »Distanz« (Beispiel: Wissenschaftssprache). Die anderen beiden Typen, »Respekt« bzw. »Sympathie«, erfordern ein geringeres Maß an Planungsaufwand. Interessanterweise nimmt man an, dass Frauen vor allem die letzten beiden Ausdrucksformen bevorzugen. Doch die Grammatik der Stärke führt uns fort aus dem Bereich der

Organisation ist alles

gefühlsintensiven Sprachverwendung hin zu einer sachbezogenen Ausdrucksweise, die Autorität und Selbstsicherheit ausstrahlt.

Die Fähigkeit zur Planung ist es, die erwachsene Frauen von noch unbedarften Mädchen unterscheidet, die erfolgsgewissen von den zögerlichen Menschen. Das hier vorgestellte Organisationssystem zeigt Ihnen, weshalb es sinnvoll ist, sich über das Publikum Gedanken zu machen und die eigenen Ideen zu ordnen. Sie investieren zwar Zeit in die Organisation Ihrer Texte, gewinnen letztlich aber diverse Stunden, weil Sie aufhören, verzweifelt auf den leeren Bildschirm oder das weiße Papier zu starren. Und Sie lernen, sogar »spontane« Reden zu meistern, weil die Gewohnheit, sich zu organisieren, Ihnen so sehr in Fleisch und Blut übergehen wird, dass Ihnen bereits ein paar Minuten genügen, um ein starkes Gerüst für den Aufbau Ihrer Präsentation zu zimmern. Außerdem werden Sie die einzelnen Schritte der Selbstorganisation zweimal durchlaufen. In diesem Kapitel setzen Sie sich mit einer Rede von Linda Rubin auseinander, in Kapitel 10 sehen Sie im zweiten Durchlauf Elizabeth Ames beim Verfassen eines Textes über die Schulter.

Eine Million machen? Jederzeit! – Eine Rede halten? Um Himmels willen!

Linda Rubin leitet die Finanzabteilung eines privaten Seniorenheims. Eines Tages bat man sie, auf einer Fachkonferenz zur Finanzierung von derartigen Einrichtungen einen einstündigen Vortrag zu halten. Nun hat Linda niemals eine Ausbildung in dieser Richtung absolviert. (Sie hatte vorher jahrelang als freiwillige Helferin in ebenjenem Heim gearbeitet.) Und sie war eine Frau. Daher versetzte diese Vorstellung sie in Panik, obwohl sie sich gar nichts dabei denkt, andere Menschen um Spenden in Millionenhöhe zu bitten. Linda hatte ein Sponsorenprogramm aufgebaut, das die Einnahmen des Altenheims aus privaten Spenden von jährlich 30 000 auf 400 000 Dollar angehoben hatte. Trotzdem hatte sie Angst, auf der Rednerbühne wie eine »stammelnde Idiotin« zu wirken.

Ein unfehlbares Rezept für erfolgreiche Kommunikation

Also kam sie zu mir. Von Angst nahezu gelähmt hatte sie bisher nichts weiter getan, außer sich über diese Rede Sorgen zu machen. In ihrem Fall – und vielleicht auch in Ihrem – ging ihr Mangel an Selbstbewusstsein auf die schlichte Tatsache zurück, dass sie niemals gelernt hatte, wie man eine Rede schreibt. Sie wusste zwar, wie man eine Million Dollar auftreibt, aber die Planung eines einstündigen Vortrages war für sie ein Buch mit sieben Siegeln. Das kann natürlich auch Männern passieren, doch finden die Herren der Schöpfung normalerweise ein gnädigeres Publikum als wir. Es gibt wissenschaftliche Untersuchungen, die beweisen, dass eine Frau, wenn sie dieselbe Rede unter genau den gleichen Umständen hält wie ein Mann, weniger Interesse und Zuhörer findet. Von Frauen erwartet man nämlich, dass sie »spontan« sind – eine euphemistische Umschreibung für »desorganisiert«.

Linda jedoch war entschlossen, diese Herausforderung zu meistern. Sie setzte sich mit dem System auseinander und wandte es Schritt für Schritt an, so als würde sie ein Rezept befolgen. Ihre Präsentation wurde ein voller Erfolg.

Ein unfehlbares Rezept für erfolgreiche Kommunikation

Würden Sie sich an eine Schwarzwälder-Kirsch-Torte ohne Rezept wagen? Na also. Und Ihr Erfolg im Beruf ist wahrscheinlich etwas wichtiger. Das hier vorgestellte Organisationssystem ist ein simples Rezept für klare, überzeugende Präsentationen und es fördert klares, strukturiertes Denken. Alle meine Kursteilnehmerinnen, die mit Textverarbeitungsprogrammen arbeiten, bei denen sie mit einem Klick in andere Textteile bzw. andere Texte springen können, versichern, dass das System sich hervorragend dafür eignet. Die Systemberaterin Stephanie Rate schrieb mir dazu folgendes: »... dieses System half mir nicht nur, mich besser zu organisieren. Viele Ideen kamen überhaupt erst durch die Möglichkeit des Springens zu Stande.«

Möglicherweise arbeiten Sie auch schon mit einem Hyperlink-System. Für den Augenblick aber benutzen viele Leute,

Organisation ist alles

die ich kenne, noch Haftnotizen für Verweise. Auch dies klappt wunderbar. Das im Folgenden vorgestellte Rezept gleicht auch in dieser Hinsicht einem Kochrezept. Sobald Sie das Prinzip verstanden haben, können Sie es nach eigenen Wünschen abwandeln.

13 Schritte zu einer organisierten Präsentation

Das System arbeitet mit 13 Einzelschritten. Damit Ihnen das Prinzip in Fleisch und Blut übergeht, werde ich jeden einzelnen Schritt ausführlich beschreiben und auf die wichtigen Punkte nochmals besonders hinweisen. Danach können Sie nachlesen, welchen konkreten Nutzen Linda aus jedem einzelnen Schritt zog. Hier ist nun das 13-Punkte-Programm für erfolgreiche Präsentationen:

1. Wie sieht Ihr Publikum aus?
2. Worum geht es?
3. Listen Sie alle Einzelheiten auf.
4. Fassen Sie die Details zu Gruppen zusammen.
5. Ordnen Sie die Details innerhalb der Gruppen.
6. Um welche Themenbereiche geht es?
7. Bringen Sie die Themenbereiche in eine Reihenfolge.
8. Halten Sie Ihre These schriftlich fest.
9. Schreiben Sie die Einleitung.
10. Planen Sie die einzelnen Abschnitte, und schreiben Sie die Überschriften zu den Themenbereichen.
11. Schreiben Sie den gesamten Text.
12. Überarbeiten Sie den Text. Wo nötig, schreiben Sie ihn neu.
13. Lassen Sie ihn gegenlesen und machen Sie eine Generalprobe.

Bevor Sie nun zur Tat schreiten, brauchen Sie noch ein paar Hilfsmittel: Eine Übersichtskarte (mindestens DIN A5), verschiedene Themenkarten derselben Größe und mindestens ein

Ein unfehlbares Rezept für erfolgreiche Kommunikation

Päckchen Haftnotizen (groß genug, um darauf mehrere Stich-
punkte festzuhalten) oder kleinere Kärtchen. Sie können sich
bei der Einteilung der Karten an die unten abgebildeten Modelle halten. Später können Sie Größe und Layout den eigenen
Vorstellungen anpassen.

ÜBERBLICK

Schritt 1: Für wen? _____ Textform: Brief   Notiz   Bericht
                                                  Angebot   Rede   Sonstiges

Schritt 2: Ziel(e)   a) _____
                b) _____ Verb
                c) _____ Verb

Schritt 3–7: auf Themenkarten   Verb

Schritt 8: These _____

_____

Schritt 9: Einleitung – Schluss – Aufruf zum Handeln _____

_____

_____

Schritt 10: auf Themenkarten
Schritt 11: Schreiben
Schritt 12: Überarbeiten – Planung der visuellen Hilfsmittel
Schritt 13: Generalprobe

THEMA:

Überleitung: _____
Überschrift: _____

_____

_____

...

Organisation ist alles

Schritt 1: Wer ist Ihr Publikum?

Bevor Charlotte auch nur einen einzigen Faden spann, führte
sie Schritt 1 aus: Sie analysierte ihr Zielpublikum: »Wenn ich
ein Insekt überlisten kann, kann ich bestimmt auch einen Menschen überlisten. Menschen sind nicht so schlau wie Insekten.«
Charlotte bezog also ihr Publikum von Anfang an in ihre
Überlegungen ein. Das Gleiche sollten auch Sie tun. Für wen
schreiben Sie? Zu wem sprechen Sie? Wenn Sie sich diese Fragen beantworten, werden Ihre Ideen viel flotter und zielge-
richteter sprudeln. Später kümmern wir uns dann um die Unterschiede zwischen geschriebener und gesprochener Sprache.
Auf dieser Ebene der Planung spielt dies noch keine Rolle.

Dieser Punkt des Entwurfsprozesses beeinflusst nicht nur
die Wortwahl und den Satzbau, sondern auch die Präsentation
des Materials. Sind Ihre Zuhörer durchweg Männer bzw.
Frauen? Geht es um ein gemischtes Publikum? Sind sie in
Ihrem Alter, viel jünger oder viel älter als Sie? Sind sie an Vorträge von Frauen gewöhnt, oder werden Sie die erste Frau sein,
die diese Art der Präsentation vor Ihnen hält?

Sie wissen ja, wie Sie selbst sich fühlen, wenn ein Autor per
se annimmt, alle seine Leser seien Männer. Verfallen Sie nicht
in denselben Fehler. Die schlimmsten Entgleisungen in meiner
Sammlung stammen ausschließlich von Männern, die annah-
men, ihr Publikum bestehe nur aus Männern, die – wie sie –
gern Frauen herabsetzen. Denken Sie nur an geschäftliche Besprechungen, die der wichtigste Teilnehmer mit frauenfeindlichen Witzen oder sexistischen Kommentaren eröffnet. Kaum
zu glauben, dass es so etwas in unserer Zeit immer noch gibt.
In einem dieser Meetings erzählte eine männliche Führungskraft einem gemischten Publikum, was er erst am Morgen in
der Zeitung gelesen hatte: Nämlich dass männliche Regenwür-
mer sterben, wenn sie nicht mehr in der Lage sind, Sperma zu
produzieren. Er wünschte für sich dasselbe. Was für ein sinnvoller Beginn für eine geschäftliche Besprechung!

Sie sollten auch in Betracht ziehen, welche Beziehung Sie
zum Publikum haben. Geben Sie die Anweisungen? Wollen
Sie kaufen oder verkaufen? Sind Sie zufrieden oder enttäuscht?

Ein unfehlbares Rezept für erfolgreiche Kommunikation

Verfügen Ihre Zuhörer über einen höheren oder niedrigeren Bildungsgrad als Sie? Nehmen Sie an, dass Ihre Thesen auf Zustimmung stoßen, oder wird Ihr Publikum sie als Bedrohung empfinden? Wenn letzteres der Fall ist, müssen Sie dieser Bedrohung Rechnung tragen, indem Sie sich gleich zu Anfang bemühen, Ihre Hörerschaft für sich zu gewinnen. Sonst nutzt Ihnen auch die beste Organisation nichts.

Eine meiner Teilnehmerinnen war künstlerische Leiterin eines Sommercamps für Kammermusik. Sie bemühte sich, ihr Zielpublikum zu vergrößern, indem sie sich an andere Musiklehrer wandte. Das bedeutete natürlich, dass diese sie nicht als potenzielle Konkurrenz erleben durften. Sie erreichte dies, indem sie Sätze einbaute wie diesen: »Wenn Ihre Schüler im Herbst zu Ihnen zurückkehren …«

Schritt 1 in unserem Programm ist von zentraler Bedeutung. Wenn Sie Ihre Ansprechpartner richtig einschätzen, werden Sie Erfolg haben, auch wenn Ihnen einer der weiteren Schritte nicht so gut gelingen sollte. Je klarer Ihnen ist, mit wem Sie es zu tun haben, umso zielsicherer und erfolgreicher können Sie formulieren.

Linda informierte sich folgendermaßen: Sie rief den Organisator der Konferenz an, der ihr mitteilte, dass die Teilnehmer wie Linda aus mittelgroßen Städten kamen und über eine durchschnittliche Berufserfahrung von etwa sieben Jahren verfügten. Das bedeutete, dass sie vor allem praktische Ideen suchen würden, Anregungen, die sie in ihren Gemeinden umsetzen konnten – sicher nicht das richtige Publikum für moralisch erbauliche Phrasen. Daraufhin beschloss Linda, ein paar Musterbriefe vorzustellen, mit denen sie auf Spendenfang ging. Auch ihre Broschüre und andere Materialien nahm sie in das Konzept mit auf. Außerdem verzichtete sie auf allgemeine Probleme, um sich dafür stärker auf die Schwierigkeiten zu konzentrieren, mit denen die finanzielle Leitung mittelgroßer Altenheime gewöhnlich konfrontiert ist.

Manchmal lässt sich die Analyse der Zuhörerschaft nicht mit einem einfachen Telefonanruf bewerkstelligen. Bisweilen kennen Sie Ihr Publikum auch schon. Wenn Sie vor Kollegen sprechen, die Sie gut kennen, nehmen Sie sich die Zeit, in we-

Organisation ist alles

nigen Worten festzuhalten, welche Reaktion Sie von wem erwarten. Überlegen Sie sich auch, was sie von einem Vortrag wie dem Ihren wohl erwarten und wer vermutlich Probleme machen wird.

Wenn es sehr schwierig erscheint, an entsprechende Informationen heranzukommen, lassen Sie sich das Konferenzprogramm schicken (falls es um eine Konferenz geht) oder rufen Sie ein paar Leute an, die ebenfalls dorthin kommen werden. Schlagen all diese Informationsversuche fehl, dann reisen Sie einfach am Tag Ihres Vortrags früh an. Treiben Sie sich in der Halle oder auf den Gängen herum und spionieren Sie ein wenig. Erkundigen Sie sich nach einzelnen Leuten und deren Kollegen oder Kolleginnen. Ihre Neugier wird reich belohnt werden.

Schritt 2: Was wollen Sie mit Ihrem Text erreichen?

Nehmen Sie sich auch hier ein Beispiel an unserer kleinen Spinne. Charlotte legte ihr Ziel von Anfang an klar fest: Sie wollte Wilburs Leben retten. Sie suchte nicht nach »möglichen Wegen, Wilburs Leben zu retten« und sie »versuchte« auch nicht, ihm »irgendwie« zu helfen. Fragen Sie sich selbst: »Welchen Zweck verfolge ich mit diesem Text?« Wenn Charlotte eine Übersichtskarte ausgefüllt hätte, hätte sie vermutlich als Ziel darüber geschrieben: die Menschen überzeugen, dass Wilbur ein einzigartiges Schwein ist, dessen Leben bewahrt werden muss.

Halten Sie Ihr Ziel auf Ihrer Übersichtskarte fest. Wenn Sie ein Softwarepaket für Webdesigner verkaufen wollen, schreiben Sie das auf Ihre Karte. Sinnvoll ist aber auch, sich an dieser Stelle zu fragen, was Ihre Zuhörerschaft wohl bereits unternommen hat, um Designprobleme im Internet zu lösen. Elizabeth Ames' Brief in Kapitel 10 wurde auch deshalb zum Fiasko, weil sie sich nicht fragte, welchen Zweck sie damit verfolgte, bevor sie zu schreiben anfing.

Powerfrauen benutzen Power-Verben. Schließlich soll Ihr Text etwas bewirken. Schreiben Sie Ihre Ziele auf Ihre Überblickskarte und benutzen Sie dabei aussagekräftige Verben wie die folgenden:

Ein unfehlbares Rezept für erfolgreiche Kommunikation

alarmieren
anflehen
anfordern
auflisten
aufzählen
bedrohen
beeindrucken
behandeln
beklagen
berichten
beschreiben
detailliert
durchgehen
einbauen
einfügen
einführen
einschüchtern
erläutern
erschrecken
fördern
Ideen einflößen
informieren

initiieren
inspirieren
klar machen
klarstellen
lehren
motivieren
schmeicheln
schulen
spezifizieren
stimulieren
trainieren
überreden
überzeugen
unterstützen
verführen
vergleichen
verkaufen
verlangen
vorschlagen
vorstellen
zusammenfassen

In der Zeile unter der Angabe Ihres Ziels können Sie das Schlagwort zu einem ganzen Satz vervollständigen:

informieren – über drei neue Vorgehensweisen (die Abteilung)
beschreiben – der Nachbesserungsverfahren für Verträge (alle Schritte)
überzeugen – (die Kommission) von der neuen Buchhaltungssoftware
schulen – in der Anwendung der neuen Presse
einschüchtern – (Footballtrainer), damit sie Mädchen in die Mannschaft lassen

Hier nun Lindas Erfahrungen. Linda beging zunächst einen weit verbreiteten Fehler: Sie dachte, das Publikum wolle von

125

Organisation ist alles

ihr und ihrem Programm hören, auf das sie mit Fug und Recht stolz ist. Also beschrieb sie ihre Ziele so: »erzählen, wie wir gewachsen sind«, »die Geschichte unseres Programms mitteilen«, »beschreiben, wie wir erfolgreiche jährliche Spendenkampagnen veranstalten«. Als sie jedoch ein wenig darüber nachdachte, wurde ihr sofort klar, dass das Interesse sich nicht primär auf sie und ihr Programm richten würde. Ihre Zuhörer würden zu dieser Konferenz kommen, weil sie erfahren wollten, wie sie ihre eigene Situation verbessern konnten. Dementsprechend änderte Linda ihre Zielvorgaben: »mitteilen, wie man von 30 000 Dollar jährlichem Spendenaufkommen auf 400 000 Dollar kommt« und »detailliert erläutern, wie man durch Fördermitgliedschaften regelmäßige Spenden einwirbt« sowie »Methoden beschreiben, die in einer mittelgroßen Stadt erfolgreich sind«.

Haben Sie bemerkt, wie Lindas Sprachgestus sich änderte? Von den personenzentrierten Aussagen in der 1. Person zu den generellen Sachthemen, die ihr das Interesse ihrer Zuhörerschaft garantieren würden.

Schritt 3: Nun zu den Einzelheiten

Hier unterscheidet sich dieses System von anderen: Ich empfehle Ihnen dringend, nicht mit den großen Schlagzeilen zu beginnen, sondern zuerst über alle Details und Fakten nachzudenken, die Sie Ihrem Publikum mitteilen wollen. Schreiben Sie alles nieder. Eine Tatsache pro Karte oder Haftnotiz. Sie müssen nicht alles exakt ausformulieren, sollten aber das, was Sie sagen wollen, möglichst genau festhalten. »30 Prozent Zeitersparnis« ist zum Beispiel weit besser als nur »Zeitersparnis«. Wenn Sie so vorgehen, können Sie die Details des Textes bis zum Schluss bequem verändern, indem Sie die Zettel an andere Karten kleben.

Gehen Sie dann alle Fakten durch: Ist dieses Detail für die Zielvorgabe wichtig? Wird es Ihr Publikum ansprechen? Wenn nicht, sortieren Sie die Karte bzw. die Haftnotiz gnadenlos aus. Wenn Sie Ihre Details klug verwenden, laufen Sie nicht Gefahr, sich in einem Wust von Informationen zu verheddern, weil Sie

Ein unfehlbares Rezept für erfolgreiche Kommunikation

ja nur das Material benutzen, das Ihrem Ziel tatsächlich dienlich ist. Und Sie verhindern, dass Sie sich wiederholen. Denn schließlich wollen Sie ja das häufig geäußerte Vorurteil über Frauen nicht bestätigen: Dass wir zu viel reden und zu wenig sagen – und wenn dann nur triviales Zeug.

Linda komplettierte ihre Rede auf eindrucksvolle Weise, nachdem sie einmal verstanden hatte, dass der »Teufel im Detail« sitzt. Sie wusste nur zu gut, dass die 400 000 Dollar Spenden, die sie jedes Jahr einnahm, aus vielen kleinen Gaben stammten, doch sie wusste auch, dass es ihr Publikum überfordern würde, von all diesen kleinen Beiträgen zu hören. Sie schrieb ihre Details auf Haftnotizen und klebte sie auf die Tischplatte, so dass sie sie nie aus den Augen verlor. Lindas »Detailliste« sah (in Auszügen) so aus:

direkte Mailings einführen	zuerst planen
jährliche Dauerspenden	Datenmaterial sinnvoll ordnen
Flugzettel	neue Managerin
362 Betten	Imagepflege
Stadt mit 25 000 Einwohnern	hohes qualitatives Image
1985 Umzug an neuen Ort	Rückantwort beilegen
regelmäßige Finanzberichte	genau sagen, was zu tun ist
gegründet 1920	P.S.: Gerade sind wieder 1000 Dollar bei uns eingegangen.
15 Prozent Rückantworten bei Spendenaufrufen	
laufende Programme überwachen	Fremde nicht persönlich begrüßen
gegen Fonds	Multiple-Choice-Rückantwort
Unterstützung der Leitung	Anerkennung für die Spender
80 Freiwillige	Danksagungskarten an die Spender
Klarheit über Ziele des Instituts	offener Klub für Fördermitglieder
Zukunftsaussichten herausarbeiten	Namen nennen

Organisation ist alles

Schritt 4: Gruppieren Sie die Details

Wenn Sie die Details zu einzelnen Gruppen zusammenfassen, ordnen Sie nicht einfach Material. Dies ist der erste Schritt zur Strukturierung Ihres Textes. Gruppieren Sie Ihre Haftnotizen, nehmen Sie sie aus einer Gruppe heraus und fügen Sie sie einer anderen zu. Tun Sie alles, was Ihrem Ziel dienlich ist. Sie können die Fakten auf ungewohnte Weise gruppieren: So machen Finanzdaten wie die Zahlen vom letzten Jahr meist mehr Eindruck, wenn sie für sich präsentiert werden. Dies ist fast der schwierigste Teil der Arbeit, weil er ein überblickshaftes Denken erfordert, das die große Linie hinter dem Ganzen erkennt. Doch diese Art zu denken bringt Ihnen letztlich den gewünschten geschäftlichen Erfolg.

Lindas Ideendepot nahm jedenfalls langsam Form an. Einige der Details hatten einen starken inhaltlichen Zusammenhang. Einige der Daten bezogen sich beispielsweise auf die allgemeinen Grundsätze ihres Programms, also kamen diese alle zusammen in eine Ecke des Tisches. Weiter beschloss sie, die Direktmailings und den Förderklub als getrennte Gruppen zu behandeln. Innerhalb der einzelnen Gruppen begannen sich nun ebenfalls Themenstränge zu zeigen.

Schritt 5: Ordnen Sie die Details innerhalb der Gruppen

Wenn Sie mit der Logik der Gruppen zufrieden sind, sollten Sie die Informationen innerhalb der Gruppe systematisch zusammenfassen. Der Vorgang des Ordnens ist etwas höchst Kreatives: Wirkt der Text besser, wenn Sie die eindrucksvollste Information gleich am Anfang bringen? Stellen Sie das Datum des nächsten Treffens voran oder lieber den Ort? Es gibt Tausende von Möglichkeiten, wie Sie das Material ansprechend anordnen können. Nutzen Sie sie. Lassen Sie jede Einzelne kritisch Revue passieren, und entscheiden Sie sich dann für die schlagkräftigste.

Lindas Fortschritte in diesem Punkt werden bei Schritt 7 erläutert.

Ein unfehlbares Rezept für erfolgreiche Kommunikation

Schritt 6: Legen Sie die Themenbereiche fest

Nun kleben Sie Ihre Details auf die Themenkarten. Jede Karte erhält eine Schlagzeile, die stichwortartig den behandelten Themenkreis zusammenfasst. Diese Schlagworte müssen im fertigen Text nicht auftauchen, sie dienen nur Ihrer Orientierung. Gewöhnlich erwächst aus ihnen die Überschrift für den jeweiligen Abschnitt.

Lindas Themenliste sah so aus:

Einleitung
Förderklub
Direktmail-Programm
Allgemeine Prinzipien
Aktuelle Aktivitäten
Schluss

Schritt 7: Bringen Sie die Themenbereiche in eine Reihenfolge

Vorher haben Sie die Informationen innerhalb der Gruppe geordnet, jetzt ordnen Sie die Folge der Themen. Würden Sie beispielsweise, wenn Sie ein Produktangebot entwerfen, den Punkt »Kundenbedürfnisse« vor oder nach der Produktbeschreibung bringen? Natürlich gibt es auch hier keine Musterlösung, die immer und überall passt. Diese Entscheidung erwächst meist organisch aus dem Planungsprozess und wird häufig auch noch abgeändert. Behalten Sie dabei nur immer Ihr Kommunikationsziel, Ihr Publikum und den Argumentationsstrang im Auge.

Linda entschied sich für unten stehende Anordnung. Sie hätte sich aber auch für eine andere entscheiden können. So könnten die Allgemeinen Prinzipien auch sinnvoll am Ende platziert werden statt am Anfang. In Lindas Fall ergab sich diese Gelegenheit tatsächlich, da sie etwa einen Monat nach ihrem Vortrag gebeten wurde, eine Rede vor den Vorstandsmitgliedern ihres Altenheims zu halten. Sie brachte die Themenkreise in eine neue Ordnung, ließ einige Informationen weg, die die-

Organisation ist alles

sem speziellen Publikum bekannt waren (zum Beispiel Größe der Institution), und fügte andere ein, die im ersten Fall nicht von Interesse waren. Das hier vorgestellte Organisationssystem bietet eben ein Maximum an Flexibilität. Hier ist nun Lindas Gliederung. Aus Platzgründen habe ich die Detailinformationen nur bei einem Punkt ausführlich dargestellt.

I. Einleitung und Überblick
II. Allgemeine Prinzipien
   A. Finanzbericht zeigt unseren Erfolg.
   B. Jede Spende zählt, da viele kleine ebenfalls eine große ergeben.
   C. Jährliches Dauerspendenprogramm – Förderklub
      1. Ist Grundlage für Einzelaktionen
      2. Verbreitert unsere Datenbasis
      3. Unterstützt die Leitung
      4. Macht den Verein deutlich sichtbar
      5. Erstklassige Aufmachung der Anschreiben
         a. Grafisch ansprechendes Auftreten
         b. So persönlich wie möglich
         c. Namen korrekt schreiben
         d. Sich immer wieder bedanken
      6. Erfordert ausgezeichnete Datenbank
         a. Aufbau der Datenbank im Institut
         b. Auffindbarkeit von Namen und Adressen
      7. Funktioniert nur, wenn ganz auf das Institut zugeschnitten
III. Direktmail-Programm
   A. Hintergrund
   B. Hinweise
   C. Tipps zum Aufbau des Briefes
   D. Bekanntgabe der Spender
   E. Danksagung und Mitteilung, was mit den Spenden bewirkt werden konnte
IV. Förderklub für jährliche Spenden
   A. Hintergrund
   B. Aufbau
V. Schluss und Aufruf zum Handeln

Ein unfehlbares Rezept für erfolgreiche Kommunikation

Schritt 8: Halten Sie Ihre These schriftlich fest

Stellen Sie sich Ihre These vor wie einen Schirm, der sich über Ziel und Themenkreise spannt. Holen Sie Ihre Überblickskarte hervor, auf der Sie bereits die Informationen über Ihr Publikum und das Ziel Ihres Textes eingetragen haben. Halten Sie nun Ihre Hauptthese in ein oder zwei ganzen Sätzen fest. Denken Sie daran, dass die These allgemein gehalten ist. Sie soll das große Ganze wiedergeben, nicht die kleinen Details. Trotzdem kann sich die Reihenfolge der Themen in der These natürlich widerspiegeln. Eine klare These signalisiert, dass Sie jemand sind, ohne die die Rechnung nicht zu machen ist. Scheuen Sie also keine Mühe.

Dies war Lindas These: »Obwohl wir Jahre brauchten, um unser Spendenprogramm aufzubauen, können unsere Erfahrungen auch Ihnen nützen, wenn Sie Ihr jährliches Spendenaufkommen von 30 000 auf 400 000 Dollar oder noch mehr steigern wollen. Nach einer kurzen Einleitung werde ich Ihnen die allgemeinen Prinzipien unseres Programms erläutern und dann ausführlicher auf die direkten Anschreiben und den Förderklub eingehen.«

Schritt 9: Schreiben Sie die Einleitung

Jeder Text, gleichgültig ob gesprochen oder geschrieben, braucht eine Einleitung. In der Sprache des Erfolgs erfüllt sie drei Funktionen: Sie bestimmt Ihre Glaubwürdigkeit. Sie baut eine Brücke zu Ihrem Publikum. Und sie legt von Anfang an den Ton Ihrer Präsentation fest. Frauen müssen alle diese Stufen gleich zu Anfang meistern, denn gewöhnlich hält man uns für wenig glaubwürdig, nimmt uns als Außenseiter (oder schlimmer noch: als Eindringlinge) wahr und nimmt von vornherein an, dass wir nicht den richtigen Ton treffen werden. Aus diesem Grund ist die Einleitung so wichtig.

Obwohl meine männlichen Kollegen des Öfteren Probleme mit ihren Einleitungen haben, neigen sie nicht dazu, ihre eigene Glaubwürdigkeit so zu unterminieren, wie Frauen es häufig tun. (Wenn man von den Gelegenheiten einmal absieht,

Organisation ist alles

bei denen sie schmutzige Witze erzählen und sich dadurch von vornherein als Blödmänner outen.)

Aus diesem Grund habe ich unten ein paar einleitende Sätze aufgeführt, die von beruflich erfolgreichen Frauen bei zum Teil wichtigen Gelegenheiten geäußert wurden: »Ich habe noch nie einen Vortrag gehalten und bin sehr, sehr aufgeregt.« Oder: »Ich weiß wirklich nicht viel über dieses Thema, aber ich bin glücklich, heute hier zu sein.« Und: »Ich habe mich bei unserem privaten Abendessen letzte Woche ungeheuer wohl gefühlt.«

In kurzen Texten kann die These manchmal gleich als Einleitung dienen. Wenn Ihr Text dies erlaubt, machen Sie es ruhig so. In einer These sind verniedlichende Schmusewörter eher selten zu finden. Von daher reduziert sich also naturgemäß das Risiko, unprofessionell zu wirken. Und wenn Sie gleich mit Ihrer These beginnen, bewahrt Sie das vor dem »Leere-Seiten-Blues«, den man beim Schreiben eines Textes gerade zu Anfang so gern entwickelt.

Alternativ können Sie die Einleitung auch auf ein paar höfliche Sätze reduzieren, in denen Sie sich beim Leser bzw. Zuhörer für seine Anfrage oder ein stattgefundenes Treffen bedanken. Zum Beispiel: »Vielen Dank für Ihre Anfrage.« Oder: »Bei unserem gemeinsamen Essen in der letzten Woche wurde klar, was von einem funktionierenden System zu erwarten ist.« Wie Sie sehen, geht es in beiden Einleitungssätzen um die lesende (hörende) Person und nicht um die schreibende (sprechende).

Da Linda außerhalb ihrer Stadt kaum bekannt war, musste sie zunächst einmal ihre Glaubwürdigkeit, das heißt ihr Fachwissen, unter Beweis stellen, da andernfalls alle Informationen über ihr Programm nicht auf fruchtbaren Boden gefallen wären. Sie entschied sich für einen freundlichen, aber professionell-formalen Auftakt, der das Publikum teilweise mit einbezog:

Guten Abend, meine Damen und Herren. Ich bin Linda Rubin und leite die Finanzabteilung der Stiftung für ältere Mitbürger in Middle City im Staate New York. Ich habe mich sehr gefreut, … [verschiedene Namen] vorhin im Foyer zu treffen und von ihnen zu hören, dass wir gemeinsame Ziele verfol-

Ein unfehlbares Rezept für erfolgreiche Kommunikation

gen. Wir alle versuchen, in unseren Instituten das Leben
älterer Menschen so erfüllt wie möglich zu gestalten, wenn
diese nicht mehr für sich selbst sorgen können.

Dann informierte sie ihre Zuhörerschaft, wie lange ihr Vortrag
dauern würde, wie er aufgebaut war und was er dem Publikum
vermitteln sollte:

> In meinem Vortrag gehe ich darauf ein, wie man Förderclubs
> aufbaut, die regelmäßige Spendeneinnahmen garantieren.
> Wir haben dadurch unser Spendenaufkommen von 30 000
> Dollar auf 400 000 Dollar gesteigert. Ich werde Ihnen zeigen,
> wie Sie das Gleiche in einigen einfachen Schritten (vielleicht
> auch in vielen schwierigen) erreichen können. Wir haben
> eine Stunde Zeit. Mein Vortrag wird etwa 25 Minuten dau-
> ern, daher bleibt noch genug Raum für eine Diskussion da-
> rüber, wie Sie diese Ideen für ein eigenes Programm nutzen
> können.

Ihre köstlichen Anekdoten und Geschichten hielt sie zurück,
bis sie beim Publikum genügend Glaubwürdigkeit aufgebaut
hatte.

Schritt 10: Planen Sie die einzelnen Abschnitte und schreiben Sie die Überschriften zu den Themenbereichen

Normalerweise bildet eine Themenkarte zusammen mit den
Detailkarten oder -notizen einen Abschnitt. Um diese Einteilung zu finden bedarf es vor allem logischer Fähigkeiten, die
uns Frauen bekanntermaßen ständig abgesprochen werden.
Normalerweise präsentiert jeder Abschnitt eine der Haupt-
ideen, die dann verteidigt, ausgeführt oder erläutert wird. Gut
strukturierte Abschnitte überzeugen Ihr Publikum, dienen Ihrer Zielvorgabe und lassen Sie natürlich und selbstsicher auftreten.

Wenn Sie auf diese Weise Ihre Abschnitte untergliedert haben, sollten Sie sich überlegen, wie Sie Ihren Vortrag beenden
möchten. Wenn Sie wollen, dass das Publikum etwas ganz Be-

Organisation ist alles

stimmtes tut, sagen Sie dies so klar wie möglich. Wenn Sie etwas planen, teilen Sie auch das deutlich mit. An diesem Punkt schleicht sich gern die Grammatik der Schwäche ein und mindert Ihre Aussagen herab. Aber Sie sind eine Frau, deren Anweisungen man nachkommt, also drücken Sie sich dementsprechend aus. Wenn Sie möchten, dass Ihre Zuhörer eine neue Produktionsanlage kaufen, sagen Sie: »Die neue Anlage wird unseren Gewinn um 26 Prozent steigern. Bitte unterstützen Sie diese Initiative, so dass wir mit den Vorbereitungen für den Erwerb beginnen können.«

Sagen Sie nicht mehr, als Sie müssen. (»Frauen schweifen ständig vom Thema ab ...«) Und vergessen Sie nicht, sich bei Ihrem Publikum zu bedanken. Erstellen Sie für den Schluss eine eigene Themenkarte und, wenn nötig, auch Detailkarten.

Lindas Einleitung machte ihr Ziel und ihre Vorgehensweise bereits von Anfang an klar. In der Folge geleitete sie ihre Zuhörer durch die einzelnen Abschnitte, indem sie immer wieder darauf verwies, worum es im letzten Abschnitt ging bzw. was das Publikum im nächsten erwarten würde. Sie schuf also Übergänge. Einige davon möchte ich Ihnen hier vorstellen:

> Zunächst werde ich Ihnen unsere Organisation vorstellen.
> Da Sie unser Institut kennen, möchte ich Sie mit den allgemeinen Prinzipien unseres Spendenprogramms bekannt machen, die auch Sie anwenden können.
> Diese Prinzipien drücken sich selbstverständlich in praktischen Herangehensweisen wie zum Beispiel einem Direktmail-Programm aus.
> Zu den Ansprechpartnern des Direktmail-Programms gehört auch der Förderklub.

Ihre abschließenden Sätze sagen Ihrem Publikum auch, was es tun soll bzw. kann:

> Wir haben Schritt für Schritt einen Förderklub aufgebaut, der uns mit jährlichen Spenden unterstützt. Natürlich hat es dabei auch Rückschläge gegeben. Wenn unsere Erfahrung

Ein unfehlbares Rezept für erfolgreiche Kommunikation

Ihnen hilft, diese Pannen zu vermeiden, hat mein Vortrag seinen Sinn erfüllt.

Bitte nutzen Sie unsere Ideen. Setzen Sie sie in Ihren Städten ein, schneiden Sie sie auf Ihr Institut zu. Sie können alles kopieren, was der ausgeteilte Ordner enthält. Ich wünsche Ihnen viel Glück bei der Erfüllung des christlichen Gebotes: Du sollst Vater und Mutter ehren. Ich danke Ihnen.

Schritt 11: Schreiben Sie den gesamten Text

Nun ist die Planungsphase vorüber, und es geht ans Werk. An diesem Punkt sollten Sie keine Angst mehr vor dem leeren Bildschirm oder dem leeren Blatt haben. Schließlich wissen Sie, was Sie sagen wollen. Ziehen Sie Ihre Karten zu Rate, und dann schreiben Sie munter drauflos.

Schritt 12: Überarbeiten Sie den Text

Auch Rom ist nicht an einem Tag erbaut worden. Lesen Sie sich den Text laut vor. Auf diese Weise stolpern Sie ganz automatisch über die Fallstricke: zu lange Sätze, Grammatikfehler, wortreiche (und sinnlose) Passivkonstruktionen, öde Wiederholungen und anderes, was dem Ohr nicht gefällt. Am Ende kommt das Schlimmste: Kürzen, kürzen, kürzen.

Generalprobe

Wenn Sie den Text nicht vortragen, geben Sie ihn anderen Leuten zum Gegenlesen. Ist er als Rede gedacht, dann halten Sie die Rede probeweise vor Freundinnen bzw. Freunden oder Kollegen. Linda übte vor ihrem Büroteam, ihrem Vorgesetzten und ihren Kollegen. Dabei bat sie um unnachsichtige Kritik. Mit jedem Vortrag wurde sie sicherer, weil sie die Rede exakt ausfeilen konnte.

Lindas aktuelle Präsentation werden wir uns im nächsten Kapitel ansehen.

Organisation ist alles

Praxistipp

Probieren Sie das System aus, indem Sie damit eine Rede oder einen Bericht planen. Gehen Sie die 13 Schritte Punkt für Punkt durch. Wenn Sie Ihnen wie selbstverständlich vorkommen, können Sie das System Ihren Bedürfnissen entsprechend abwandeln.

Der Preis der Spontaneität

Viele Untersuchungen besagen, dass beruflich aktive Frauen es ablehnen, ihre gesprochenen und geschriebenen Texte systematisch zu planen. Meine Erfahrung geht in dieselbe Richtung. Wenn Sie wissen wollen, wie hoch der Preis ist, den Sie für diese Form der Spontaneität zahlen, lesen Sie das schwache Schreiben in Kapitel 10. In diesem Kapitel gehen wir das System noch einmal an einem konkreten Beispiel, einem in der *Harvard Business Review* veröffentlichten Mitteilungstext, durch, um zu zeigen, dass es mit unserem Organisationssystem kein Reinfall gewesen wäre.

Erst wer das Rezept beherrscht wird kreativ

Jede Konditorin lernt zunächst, wie man eine einfache Buttercreme herstellt, bevor sie sich an schwierige Eigenkreationen wagt. Dasselbe gilt für dieses System: Sobald Sie es beherrschen, können Sie sich Ihre eigenen Variationen auf Maß schneidern.

Befolgen Sie dieses System, so bleiben Ihnen endlose Stunden erspart, in denen Sie entweder den Bildschirm anstarren oder bereits geschriebene Sätze hundert Mal herumschieben oder ändern. Und Sie lernen nicht nur zu schreiben. Der Clou ist, dass Sie dabei auch denken lernen. (Was nicht besagt, dass Frauen dies nicht schon täten, nur meist eben anders.) Das System funktioniert überall, sogar am Telefon und bei plötzlich anberaumten Besprechungen. Auch lange Texte können Sie damit einwandfrei planen. Bei einem Telefongespräch brauchen Sie vermutlich nur ein paar Haftnotizen und eine kurze These. Ganze Bücher hingegen erfordern eine weitere hierarchische Unterteilung auf der Detailebene.

Nun haben Sie bereits ein ganzes Stück Arbeit hinter sich. Sie haben die Grammatik der Schwäche hinter sich gelassen und sie durch die Grammatik der Stärke ersetzt. Sie haben Ihrem Wortschatz Dynamik und Power gegeben und ein System erlernt, bei dem Sie mit 13 einfachen Schritten eine Menge konfuser Ideen in eine logische Struktur bringen. Im nächsten Kapitel werden wir uns nun mit dem Vortrag selbst befassen.

Merksätze

Folgen Sie dem 13-Punkte-Programm zur Organisation Ihrer Präsentationen. Ich wiederhole es an dieser Stelle noch einmal:

1. Wie sieht Ihr Publikum aus?
2. Worum geht es?
3. Listen Sie alle Einzelheiten auf.
4. Fassen Sie die Details zu Gruppen zusammen.
5. Ordnen Sie die Information innerhalb der Gruppen.
6. Um welche Themenbereiche geht es?
7. Bringen Sie die Themenbereiche in eine Reihenfolge.
8. Halten Sie Ihre These schriftlich fest.
9. Schreiben Sie die Einleitung.
10. Planen Sie die einzelnen Abschnitte und vergeben Sie Überschriften für die Themenbereiche.
11. Schreiben Sie den gesamten Text.
12. Überarbeiten Sie den Text. Wo nötig, schreiben Sie ihn neu.
13. Lassen Sie ihn gegenlesen und machen Sie eine Generalprobe.

6 Stehen Sie auf und reden Sie: Starke Präsentationen

Irgendwann während Ihres Vortrags hört das Publikum auf, daran zu denken, dass Sie eine Frau von einem Meter sechzig mit Flecken auf der Nase sind. Wenn Menschen wahrnehmen, dass Sie in Ihrem Vortrag aufgehen, dass Sie es ernst meinen und Ihre Hausaufgaben gemacht haben, werden Sie auch ernst genommen.

Carla Hills

Vorträge und mündliche Diskussionsbeiträge beeinflussen so manche Karriere – positiv oder negativ. Wie viele Chancen wurden schon mit einer verpatzten Präsentation verspielt, wie viele Türen haben sich unwiderruflich geschlossen, weil die Rednerin ihre Argumente allzu hölzern vorgetragen hat? Die Sprache der Schwäche trägt einen gewichtigen Teil zu missglückten Vorträgen bei, da sie immer einen Hauch von Unsicherheit verbreitet, den man im direkten Kontakt sofort »wittert«. Auch hier wirkt der Karrierekiller tödlich, ganz gleich, wie fundiert Ihr Fachwissen im Übrigen sein mag.

Im letzten Kapitel haben Sie gelernt, wie Sie Ihre Auftritte zum Erfolg machen – leider ist auch das noch nicht die ganze Miete. Ihre Präsentation hängt nicht zuletzt von vielen kleinen Dingen ab, die bestimmen, ob der Funke überspringt. In diesem Kapitel finden Sie eine Menge bisher unveröffentlichter Tipps zum Thema »Frauen und Reden«. Sie werden lernen, wie man ein Skript schreibt und wozu es dient. Sie werden erfahren, wie Sie die richtigen Worte wählen, um Ihre Inhalte klar zu vermitteln. Sie werden erfahren, dass es immer besser ist, wenn man (buchstäblich) mit dem rechten Fuß aufsteht. Und natürlich werden Sie lernen, wie Sie solche Sätze vermeiden, die all die »Tugenden« hervorkehren, die wir zusammen mit unseren alten Rollenbildern verinnerlichen: Sanftmut, Unterwürfigkeit und geschlechtsspezifische »Verführungskünste«.

Aufmerksamkeit fällt Frauen nicht in den Schoß

Unterscheiden sich Vorträge von Männern in irgendeiner Art von denen ihrer Kolleginnen? Aber sicher! Studie um Studie belegt, dass Männer stets Zuhörer finden, während Frauen nach wie vor sowohl offen als auch indirekt diskrimiert werden. Frauen müssen sich hart erkämpfen, was Männern mehr oder weniger in den Schoß fällt. Daher werde ich mich hier nicht mit den allgemeinen Regeln guter Präsentation beschäftigen (in der Bibliografie zu diesem Buch finden Sie ein paar ausgezeichnete Titel zu diesem Thema), sondern mich auf die speziellen Probleme konzentrieren, die Sie als Frau vorfinden und meistern müssen, wenn Sie Gehör finden wollen. Natürlich dürfen auch redescheue Männer diese Tipps beherzigen.

Man hört Ihnen zu – und was nun?

Wenn Sie stehend vor anderen eine Rede halten, bringt die Situation es mit sich, dass man Ihnen zuhört – mehr oder weniger freiwillig und mehr oder weniger interessiert. Dies gilt sowohl für formelle als auch für informelle Anlässe, für ein Publikum von mehr als tausend Menschen genauso wie für zwei oder drei. Und doch: Wenn man ihnen die Wahl ließe zwischen einer fünfminütigen Rede und fünf Minuten in siedend heißem Öl, würden die meisten Frauen wohl Letzteres bevorzugen. Vielleicht erschreckt es Sie noch mehr, eine Rede im Stehen halten zu müssen statt im Sitzen, also werden wir genau damit beginnen.

Mädchen, die pfeifen ...

»Mädchen, die pfeifen, und Hähnen, die krähn, soll man beizeiten die Hälse umdrehn.« Woher also nehmen wir Frauen noch den Mut, uns Gehör zu verschaffen? Denn obwohl man uns ständig vorwirft, wir würden »gackern wie die Hühner«, ist es doch erwiesen, dass Frauen weniger häufig das Wort ergreifen und öfter unterbrochen werden als Männer. Doch nur wer sich klar äußert, wird in dieser Welt wahrgenommen.

Mittlerweile ist das Schweigen der Frauen zum Thema vieler Dichterinnen geworden. Die Dichterin Audre Lorde schreibt: »Mein Schweigen hat mich nicht geschützt. Und dein Schweigen wird dich nicht schützen ...« Im Geschäftsleben ist Schweigen sogar absolut tödlich. Es nimmt Ihnen die Möglichkeit, andere zu führen. Es lässt Sie schwach erscheinen, so dass Sie bei Beförderungen leicht übergangen werden. Wenn Sie also Erfolg haben wollen, dürfen Sie nicht länger zögern: Sprechen Sie für sich selbst.

Praxistipp

Bevor Sie die nächsten beiden Kapitel lesen, sollten Sie eine Freundin bitten, zwei Videoaufzeichnungen von Ihnen zu erstellen. Die erste sollte Sie vor, während und nach einer Präsentation zeigen, die zweite bei einer Besprechung, an der Sie nur teilnehmen, das heißt selbst nicht sprechen. Mit diesen beiden Bändern holen Sie aus den folgenden Kapiteln das Maximum für sich heraus. Ist ein direkter Mitschnitt nicht möglich, bitten Sie wenigstens eine vertrauenswürdige Kollegin, Sie zu beobachten. Drücken Sie Ihr eine Kopie der Seite »Merksätze« in die Hand und bitten Sie sie, Ihr Verhalten auf diese Punkte hin zu überprüfen.

Obwohl die formelle Rede vor Publikum uns so wichtig erscheint, ist sie doch relativ selten. Die meisten mündlichen Äußerungen erfolgen bei einfachen Besprechungen, also im Sitzen und in einem eher formlosen Rahmen. Daher ist diese Art der Präsentation nicht weniger bedeutsam als die Rede im Stehen. Auch bei Besprechungen haben Frauen mehr Probleme als Männer. Sie finden keine Aufmerksamkeit. Niemand hört Ihnen zu. Sie werden ständig von Männern unterbrochen. Wie können Sie all diesen Fallstricken entgehen? Die Sprache des Erfolgs wird Ihnen helfen, diese Erfahrungen hinter sich zu lassen. Wie das geht, erfahren Sie auf den nächsten Seiten.

Hübsch leise oder deutlich präsent?

Der Großteil der Frauen ist sich darüber im Klaren, dass sie nur selten Gehör finden. Meist bemerken wir nicht, dass dies mit der Art unseres sprachlichen Auftretens zusammenhängt. Wie empfinden Frauen aus der Wirtschaft und Wissenschaft dieses Dilemma?

Was ist es nur, das Menschen zu charismatischen Führern macht, die ihr Publikum einfach im Griff haben? Einige sind richtig witzig: Scherze und Sportanekdoten perlen nur so von ihren Lippen. ... Ich bin nun nicht gerade der witzige Typ. Sport sagt mir gar nichts, und wenn ich mal ein gutes Bonmot kenne, kriege ich die Kurve zurück zum Thema nicht mehr.

Einem Mann hört man immer zu, gleich auf welcher Ebene der Hierarchie er sich befindet. Warum nicht einer Frau?

Ich hoffe, die Fähigkeit zu entwickeln, mein Publikum zu fesseln, so dass schon meine ersten Worte auf fruchtbaren Boden fallen.

Ich habe gerade eine eigene Consulting-Firma gegründet. Ich muss so sprechen, dass die Leute sich an mich erinnern.

Ich hatte nicht das Gefühl, dass die Leute verstanden haben, was ich ihnen zu sagen hatte. Vielleicht habe ich mich nicht klar genug ausgedrückt.

Was wollen Sie erreichen, wenn Sie sprechen?

Vor der Entscheidung, dass Sie künftig Gehör finden wollen, liegt die Entscheidung, weshalb Sie das wollen. Wenn Sie geliebt oder begehrt werden wollen, sollten Sie darüber nachdenken, ob das Berufsleben wirklich der richtige Ort für diese

Stehen Sie auf und reden Sie: Starke Präsentationen

Art von Wünschen ist. Wenn Sie hingegen Erfolg haben wollen, ist dies der richtige Ausgangspunkt. Überprüfen Sie anhand der folgenden Liste Ihre Zielsetzungen. Wenn Sie dann an Ihrem Präsentationsstil arbeiten, behalten Sie Ihr Endziel immer im Hinterkopf.

Praxistipp

Was wollen Sie? Überprüfen Sie Ihre Motivation: Wollen Sie

- bewundert werden?
- begehrt werden?
- Beachtung finden?
- gefürchtet werden?
- geliebt werden?
- gehört werden?
- führen?
- lehren?
- verkaufen?
- beeinflussen?
- Haben Sie andere Ziele?

Wie man eine Rede *nicht* hält

Es gibt unzählige Präsentationen, die keinerlei Aufmerksamkeit beim Publikum finden. Frauen, denen dies widerfährt, haben sich meist noch nicht von den Rollenbildern gelöst, auf die man uns von Kindesbeinen an gedrillt hat und die wir zu Hause, in der Schule, bei unseren ersten Verabredungen und auch sonst im privaten Bereich nie abgelegt haben.

Lachen ist ein guter Lehrer. Da die Fähigkeit, über uns selbst zu lachen, uns über die ersten Ängste bei der Änderung unseres Verhaltens hinweghilft, habe ich für Sie Regeln erstellt, die Sie selbstverständlich *nicht* befolgen sollen. Vielleicht helfen sie Ihnen, Ihre geheimen Schwächen auszuloten. Unter Umständen finden Sie sogar noch ein paar eigene.

Wie man eine Rede *nicht* hält

Aussehen

Die Frisur ist wichtig. Genauer gesagt ist die Frisur sogar das Allerwichtigste. Verbringen Sie mehr Zeit damit, Ihre Haarpracht zu toupieren als Ihren Vortrag vorzubereiten.

Tragen Sie möglichst viel Make-up, vor allem tiefblauen Lidschatten und knallrotes Rouge.

Legen Sie möglichst lange Ohrringe an, die bei jeder Bewegung klingeln.

Tragen Sie möglichst ein Polyesterkostüm in einer knalligen Farbe, wie es vor Jahren in Mode war.

Achten Sie darauf, dass Ihre Bluse möglichst viel Dekolletee zeigt.

Kurze Röcke sind süß, vor allem wenn Sie ein paar Pfund zu viel auf den Hüften haben und auf einem erhöhten Podium sitzen.

Frauenbeine sehen in Stiletto-Pumps schlanker aus. Tragen Sie möglichst auffällige.

Vorbereitung

Frauen mit Charme sprechen spontan, ohne Vorbereitung.

Machen Sie sich keine Gedanken über Einleitung, Schluss oder Überleitungen. Tun Sie einfach so, als würden Sie mit Ihrer Freundin telefonieren.

Seien Sie hundertprozentig natürlich.

Sprache

Bedienen Sie sich einer Sprache, die Ihre natürliche Unterlegenheit widerspiegelt.

Sagen Sie so oft wie möglich »irgendwie«.

Machen Sie dem Publikum deutlich klar, dass Sie von der Sache nichts, aber auch gar nichts verstehen, und dass diese komplizierten Angelegenheiten »sowieso nicht Ihr Ding« sind.

Entschuldigen Sie sich so oft wie möglich.

Struktur

Eröffnen Sie Ihre Präsentation mit den Worten: »Ich habe noch nie einen Vortrag gehalten, also bin ich wirklich sehr aufgeregt.«

Tragen Sie keine These vor. Es ist viel spannender, wenn Ihre Zuhörer raten müssen.

Gestik und Körpersprache

Ringen Sie so oft wie möglich die Hände, während Sie darauf warten, dass die Reihe an Sie kommt. Flüstern Sie laut und vernehmlich den gesamten Wortlaut Ihrer Rede vor sich hin. Oder lümmeln Sie fast liegend auf Ihrem Stuhl, während Sie warten.

Auf der Rednerbühne halten Sie Kinn und Augen gesenkt, während Sie sprechen.

Vermeiden Sie jeglichen Augenkontakt. Starren Sie geistesabwesend und traumverloren auf die gegenüberliegende Wand.

Zupfen Sie ständig an Ihrem Rock.

Halten Sie ein Bein hinter dem Rücken mit der Hand fest – die Flamingoposition wirkt immer sehr ansprechend.

Krallen Sie sich am Pult fest, bis Ihre Knöchel weiß hervortreten.

Denken Sie immer an Ihr Haar. Streichen Sie sich so oft wie möglich eine Haarsträhne aus der Stirn.

Kichern Sie.

Verschränken Sie die Arme fest vor der Brust.

Stoßen Sie am Ende des Vortrags einen vernehmlichen Seufzer aus.

Spielen Sie mit dem Bleistift, während Sie sprechen. Fixieren Sie ihn, so lange es nur geht.

Stellen Sie sich zwischen den Tageslichtprojektor und die Projektionsfläche. Das Publikum liebt Schattenspiele.

Wie Sie eine Rede interessant gestalten

Stimme

Sprechen Sie möglichst hoch und mit Quietschstimme.
Beenden Sie jede Aussage so, als ob es sich dabei um eine Frage handeln würde.
Sprechen Sie schnell: Ein Minimum von 150 Worten pro Minute ist gerade angemessen.

Was man bei Reden außerdem nicht berücksichtigen sollte:

_____
_____
_____

Wenn Sie Erfahrung mit Präsentationen haben, wissen Sie, dass ich diese Regeln nicht zu erfinden brauchte. Doch das Lachen über Ihre eigenen Schwächen ist der erste Schritt zu deren Veränderung. Power in Präsentationen – das ist Ihr Ziel.

Praxistipp

Betrachten Sie die Videoaufzeichnungen von sich und stellen Sie fest, wo Sie dem obigen Kanon – wenn auch unfreiwillig – gehorchen.

Wie Sie eine Rede interessant gestalten

Das im letzten Kapitel vorgestellte System ist sowohl für gesprochene als auch für geschriebene Texte gedacht. Linda Rubin plante damit eine Rede Schritt für Schritt, die sie auf einem großen Kongress halten sollte. Folgen auch Sie diesem System, gleich wie lang Ihr Vortrag werden soll. Vergessen Sie das Handwerkszeug nicht, ob Karten, Haftnotizen oder ein Hypertext-System. In der Folge behandeln wir die Besonderheiten mündlicher Präsentationen.

Stehen Sie auf und reden Sie: Starke Präsentationen

Legen Sie fest, was Sie sagen wollen – und was nicht

Charmaine McDaniel beschreibt ihre Präsentationsfähigkeiten so:

> Ich rede zu viel. Dabei stolpere ich von einem Thema zum anderen. Mein Problem ist, dass ich so viel über die technischen Details weiß, dass ich glaube, sie alle einbringen zu müssen. Daher werde ich nie rechtzeitig fertig. Ich liebe diesen Job. Für mich ist jede Einzelheit kostbar. Darum fällt es mir auch so schwer, etwas wegzulassen. Doch am Ende langweilen sich alle, die mir zuhören.

Ein weit verbreitetes Vorurteil besagt, dass Frauen zu viel und zu lange reden, dass sie »Klatschtanten« sind. Indem sie all ihr Wissen in ihre Präsentation packt, bestätigt Charmaine dieses Bild und sabotiert gleichzeitig ihre Karriere. Vielleicht haben Sie ja das gleiche Problem. Wie können Sie etwas kürzen, wo Sie doch jedes einzelne Detail Ihrer Arbeit innig lieben?

Lassen Sie sich doch einfach einmal folgende Information durch den Kopf gehen: Von einem zwanzigminütigen Vortrag behalten die meisten Menschen nicht mehr als drei der wichtigsten Gedanken. Einen Tag später sind ihnen auch diese drei entfallen. Wenn Sie alle bekannten Tatsachen in Ihre Rede packen, signalisieren Sie damit Ihren Zuhörern: »Ich kann meine Arbeit weder analysieren noch zusammenfassen. Ich bin nicht in der Lage, das Wesentliche herauszufiltern. Und ich kann nicht abstrahieren, daher langweile ich Sie mit all diesen Einzelheiten.«

Wenn Sie also Ihre Detailkarten oder Haftnotizen zu Gruppen und Themen zusammenfassen, halten Sie sich am besten an diese drei Punkte:

- Nehmen Sie nur diejenigen Fakten auf, die Ihre These stützen.
- Entscheiden Sie sich auch hier für zusammenhängende Fakten, statt viele Einzelinformationen zu bringen.

Wie Sie eine Rede interessant gestalten

- Fassen Sie mehrere Fakten zusammen.

Wenn Sie wirklich alle Daten in Ihren Vortrag aufnehmen müssen, sollten Sie diese in ein Hand-out (ein Papier, das Sie austeilen), aufnehmen und während des Referats nur einzelne Beispiele nennen.

Planung ist alles – Skripte sind Planung

Wenn Sie mein Organisationssystem zur Planung Ihres Vortrags angewandt haben, verfügen Sie jetzt über einen glänzenden Entwurf. Warum genügt das nicht? Sie können natürlich auch mit dem Entwurf arbeiten, aber nur wenige Menschen schaffen es, einen schriftlichen Entwurf in eine klare und überzeugende Rede umzusetzen. Skripte hingegen sind genau dazu gedacht. Ein Skript bringt Ihnen so viele Vorteile, dass Sie sich wahrscheinlich nach dem ersten Versuch schon fragen werden, wie Sie es je ohne geschafft haben, sich klar auszudrücken.

Vier Vorteile von Skripten

Ein Skript steigert unsere Sicherheit

Ein Skript hilft uns, bestimmte Probleme, unter denen Frauen immer wieder leiden, zu überwinden. Mit einem Skript bannen Sie wirkungsvoll die Gefahr, beim ersten Flüstern im Publikum den Faden zu verlieren. Statements wie »Oh, ich habe das Wichtigste vergessen« oder »Nun habe ich doch glatt meine These übersprungen« und »Der vierte Punkt, nein der Dritte, ach, was auch immer …« gehören von diesem Augenblick an der Vergangenheit an. Außerdem verringern Skripten die Anzahl der »Ähs« und »Öhs« gewaltig. Ein Skript gibt Ihnen so viel Sicherheit, dass Sie später sogar problemlos davon abweichen können – und wieder zu ihm zurückkehren, wenn Sie wollen. Alle professionellen Redner tun dies nämlich.

Ein Skript zu erstellen vertieft Ihre neuen sprachlichen Fähigkeiten

Mit einem Skript können Sie sicherstellen, dass Sie sich tatsächlich der Grammatik der Stärke bedienen. Diese Sprache ist noch recht neu für Sie, daher bilden die Worte und Sätze sich noch nicht automatisch so, wie Sie sich das wünschen. Wenn Sie aber Ihrem spontanen Sprachgebrauch wieder anheim fallen, kommt es erneut zu Sätzen wie diesem: »Ich bin ja so glücklich, dass ich diese Gelegenheit ergreifen kann, um Sie in die Vorzüge des neuen 8090-Computersystems einzuweihen.«

Mit einem Skript managen Sie bequem das Timing Ihres Vortrags

Eine Rede von 100 bis 120 Worten dauert etwa eine Minute. Wenn Sie also fünf Minuten Redezeit haben, sollte Ihr Referat nicht mehr als 500 Worte umfassen. Zwanzig Minuten Redezeit bedeuten etwa 2000 Worte und so weiter. Mit einem Skript können Sie die Wörter (am Computer) leicht zählen, so dass Ihr Zeitmanagement absolut professionell bleibt.

Ein Skript spart Zeit

Ihre Investition in sorgfältiges Redenschreiben wird reiche Früchte tragen. Linda Rubin beispielsweise hielt eine leicht abgeänderte Version ihrer Rede bei einer Vorstandssitzung der Stiftung. Und sie plant nun, einen Artikel daraus zu machen. Das Ihnen vorliegende Buch wurde im Kern aus einem Vortrag geschaffen, den ich 1989 vor dem Rochester Women's Network hielt. Da ich nicht jedes Mal von vorn anfangen wollte, wenn ich vor einer Gruppe von Frauen sprach, überarbeitete ich das Referat von 1989 mehrmals. Ich feilte an der Sprache, fügte neu gewonnene Erkenntnisse und Beispiele ein, bis das Material schließlich so umfangreich war, dass es zur Grundlage dieses Buches wurde.

Sie sehen: Die erste Version eines Vortrags erfordert zwar meist einen enormen Zeitaufwand, doch die Überarbeitung

Wie Sie eine Rede interessant gestalten

dauert oft nur wenige Minuten. Je mehr Sie also in die Erstfassung investieren, umso größer wird der Nutzen sein. Wie Sie Ihr Skript vorbereiten und vortragen, können Sie in Kapitel 11 nachlesen.

Lassen Sie keine wesentlichen Teile weg

Meisterwerke der Konditorenkunst enthalten viele einzelne Zutaten: Butter, Mehl, Zucker, Aromen, Eier usw. Genauso ist es mit fesselnden Präsentationen. Auch sie brauchen viele Bestandteile, um zu funktionieren: eine starke Einleitung, eine These (die mehrmals wiederholt wird), zusammenfassende Sätze für jeden Abschnitt, logische Übergänge und einen interessanten Schluss, möglichst mit einem klaren Handlungsaufruf. Die Rede, mit der Orit Gadiesh ihre Mitarbeiter in einer Krisensituation inspirierte, endete so:

> Wir haben die Kehrtwende geschafft – sowohl im Marketing als auch in den Finanzen. Sogar unsere Konkurrenz erkennt das mittlerweile an. Nun werden wir zurückkehren lassen, was die Konkurrenz wirklich fürchtet und worum sie uns immer schon beneidet hat: unseren gemeinsamen Stolz auf die Arbeit, die wir leisten.

Erfahrene Bäcker spielen mit den Zutaten für ihr Werk. Wenn Sie bereits Erfahrung mit Präsentationen haben, können Sie deren Komponenten so frei handhaben wie ein Künstler. Solange dies nicht der Fall ist, halten Sie sich am besten an das Rezept.

Schreiben Sie für Hörer, nicht für Leser

Eine Frau, der man folgt, weiß auch, dass die gesprochene und die geschriebene Sprache zwei unterschiedliche Dinge sind. Wenn Sie ihre Unterschiede verstehen, wird sich Ihr schriftlicher Ausdruck ebenso verbessern wie Ihr mündlicher. Der entscheidende Unterschied besteht darin, dass ein geschriebener Text etwas Dauerhaftes ist, während ein gesprochener sich buchstäblich in Luft auflöst. Da man uns Frauen häufig behandelt, als ob wir Luft wären, müssen wir dem in unserem Auftreten entgegensteuern. Machen wir uns sichtbar und hörbar. Was Frauen sagen, muss Gewicht und Tiefgang haben. Ein geschriebener Text bleibt, während ein gesprochener schnell vergessen wird. Im Kurzzeitgedächtnis ist normalerweise nur Platz für im Durchschnitt sieben nicht miteinander verbundene Buchstaben, Silben oder Wörter. Das bedeutet: Wenn Sie zum achten Wort kommen, hat der Zuhörer das erste schon vergessen. Da Sie als Rednerin effizient sein wollen, müssen Sie dem Rechnung tragen.

Bauen Sie dem Gedächtnis Brücken

Das höchste Lob, das Sie für eine Rede erhalten können, ist, dass man sich der präsentierten Inhalte erinnert. Zu diesem Zweck müssen Sie dem Kurzzeitgedächtnis Ihrer Zuhörer auf die Sprünge helfen. Sie brauchen demnach eine klare Struktur, die Sie Ihrem Publikum immer wieder verdeutlichen. Teilen Sie der Zuhörerschaft also zusammen mit Ihrer These mit, wie viele und welche Hauptpunkte Ihr Referat umfasst und wie sie aufeinander folgen. Nummerieren Sie Ihre wichtigsten Argumente durch, während Sie sie in logischer Folge präsentieren. (Erstens: das Problem der Überhitzung, zweitens: unser Lösungsvorschlag, drittens: die Kosten, vierter und letzter Punkt: Ihre Vorteile.)

Setzen Sie die Grammatik der Stärke ein

Mit der Grammatik der Stärke bringen Sie Ihre Botschaften knapp und treffend an die Frau (und den Mann). Die grammatikalischen Formen, die wir in Kapitel 3 erarbeitet haben, sind für Präsentationen geradezu ideal. Ein besonderes Lob gebührt hier wieder einmal den Parallelfiguren: Sie verdoppeln die Aussage, so dass das Publikum sich besser daran erinnert,

Wie Sie eine Rede interessant gestalten

und zwingen zu klarem Denken und Planen mit dem Ergebnis, dass Ihre These klar ankommt. Alle begabten Redner, ob Männer oder Frauen, nutzen diese sprachliche Form. Auch Sie werden ihre Prägnanz genießen:

Herr Präsident, ich spreche zu Ihnen als Republikanerin. Ich spreche zu Ihnen als Frau und als Senatorin. Ich spreche zu Ihnen als Amerikanerin. (Margaret Chase Smith)

In Schule, Beruf, Ehe, Kirche, ja im ganzen Leben sind enttäuschte Hoffnungen das Brot der Frauen. (Lucy Stone)

Frauen stehen an vorderster Front – in der Friedensbewegung, in der Bürgerrechtsbewegung, in der Frauenbewegung und in der Umweltbewegung. (Bella Abzug)

Mein Glaube an die Verfassung ist absolut, umfassend und total. (Barbara Jordan)

Wir haben die Kehrtwende geschafft – sowohl im Marketing als auch in den Finanzen. ... Nun werden wir zurückkehren lassen ... (Orit Gadiesh)

Erzählen Sie Geschichten

Die Schriftstellerin Muriel Rukeyser meinte einmal, die Welt bestehe aus Geschichten und nicht aus Atomen. Und nicht zufällig ist Charlotte, die Spinne, eine hervorragende Geschichtenerzählerin. Geschichten haften leichter im Gedächtnis als abstrakte Fakten. Sie bringen Leben in eine Idee, einen Gedanken. Als Hillary Rodham Clinton den Bürgern der Vereinigten Staaten die Maßnahmen für das staatliche Gesundheitsprogramm nahe bringen wollte, versäumte sie nicht, die dürren Zahlen mit menschlichen Schicksalen zu verknüpfen: Menschen, die durch die mangelnde soziale Absicherung im Krankheitsfall, wie sie in Amerika üblich ist, schwere gesundheitliche Schädigungen erlitten haben.

Aber wie kommt man zu guten Geschichten? Nun, gerade Frauen verfügen – wie die traditionellen Geschichtenerzähler –

151

Stehen Sie auf und reden Sie: Starke Präsentationen

über einen reichen Schatz an Anekdoten, die sich in berufliche Präsentationen einarbeiten lassen. Jede kennt zum Beispiel die Geschichte vom Wolf und den sieben Geißlein mit ihren vielfältigen Wendungen. Gerade im Geschäftsleben, wo unreflektierte Gier sehr häufig zu Schaden führt, ist der Wolf ein hervorragendes Beispiel. Vergessen Sie nicht: Bekannte Geschichten bauen eine Brücke zu Ihren Zuhörern, weil Sie auf gemeinsames Wissen zurückgreifen.

Doch auch ganz gewöhnliche Erfahrungen lassen sich zu einer guten Geschichte verarbeiten. Beth Linley erzählte zur Eröffnung ihrer Verkaufspräsentation für Videokonferenzanlagen die Geschichte einer Konferenz, die auf traditionellem Wege veranstaltet wurde: Reisen durch das ganze Land, Verspätungen, verpasste Flüge und Züge, Hotelzimmer, Sandwiches und Erdnüsse aus der Minibar. Der Kontrast zwischen der Bequemlichkeit einer Videokonferenz und den Umständen eines traditionellen Meetings wurde zum Thema für die gesamte Verkaufsveranstaltung. Eine andere meiner Kursteilnehmerinnen, eine Produktdesignerin, eröffnete ihren Vortrag mit der Geschichte einer Fehlfunktion im Produkt, die zu der aktuell präsentierten Innovation geführt hatte.

Schaffen Sie sich eine eigene Geschichtenkollektion. Jedes Mal wenn Ihnen beim Lesen einer allgemein bekannten Geschichte oder angesichts eines aktuellen Ereignisses eine Verbindung zu Ihrem Berufsleben einfällt, sollten Sie diese für den späteren Gebrauch »speichern«. Denken Sie daran: Business-Storys sollten kurz, einleuchtend, einfach und packend sein. Und versäumen Sie nicht, die Zusammenhänge der Geschichte mit Ihrem Vortrag zu verdeutlichen, wenn Sie sie erzählen.

Carla Hills erzählte bei ihrer Rede vor dem Commonwealth Club of California eine wunderbare Geschichte. Nach einer spannenden Einleitung und der Präsentation der Hauptthese kam sie zum ersten Punkt, den sie mit dieser amüsanten Anekdote noch anschaulicher machte:

Unsere Anstrengungen zur Öffnung des Weltmarktes trafen 1993 nicht gerade auf Gegenliebe. Sowohl der Abschluss des NAFTA-Abkommens wie auch die Verhandlungen mit Uru-

Wie Sie eine Rede interessant gestalten

guay liefen zäh und wurden von den Protektionisten jeglicher Couleur angegriffen. Leider gelang es uns nicht, die Gegner dieser Abkommen von den Gefahren des von ihnen eingeschlagenen Kurses zu überzeugen.

Tatsächlich erinnerten sie mich an einen Admiral, Kommandant eines Kriegsschiffes im Nordatlantik, der sich während einer besonders stürmischen Nacht mit seinem Schiff auf hoher See befindet: Als er ein Licht auf sein Schiff zukommen sieht, sendet er sofort einen Funkspruch:»Sofort 20 Grad nach Süden ausweichen.« Seltsamerweise kommt die Botschaft sofort zurück:»Sofort 20 Grad nach Norden ausweichen.« Der Admiral ist daran gewöhnt, dass man ihm gehorcht, und so denkt er, hier müsse wohl ein Irrtum vorliegen. Aus diesem Grund lässt er seinen ersten Funkspruch wiederholen, und wieder kommt die Antwort zurück:»Weichen Sie 20 Grad nach Norden aus.« Nun ist der Admiral wirklich wütend, daher fällt sein nächster Funkspuch etwas präziser aus: »Ich bin Vizeadmiral und Kapitän eines Kriegsschiffes. Daher befehle ich, dass Sie sofort 20 Grad nach Süden ausweichen.« Dieses Mal gibt es eine längere Pause, bevor die Antwort eintrudelt. Trotzdem ist sie nicht weniger klar als die Botschaft des Admirals:»Ich bin Seemann erster Klasse und Leuchtturmwärter.« (Pause für Gelächter)

Und während wir nun endlich aufatmen können, dass wir die Klippen des Jahres 1993 umschifft haben, sind uns doch viele der Probleme, mit denen wir im letzten Jahr zu kämpfen hatten, erhalten geblieben.

Diese Geschichte erfüllt alle Anforderungen an eine Business-Story. Sie ist kurz, knackig, überzeugend und steht in direktem Zusammenhang mit dem Thema.

Wiederholtes prägt sich ein

Während Sie sich elegant von einem Abschnitt zum Nächsten bewegen, sollten Sie kurz wiederholen, worum es in den vorhergehenden Abschnitten ging. Hier ist ein Beispiel aus Linda

Rubins Rede: »Nachdem wir die aktuellen Mitgliedslisten und die Fotoalben von unseren früheren Treffen durchgegangen waren, taten wir noch eine dritte Quelle für neue Spenderadressen auf.« Auf diese Weise rief Linda ihren Zuhörern ins Gedächtnis, wie die ersten beiden Quellen aussahen und leitete geschickt zur Dritten über.

Natürlich wiederholen Sie sich, wenn Sie auf diese Weise Übergänge gestalten, doch steht ja bekanntlich die Wiederholung an der Wurzel allen Wissens. Daher sollten Sie ruhig noch öfter zu diesem Stilmittel greifen. Wiederholen Sie einzelne Stichwörter, wichtige Statements und – immer wieder – die These Ihres Vortrags. So erleichtern Sie es Ihren Zuhörern, Ihre Inhalte im Gedächtnis abzuspeichern. Aus diesem Grund sind auch Parallelfiguren so wirksam: Sie wiederholen einzelne Wörter, Sätze, Satzteile und Themen. Ein klassisches Beispiel dafür ist die Rede, mit der Marc Anton in Shakespeares *Julius Cäsar* die Massen aufwiegelt: »Doch Brutus sagt, dass er voll Herrschsucht war, und Brutus ist ein ehrenwerter Mann.« (III,2)

Satzstrukturen, die eine Wiederholung erleichtern:

X ist nicht nur (1 = Gedächtnisstütze): Sie ist auch (2).
Über X (Gedächtnisstütze) hinaus …
Die Vorzüge dieses Produkts gehen über (Punkt 1), (Punkt 2), (Punkt 3) und (Punkt 4) noch hinaus.
Trotz der Probleme von (Punkt 1) und (Punkt 2) konnte das Projekt erfolgreich in (Punkt 1), (Punkt 2) und (Punkt 3) zu Ende geführt werden.

Es geht um mehr als Rhetorik

Logik und Emotionalität sind – einem populären Vorurteil entsprechend – nicht vereinbar. Daher können Frauen, die ja bekanntermaßen emotional sind, nicht gleichzeitig logisch denken. Oder? Dieser dumme und unlogische Umkehrschluss beruht auf zwei mindestens ebenso unlogischen Grundannah-

Wie Sie eine Rede interessant gestalten

men. Denn wie wir bisher gesehen haben, können Frauen wie die Richterin Ginsburg, Amelia Earhart und Orit Gadiesh sehr wohl ihre Emotionen zeigen, ohne auch nur ein Quäntchen ihrer brillanten Logik zu verlieren. Alle großen Rednerinnen und Redner können dies. Hören Sie sich nur einmal Martin Luther Kings Rede »I have a dream« an, die heute schon auf so vielen CD-ROM-Lexika zu finden ist. Sie erhält ihre Größe nicht zuletzt dadurch, dass hier Gefühle präzise mit Logik verknüpft werden.

Einer der Gründe, weshalb wir Frauen häufig mangelnder Logik bezichtigt werden, ist vielleicht, dass wir uns der Macht rhetorischer Mittel nur selten bewusst sind. Was bedeutet also das Stichwort »Rhetorik«? Ein Rhetoriker ist jemand, der Sprache geschickt einsetzt, um seine Ziele zu erreichen. Genau darum aber geht es in diesem Buch. Sie haben bisher schon einiges an Ihrem Sprachgestus verbessern können. Nun lernen Sie weitere rhetorische Mittel, mit denen Sie Ihren Texten noch mehr Nachdruck verleihen können. Da wären die Aufzählung, das Stilmittel der rhetorischen Frage und die stilistische Eindringlichkeit einer Dreierparallele (Trikolon).

Aufzählungen

Aufzählungen leisten Ihnen sowohl bei der Strukturierung des gesamten Vortrags als auch bei den einzelnen Abschnitten hervorragende Dienste. Ein Beispiel, das Teil der Grundthese war: »Dieser durchdacht konfigurierte Rechner erfüllt Ihre Bedürfnisse in der Entwicklungsabteilung gleich auf drei verschiedenen Arbeitsgebieten. Er erleichtert die Planung, das Design und die Kalkulation.«

Das folgende Statement hingegen fand sich in einem untergeordneten Abschnitt: »Der hier vorliegende Finanzplan erfüllt unsere Vorgaben nicht. Erstens ist er ungenau: Spalte 13 und 16 weisen nur grobe Schätzungen auf. Zweitens ist die Dokumentation ungenügend: Das Kalkulationsformular 1099 fehlt. Und drittens ist er nicht zum Scannen geeignet und kann daher nicht elektronisch versandt werden.«

Stehen Sie auf und reden Sie: Starke Präsentationen

So sehen die Aufzählungen Amelia Earharts aus: »Es gab drei Gründe, weshalb ich mich für einen Flug nach Mexiko entschied: Erstens hatte ich ein Flugzeug zur Verfügung, das sich für Langstreckenflüge eignete. Zweitens war ich von der mexikanischen Regierung eingeladen worden. Und der dritte Grund war der Rekordflieger Wiley Post, der mir immer ein Vorbild war.«

Und weil es so schön war, gleich noch einmal Amelia Earhart: »Damals gab es fast nur Kurzstreckenflüge, das heißt als Pilotin konnte man erstens ein paar unerschrockene Passagiere auf einen kurzen Trip mitnehmen, zweitens einer Hand voll noch Mutigerer Flugunterricht geben und drittens Showflüge machen.«

Aber Vorsicht: Verschachteln Sie Aufzählungen nicht mit den gleichen Zählweisen. Solche Strukturen versteht nämlich selbst der aufmerksamste Zuhörer nur bedingt. Unterschiedliche Zählweisen wie 1, 2, 3 oder a, b, c usw. können Sie selbstverständlich ohne weiteres benutzen. Sagen Sie also nicht: »Im dritten Abschnitt geht es um Frauenförderung, die wir vor allem mit Punkt 1, Punkt 2 und Punkt 3 erreichen wollen.« Sondern: »Im dritten Abschnitt geht es um Frauenförderung. Wir haben dazu folgende Wege beschritten: Punkt a: …, Punkt b: …, Punkt c: ….«

Aufzählungen sind simple rhetorische Figuren, mit denen Sie Ihre Ideen gut organisieren und Ihrem Publikum das Verständnis erleichtern können. Sie sind ein ausgezeichnetes Mittel der Strukturierung, das trotzdem niemals langweilig wirkt.

Rhetorische Fragen

Eine rhetorische Frage ist eine Frage, auf die derjenige, der sie stellt, keine Antwort erwartet. Wenn Sie Ihren Vortrag mit rhetorischen Fragen gliedern, gewinnt er dadurch an Dynamik. Wie sieht dies konkret aus? Sie stellen sich während Ihres Referats selbst Fragen wie »Was also ging schief?« oder »Was bringt Ihnen dieses Vorgehen?« und »Welche Vorteile erlangen Sie durch unser Produkt?« Diese Fragen beantworten Sie natürlich selbst. Sie zeigen damit, dass Sie gut organisiert sind

Wie Sie eine Rede interessant gestalten

und auf Ihr Publikum einzugehen wissen. Außerdem geben Ihnen rhetorische Fragen die Möglichkeit, noch einmal eine kurze Zusammenfassung des eben Gehörten einzuschieben.

Eindringlichkeit durch Dreierparallelen

Wir hören gern Dreiergruppen: Wir empfinden sie als angenehm, weil sie leicht zu verstehen sind. Außerdem zeigen sie, dass Sie sich die Mühe gemacht haben, Ihre Äußerungen gründlich vorzubereiten. Gruppieren Sie also wenn möglich Ihre Informationen immer in Dreierschritten, wie die Beispiele von Amelia Earhart unter der Rubrik »Aufzählungen« dies zeigen. Dazu noch ein paar Beispiele von Richterin Ginsburg: »Weder mein Vater noch meine Mutter hatten die Mittel, um auf ein College zu gehen. Trotzdem brachten sie mir drei Dinge bei: die Liebe zum Lernen, die Achtung vor den Menschen und die Bereitschaft, hart für die Dinge zu arbeiten, an die ich glaubte und die ich mir erträumte.« Und: »Die kontinuierliche Realisierung einer weiter gehenden Einigung des Landes, die unsere Verfassung als Ziel formuliert, verlangt von uns tiefste, weitestgehende und höchste Anteilnahme.«

Wie Sie sehen, erlaubt die Sprache der Stärke Ihnen, Logik, Emotionalität und Überzeugungskraft in einem Satz zu vereinen.

Benutzen Sie genaue, konkrete Wörter und Bilder

Auf Ihrem Weg zur Frauensprache des Erfolgs haben Sie bereits gelernt, vage, abstrakte Begriffe möglichst zu meiden, da sie nur schwer vorstellbar sind und daher nicht im Gedächtnis Ihres Publikums haften bleiben. Präzise und konkrete Wörter sind sehr viel anschaulicher. Je höher der Abstraktionsgrad Ihres Vortrags, umso schwieriger wird es für Ihre Zuhörer, Ihnen zu folgen.

Was aber, so mögen Sie fragen, ist, wenn Ihre Arbeit einfach aus Abstrakta besteht? Eine meiner Klientinnen ist Soft-

Stehen Sie auf und reden Sie: Starke Präsentationen

waredesignerin und hatte eines Tages vor einer Gruppe von Journalisten ein neues Projekt vorzustellen. Nun ist Software etwas absolut Ungreifbares. Sie können sie weder sehen noch riechen, und trotzdem wollen die Entwicklerfirmen ihre Produkte natürlich verkaufen. Wie also begeistert man eine Gruppe nicht-technischer Journalisten für eine neue, abstrakte Vision, die höchstens ein paar Spezialisten wirklich verstehen?

Hier kam der Frau nun die Metapher zu Hilfe. Das Bild von Software, die eine unendlich große Anzahl von Ländern miteinander verbindet, ist vielleicht schwer zu verstehen. Das Bild vom Informationshighway oder von der Datenautobahn hingegen ist mittlerweile schon fast jedem geläufig. Meine Klientin sprach also über die Zu- und Abfahrten von der Datenautobahn, denn darum ging es letztlich, und hinterließ mit ihrem Vortrag enormen Eindruck. Wenn auch Sie viel mit abstrakten Begriffen zu tun haben, kleiden Sie diese in sprachliche Bilder.

Sie können Ihr Referat auch mit spezifischen Informationen beleben. Wenn Sie genaue Zahlen kennen, scheuen Sie sich nicht, sie zu nennen. Ausdrücke wie »über 50« oder »26 Prozent« prägen sich besser ein als »viele«. Sagen Sie nicht: »Wir haben das Design verbessert«, sondern: »Wir haben das Design an fünf Punkten erfolgreich verbessert.« Und vergessen Sie nicht die prägnanten Tätigkeitsverben, die wir in Kapitel 4 vorgestellt haben.

Sie müssen kein Mann sein, wenn Sie Stärke ausstrahlen wollen. Sie müssen sich nicht einmal wie ein Mann ausdrücken. Sie sind eben eine starke Frau. Eine kluge Wortwahl unterstreicht diese Tatsache noch.

Lebendige Grafiken

Grafische Darstellungen helfen Ihnen, wichtige Punkte besser herauszuarbeiten. Dabei können Sie auf Hand-outs, Folien oder das Flipchart zurückgreifen. Wenn Ihre Übersichten klar und überzeugend daherkommen, wirken auch Sie so. Der Filmregisseur Ron Mix beispielsweise legt in seinen Seminaren gro-

Wie Sie eine Rede interessant gestalten

ßen Wert auf eine vernünftige Darstellung visueller Details. Seiner Meinung nach sollte man sich stets fragen, ob die vorliegende Grafik auch wirklich der einfachste Weg ist, die zu Grunde liegende Information zu vermitteln. Eine seiner Kursteilnehmerinnen brachte ihm folgende Übersichtsdarstellung mit:

Mother Browns Kekse GmbH
Verkaufszahlen von 1995, Sektion Ost und Gesamt,
aufgeschlüsselt in Monats- und Quartalszahlen
mit Ergebnisdarstellung pro Quartal in Dollar

		Verkaufszahlen			Ergebnisdarstellung in Prozent	
Monat	Quartal	Ost	Gesamt	Erläuterung	Monat	Quartal
Januar		8.125.000	32.500.000,00	Ein guter Start mit unserer neuen Marzipanglasur		
Februar		8.250.000	28.875.000,00	Keine großen Veränderungen	1,53846	
März		3.500.000	17.500.000,00	Chefbäckerin hatte sich ihr Bein gebrochen. (Jetzt geht es ihr schon viel besser.)	−57,57576	
	Erstes	**19.875.000**	**78.875.000,00**			
April		9.500.000	36.625.000,00	Der Verkauf des Muffins mit Marzipanglasur rollt nun auch im Süden an.	171,42857	
Mai		10.500.000	42.000.000,00	Verbesserte Transportmöglichkeiten	10,52632	
Juni		7.500.000	29.250.000,00	Rückgang der Verkaufszahlen bei Marzipanglasurgebäck	−28,57143	
	Zweites	**27.500.000**	**106.875.000,00**			**38,364780**
Juli		12.500.000	47.500.000,00	Einführung der Lakritzwaffeln	66,66667	
August		13.750.000	58.437.500,00	Siemens-Bestellung ausgeführt	10,0000	
September		15.400.000	53.900.000,00	Auslandslieferungen von Lakritzwaffeln	12,0000	
	Drittes	**41.650.000**	**159.837.500,00**			**51,454545**
Oktober		6.500.000	32.500.000,00	Feuer in der Backfabrik in Paterson (nicht gravierend, aber einige Schäden)	−57,79221	
November		17.750.000	66.562.500,00	Interessant: die Differenz zum letzten Monat	173,0692	
Dezember		24.700.000	98.800.000,00	Sehr interessante Zahlen	39,15493	
	Viertes	**48.950.000**	**197.862.500,00**	Superfinish für dieses Jahr		**17,527011**
Gesamt		**96.325.000,00**	**543.450.000,00**			

Diese tödliche Folie wird niemanden überzeugen. Die Ergebnisse der Firma sind nicht einmal ansatzweise erkennbar. Ron half seiner Kursteilnehmerin natürlich, diesen Mangel zu beheben.

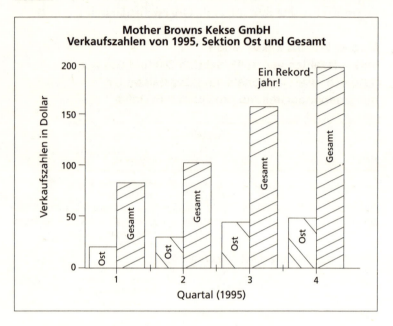

Wie Sie sehen, hatte diese Frau keine Aufschneiderei nötig. Ihre Ergebnisse überzeugen aus sich selbst heraus.

Wie Sie kontrollieren, was nicht zu kontrollieren ist: Fragen

Inzwischen beherrschen Sie die Kunst der Präsentationsplanung nahezu perfekt. Dabei werden Sie mir wohl zustimmen: Je mehr Energie Sie auf die Planung verwenden, desto sicherer fühlen Sie sich während Ihres Auftritts. Eines natürlich können Sie damit nicht beeinflussen, und dieses Element gehört entschieden zu den gefürchtetsten im Rahmen eines Vortrags: die Fragen der Zuhörerinnen und Zuhörer. Wie gut Sie sich auch vorbereiten mögen, Sie können weder die Fragen vorher-

Wie Sie kontrollieren, was nicht zu kontrollieren ist: Fragen

sehen noch den Typ des Fragestellers vorher einschätzen. Aber auch hier ist frisch gewagt schon halb gewonnen. Eine sichere Möglichkeit, endlosen Fragestunden zu entkommen, ist ein kurzer Hinweis an die Moderatorin bzw. den Moderator. Schließlich ist es nicht Ihre Aufgabe, zu verhindern, dass eine kurze Präsentation in eine Vorlesung ausartet. Auch Grobheiten oder zu lange Frageperioden sollten vom Veranstaltungsleiter unterbunden werden. Im Folgenden finden Sie noch einige Tipps, wie Sie bestimmte Probleme im Zusammenhang mit Fragen am besten handhaben.

Problem:
Ich werde augenblicklich nervös, wenn jemand mir eine Frage stellt. Wie kann ich mit meiner Angst fertig werden?

Lösung:
1. Bevor Sie eine Frage beantworten, hören Sie möglichst genau auf die Frage. Notieren Sie die Worte des Fragestellers in Stichpunkten und lassen Sie sich ein wenig Zeit zum Nachdenken. Nehmen Sie dann die Frage in ihrem Wortlaut auf. Das zeigt erstens, dass Sie die Frage ernst nehmen, und gibt Ihnen zweitens noch ein paar Sekunden zum Überlegen. Wenn die Frage z. B. lautete »Weshalb fiel Ihrer Meinung nach die Ausrüstung gerade während des Unwetters aus?«, dann antworten Sie: »Meiner Ansicht nach fiel die Ausrüstung gerade während des Unwetters aus, weil der Generator den Geist aufgab.« Wenn Sie auf die Frage keine Antwort wissen, sagen Sie: »Niemand weiß, weshalb die Ausrüstung gerade während des Unwetters ausfiel.«

2. Teilen Sie Karten aus und bitten Sie Ihr Publikum, darauf die Fragen zu notieren. Aber bitte nicht mit: »Ich bin immer so nervös, wenn Fragen gestellt werden. Also schreiben Sie Ihre Fragen bitte auf die Karte.« Sie sagen: »Um mich auf Ihre Fragen besser einstellen zu können, würde ich Sie bitten, sie schriftlich während des Vortrags festzuhalten, so dass ich sie am Ende beantworten kann.« So haben Sie alles schön im Griff. Diese Methode hat sich besonders bei einem sehr großen oder sehr feindseligen Publikum bewährt. Wenn Sie einen Moderator haben,

Stehen Sie auf und reden Sie: Starke Präsentationen

bitten Sie ihn doch, die Karten vorher nach Themenbereichen zu ordnen.

Problem:
Manche Menschen stellen Fragen explizit, um mich aus der Fassung zu bringen, nicht um Informationen zu bekommen. Wie kann ich vermeiden, aus dem Konzept zu geraten?

Lösung:
Wenn Sie Unheil wittern, sagen Sie Ihren Zuhörerinnen und Zuhörern gleich zu Anfang, dass Sie alle Fragen am Ende des Vortrags beantworten werden. Nehmen Sie sich während der Vorbereitung Ihres Referats auch Zeit für mögliche Fragen und die passenden Antworten darauf. Nehmen Sie eine Karte mit, auf der Sie alle möglichen Antworten notiert haben. Die Vorschläge unten passen für alle möglichen Fragen, von der neugierigen Informationsfrage bis hin zum groben Typus.

Erprobte Antworten auf hartnäckige und destruktive Fragen

Ich weiß es nicht.

Bitte notieren Sie mir Ihre Telefonnummer. Ich werde Sie anrufen, sobald ich die Antwort habe.

Das geht über meinen Fachbereich hinaus.

Diese Frage geht über die Themenstellung des Vortrags hinaus.

Diese Frage kann in so kurzer Zeit leider nicht befriedigend beantwortet werden.

Diese Frage kann in der kurzen Zeit, die uns hier zur Verfügung steht, leider nicht beantwortet werden.

Die Forschung hat diesbezüglich leider noch keine Antwort gefunden.

Vielen Dank für Ihre Frage. Kann jemand aus dem Publikum sie beantworten?

Diese Frage passt leider nicht hierher.

Würden Sie eine Frage wie diese beantworten?

Wie Sie kontrollieren, was nicht zu kontrollieren ist: Fragen

Wie man Fragen nicht *stellt*

Auf einer berufsbezogenen Konferenz bat der Vortragende die gebildeten und erfolgreichen Frauen im Publikum darum, doch Fragen zu stellen. Die ersten sechs begannen mit folgenden Worten:

> Ich wollte eigentlich nur wissen ...
> Ich wollte ja bloß fragen ...
> Ich habe mich gefragt, ob Sie vielleicht über ... sprechen könnten.
> Ich möchte gern eine Frage stellen.
> Ich hätte da eine Frage.
> Könnte ich eine Frage stellen?

In jedem dieser Fälle waren die Fragen, die auf diese schwachen Einleitungssätze folgten, wirklich intelligent und wohl durchdacht, doch bei ihnen angelangt war das Kind schon in den Brunnen gefallen: Die Fragestellerinnen hatten ihre Glaubwürdigkeit bereits verloren. Wie hätten sie stattdessen fragen sollen?

Wie man Fragen stellt

> Wie ...
> Was ...
> Wann ...
> Wo ...
> Warum ...
> Wer ...
> Bitte (beschreiben, erläutern, erklären Sie) ...

Die Tipps und Vorschläge, die wir bisher behandelt haben, beziehen sich durchweg auf mehr oder weniger formelle Situationen, in denen man Ihnen eine bestimmte Sprechzeit zugesteht, die Sie füllen müssen. Wie aber schaffen wir es, uns bei infor-

Stehen Sie auf und reden Sie: Starke Präsentationen

mellen Besprechungen, in denen alle zusammen am runden Tisch sitzen und oft niemand Lust hat, einer Frau zuzuhören, Gehör zu verschaffen? Denn all diese Vorschläge funktionieren nur, wenn man Ihnen auch wirklich zuhört.

Wie Sie sich Gehör verschaffen

Ein Faktum wird sowohl von den bisher durchgeführten wissenschaftlichen Studien als auch von den Erfahrungswerten meiner Kursteilnehmerinnen bestätigt: Männer hören nicht auf Frauen. Patricia O'Brien, freie Journalistin bei der Zeitschrift *Working Woman*, schrieb darüber im Februar 1993 einen Artikel, den ich hier mit freundlicher Genehmigung der Zeitschrift in Auszügen wiedergebe.

> Als Außenseiterin, das heißt als Frau, müssen Sie sich entweder geschickt in die Reihen der Insider drängeln oder regelrechte Guerillataktiken anwenden, wenn Sie möchten, dass man Ihnen zuhört. Je erfolgreicher eine Frau ist, umso ausgefeilter sind vermutlich auch ihre Strategien, sich Gehör zu verschaffen.

> Sandra Day O'Connor, die erste Frau am Höchsten Gerichtshof der Vereinigten Staaten, wurde nach ihrer Ernennung gefragt, mit welchen Problemen ihr Aufstieg auf der Karriereleiter der Rechtsprechung sie konfrontiert habe. Sie antwortete, das Schwierigste sei gewesen, Männer zum Zuhören zu bewegen. »Irgendwann fing ich an, ganz leise und prononciert zu sprechen.« Tatsächlich vervollkommnete sie diese Methode bis zur Perfektion. Wenn jemand hören wollte, was sie zu sagen hatte, musste er sich nach vorne lehnen. Damit drehte sie das klassisch männliche Sprachmuster einfach um: Statt laut zu werden, wurde sie leise und gewann so an Autorität. Stellen Sie sich vor: Sogar die höchste Richterin der Vereinigten Staaten musste auf Tricks zurückgreifen, um Aufmerksamkeit zu erlangen. Aber vielleicht ist das noch nicht einmal so schlimm. Denn zumindest ging sie so

Wie Sie sich Gehör verschaffen

dem klassischen Fehler aus dem Weg, den Frauen so häufig machen, wenn sie tauben Ohren predigen: Sie reden schneller und immer schneller, so als ob sie gleich des Raumes verwiesen würden.

Susan Estrich leitete 1988 die Kampagne zur Präsidentschaftswahl für den Kandidaten Michael Dukakis. Sie erfand eine andere Methode: Immer wenn sie bei einem Meeting wollte, dass man ihr zuhört, ruderte sie mit den Händen seitlich in der Luft herum, so dass zumindest die unmittelbare Umgebung langsam in Schweigen verfiel. Dann begleitete sie jedes ihrer Worte mit weit ausholenden Gesten wie ein Dirigent. Auch sie ging den männlichen Techniken eher aus dem Weg. Das Wichtigste für sie war, bloß nicht »nett« zu wirken, denn damit – so Susan Estrich – verliert eine Frau jede Chance darauf, Gehör zu finden.

Kate Bushkin, Programmleiterin bei einem großen Lexikonverlag, meint: »Sie sollten auf Ihre Zockernatur setzen. Warten Sie nicht, bis Sie endlich die perfekte Formulierung gefunden haben oder der beste Moment gekommen ist. Männer warten niemals. Und Frauen, die warten, kommen am Ende nicht zu Wort.«

»Ich versuche immer, Schwierigkeiten so direkt wie möglich anzusprechen«, sagt Barbara Spollen, Senior Business Analyst bei einer großen Hypothekenbank in Washington. »Das Problem dabei ist, dass Frauen nur ein niedriges Aggressionsniveau zugebilligt wird. Frauen dürfen nicht ärgerlich sein. Wenn wir es doch sind, liegt es garantiert an unseren Hormonen. Daher ist man gezwungen, ständig seine Kompetenz klarzustellen. Sonst riskiert man, dass Befehle nicht befolgt werden.«

Die Kolumnistin Ellen Goodman drückte es einmal so aus: »Meiner Erfahrung nach bedeutet das Hochklettern auf der Karriereleiter nur, dass man von einer höher stehenden Klasse von Männern ignoriert wird.« Ross Webber, Leiter der Wharton School of Finance an der Universität von Pennsylvania, meint, dass Frauen nur dann Aufmerksamkeit erlan-

165

Stehen Sie auf und reden Sie: Starke Präsentationen

gen, wenn sie mit Tricks arbeiten: »Tragischerweise finden Frauen vor allem dort kein Gehör, wo sie in der Mehrzahl sind, nämlich in der Werbung und auf dem Kommunikationssektor. Das liegt vor allem an der subjektiven Einschätzung dessen, was eine gute Idee ist. Und beurteilt werden sie meist von einem männlichen Vorgesetzten ... Alles in allem ist es also kein Wunder, wenn Frauen sich fragen, ob es an ihnen liegt, dass Männer ihnen nicht zuhören.«

Das obige Zitat erläutert die Probleme, auf die wir Frauen treffen, wenn wir uns um Aufmerksamkeit bemühen, recht anschaulich. Wissenschaftliche Untersuchungen bestätigen das oben gezeichnete subjektive Bild: Bei gemischten Meetings reden Männer im Allgemeinen mehr als Frauen und unterbrechen diese auch öfter. Frauen hingegen haben eine Reihe von Strategien entwickelt, um sich trotz dieser allgemeinen Tendenz Gehör zu verschaffen. Einige dieser Techniken funktionieren, andere nicht.

Sie können natürlich nicht ganz allein die soziale Situation von Frauen am Arbeitsplatz ändern. Und Sie können nicht viel dagegen machen, wenn es Männer gibt, die Ihnen nicht zuhören, nur weil Sie eine Frau sind. Aber Sie können an Ihrem Auftreten arbeiten, um sicher zu sein, dass dieses Ihren Karrierewünschen nicht entgegenwirkt. Aus diesem Grund werden wir im nächsten Abschnitt weibliche Guerillataktiken auf ihre Wirksamkeit hin untersuchen.

Strategien, die nicht *funktionieren*

- Laut reden
- Schnell reden
- Warten, bis Sie dran sind
- Schweigend daneben sitzen
- Die Hand heben und sagen: »Ich glaube, ich hätte da eine Frage ...« oder ähnliche Statements mit überflüssigen Ich-Sätzen.
- Schwache Körpersprache (siehe nächstes Kapitel)

Wie Sie sich Gehör verschaffen

Strategien, die funktionieren

- Auf eine Tagesordnung drängen, die den einzelnen Rednern und Rednerinnen klar begrenzte Sprechzeiten zuweist.
- Sprechen Sie sich mit dem Sitzungsleiter ab, um Unterbrechungen zu unterbinden.
- Fassen Sie im ersten Satz noch einmal kurz zusammen, was der letzte Sprecher sagte.
- Überlegen Sie, bevor Sie sprechen. Machen Sie das Thema zum Subjekt Ihrer Sätze, nicht sich selbst.
- Hören Sie den anderen zu, wenn sie sprechen.
- Eröffnen Sie Ihr Statement mit dem Namen eines anderen.
- Sagen Sie kluge Dinge auf kluge Art.
- Reden Sie niemals einfach so dahin. Bauen Sie sich einen Ruf auf: Die Beiträge von Frau Soundso haben Substanz.
- Wenn Ihr Beitrag mehr als einen logischen Punkt enthält, machen Sie Ihr Publikum darauf aufmerksam: »Drei ganz wesentliche Punkte beeinflussen unsere Entscheidung auf dieser Ebene.« Teilen Sie dann das, was Sie zu sagen haben, in Punkt 1, Punkt 2, Punkt 3 ein.
- Achten Sie auf Ihre Körpersprache (siehe nächstes Kapitel).

Wie Sie mit destruktiven Unterbrechungen umgehen

Sagen Sie Ihrem Gegenüber höflich, dass er den Mund halten soll, und zwar wie folgt:

Bitte ...
Einen Augenblick bitte ...
Ich bin noch nicht fertig ...
Würden Sie sich Ihre Bemerkungen bitte bis zum Ende aufsparen.
Für Fragen ist nachher noch genügend Zeit.
Ständige Unterbrechungen stören den Gedankenfluss.

Stehen Sie auf und reden Sie: Starke Präsentationen

Wenn Sie als Einzige immer wieder von einem bestimmten Menschen unterbrochen werden (was vor allem sehr mächtige Manager jungen und verwundbaren Frauen gern antun), sollten Sie Hilfe suchen – entweder bei der Person, die die Besprechung leitet, oder bei dem Betreffenden selbst. Sie sollten das allerdings unter vier Augen tun und sich auf die Sprache der Stärke besinnen. Sie könnten beispielsweise sagen: »Wenn man als Neuling von jemandem auf der Managementebene so häufig unterbrochen wird, beschädigt dies die Glaubwürdigkeit in den Augen anderer. Wenn Ihnen meine Worte falsch erscheinen, könnten Sie mich das nicht auf anderem Wege wissen lassen?«

Setzen Sie sich und reden Sie

Normalerweise äußern wir uns im Sitzen: Informelle Sprechakte füllen unseren geschäftlichen Alltag aus. Ich werde Ihnen hier vier wichtige Punkte vorstellen, die es bei sprachlichen Äußerungen zu beachten gilt. Der Aspekt der nonverbalen Kommunikation wird im nächsten Kapitel behandelt.

Seien Sie präzise

Eine Geschichte, die mir in meinen Workshops immer wieder begegnet, ist die von der Frau, die während einer Besprechung einen Vorschlag macht, der von niemandem beachtet wird, wohingegen derselbe Vorschlag, fünf Minuten später von einem Mann wiederholt, heftigen Beifall findet.

Wenn Ihnen so etwas des Öfteren begegnet, sollten Sie sich mit der Art auseinander setzen, in der Sie Ihre Vorschläge präsentieren. Formulieren Sie sie in der Frauensprache des Erfolgs oder hört man von Ihnen meistens das Übliche? »Ich kenne mich in solchen Dingen ja gar nicht richtig aus, aber ich dachte, es wäre vielleicht eine gute Idee, wenn wir unser Computersystem ein bisschen aufpolieren würden.« Wenn kurz darauf jemand sagt »Wenn wir unser Computersystem erneuern würden, brächte das einen Effektivitätsgewinn von mindestens 20 Prozent«, dann ist wohl klar, weshalb diese Person Beifall für ihren Vorschlag erntet.

Liefern Sie knackige Kommentare

Wenn man sich Ihrer Statements erinnert, erzielen Sie den stärksten Eindruck. Notieren Sie das, was Sie sagen wollen, vorher kurz auf einem Block. Welche Satzform ist angemessen? Welche Aktionsverben gibt es? Ob Sie nun sitzen oder stehen: Erfolgssprache ist Erfolgssprache. Eine meiner Kursteilnehmerinnen erzählte mir, dass sie sich in schwierigen Situationen bei einem Meeting immer fragt: »Was würde Phyllis Mindell mir jetzt raten?« Dann skizziert sie den Satz auf ihrem Block, bevor sie das Wort ergreift.

Hebeln Sie Blockierer aus

Es gibt immer jemanden, der gern ablenkt und Sie mit persönlichen Kommentaren nervt. So etwas kann Ihre Glaubwürdigkeit ganz schön untergraben. Aber auch davor können Sie sich schützen: besondere Betonung, Aufzählungen oder schlichte Abwehr – all dies funktioniert. Achten Sie darauf, dass Sie Ihre Sätze nicht in abschließendem Tonfall bringen, so dass andere denken könnten, Sie seien bereits am Ende angekommen. Zählen Sie Ihre Argumente auf: »Es gibt dabei drei Probleme: Erstens ...« Damit signalisieren Sie Ihrem Publikum, dass Sie erst fertig sind, wenn Sie bei Nummer drei angekommen sind.

Wenn jemand dann immer noch so unhöflich ist, Sie zu unterbrechen, heben Sie die Hand und sagen: »Einen Augenblick, bitte« oder »Wenn Sie bitte warten, bis ich fertig bin.« Stellen Sie Ihren Satz auf die Gruppe ab, in der Sie sich gerade befinden. Wenn jemand Sie auf grobe Weise unterbricht, sollten Sie keine Hemmungen haben, dies zu sagen: »Es ist unhöflich, andere zu unterbrechen.«

Suchen sie sich Vorbilder in Radio oder Fernsehen

Obwohl Sabine Christiansen nicht gerade das beste Beispiel ist, so können Sie sich doch einige ihrer Techniken abgucken. Auch Arabella Kiesbauer hat ein paar gute Strategien auf Lager – Sie müssen sich ja nicht unbedingt auf die Inhalte ihrer Sendung konzentrieren.

Praxistipp

Sehen Sie sich das Videoband an, das Ihre Freundin gemacht hat. Achten Sie darauf, wie Sie reagieren und was die Menschen in Ihrer Umgebung sagen oder tun. (Sie haben sich ja wohl kaum im leeren Raum aufgenommen.) Welche Unterbrechungen geschehen aus purer Grobheit, welche gehen auf schwache Sprachmuster zurück? Stellen Sie bei sich Gewohnheiten fest, die zu den nicht funktionierenden Strategien gehören? Wenn ja, experimentieren Sie doch mit den anderen. Wenn eine davon Ihnen besonders liegt, passen Sie sie Ihrer Arbeitssituation an. Lassen Sie sich dann noch einmal filmen, während Sie Ihre neuen Tricks einsetzen. Wie wirkt das? Natürlich hängt der Erfolg hier nicht vollständig von Ihrem Verhalten ab, aber an den Punkten, die Ihrem Einfluss unterliegen, können Sie viel für sich tun.

Ihre kommunikativen Erfolge gehen allerdings nicht nur auf sprachliche Faktoren wie Grammatik, Wortwahl, Organisation oder Inhalt zurück. Daher werden wir uns im nächsten Kapitel mit einem weiteren wesentlichen Moment beschäftigen: Denn auch unser Körper spricht Bände.

Merksätze

- Sagen Sie, was Sie wollen.
- »Wie man eine Rede nicht hält« – Lassen Sie die Anti-Rezepte in der Schublade.
- Gesehen und gehört werden – das ist der Schlüssel zum Erfolg.
- Liefern Sie sprachlich interessante Beiträge.
- Benutzen Sie ein Skript.
- Achten Sie auf Ihr Timing.
- Schreiben Sie für Hörer, nicht für Leser.
- Seien Sie deutlich präsent.
- Bauen Sie dem Gedächtnis Brücken.
- Erzählen Sie Geschichten.
- Greifen Sie ruhig in die rhetorische Trickkiste.
- Polieren Sie Ihre Metaphern auf.
- Benutzen Sie aussagekräftige Grafiken.
- Beweisen Sie Power im Frage- und Antwortspiel.
- Schlagen Sie Ihr Publikum in Bann.
- Setzen Sie sich und reden Sie wie eine Frau.

7 Die Körpersprache des Erfolgs: Führen ohne Worte

Wenn ein Mann aufsteht und etwas sagt, hört das Publikum ihm zu und nimmt erst danach seine äußere Erscheinung wahr. Wenn eine Frau aufsteht und dasselbe tut, sieht man sie sich zuerst genau an. Und nur wenn ihre äußere Erscheinung überzeugt, hört man ihr zu.

Pauline Frederick

Im letzten Kapitel haben wir die sprachlichen Aspekte Ihres Auftretens behandelt: den Unterschied zwischen geschriebener und gesprochener Sprache, verbale Präsenz und Skripte als Organisationsprinzip für erfolgreiche Reden. Sie wissen, wie man die typischen Schwächen vermeidet und durch starke Strukturen ersetzt. Und Sie haben gelernt, wie Sie in alltäglichen, informellen Redesituationen die Kontrolle behalten und sich Gehör verschaffen.

Jetzt fehlt Ihnen nur noch eines: Wie können Sie schon mit Ihrem Auftreten signalisieren, dass Sie jemand sind, bei dem es sich lohnt zuzuhören? In diesem Kapitel geht es um unsere Körpersprache. Auch hier gibt es nämlich Signale der Schwäche und der Stärke. Wie in den ersten Kapiteln werden Sie lernen, Signale der Schwäche zu vermeiden und sie durch eine positive Ausstrahlung zu ersetzen.

Im vorigen Kapitel habe ich Ihnen vorgeschlagen, sich von einer Freundin während einer Rede vor Publikum und einer »normalen« Besprechung filmen zu lassen. Haben Sie entsprechende Bänder, ist dies der nächste Schritt: Drehen Sie den Ton ab und achten Sie darauf, wie Sie sich bewegen. Nähere Einzelheiten dazu finden Sie in der Rubrik »Praxistipp«.

172

Setzen Sie Signale der Stärke

Mit ihren 25 Jahren kann Maureen Light schon eine beachtliche Erfolgsbilanz vorweisen. Sie ist eine ausgezeichnete Softwareentwicklerin, hat ein sympathisches Wesen und gehört zu den Menschen, »die ihren Beruf lieben«. Sie möchte nun ins Management wechseln, weiß aber, dass sie in puncto Autorität einige Mankos ausgleichen muss, wenn sie auch in diesem Bereich Erfolg haben möchte. Sie ist jung, sehr klein und hat eine ausgesprochen hohe Stimme. Als sie in meinen Workshop kam, wussten wir gar nichts über sie. Der Eindruck, den wir von ihr hatten, hing also nur von ihrer äußeren Erscheinung ab. Und diese sprach leider eine allzu deutliche Sprache: lieb, aber leise. Ihre Freizeitkleidung tat noch ein Übriges dazu: knielange Shorts und eine taillierte Bluse. Die ganze Erscheinung drückte nur eines aus: »Sei lieb zu mir, ich bin schwach, nett, jung, süß ...«

Was war geschehen? Es lag sicher nicht nur an ihrem naiven, pinkfarbenen Nagellack, obwohl gerade dieser perfekt ins Bild passte. Es war vor allem Maureens Körperhaltung, die Bände sprach. Sie hielt den Kopf immer gesenkt, so dass sie zu ihrem Gesprächspartner stets aufsehen musste, auch wenn ihr Gegenüber nicht größer war als sie selbst. Sie saß mit überkreuzten Knöcheln und belastete beim Stehen immer nur ein Bein (Standbein/Spielbein-Haltung). Ihre Schultern hingen leicht nach vorne, und sie lächelte schüchtern. Damit zeigte sie natürlich sämtliche Merkmale einer unterlegenen Körpersprache. Obwohl sie sehr fähig und von gewinnendem Wesen war, würde Maureens Karriere unter diesen Voraussetzungen nicht gerade sprungartig nach oben verlaufen.

Doch ehe Sie Maureen nun reflexartig unter Ihre mütterlichen Fittiche nehmen, sollten Sie noch die Geschichte von Kira Marchenese lesen. Kira hatte zum selben Zeitpunkt gerade ihr erstes Unijahr hinter sich und half in den Sommerferien in meinem Workshop aus. Kira war sehr klein. Sie trug Größe 36. Sie war außerdem um mehrere Jahre jünger als die jüngste Frau in meinem Kurs. Ursprünglich sollte sie Schreibarbeiten

Die Körpersprache des Erfolgs: Führen ohne Worte

erledigen und die Bestellungen fürs Mittagessen aufnehmen. Doch je weiter der Workshop fortschritt, umso intensiver wurde Kira in die Arbeit hineingezogen: Sie leitete Diskussionsgruppen, half einzelnen Personen beim Formulieren ihrer Übungstexte usw. Schließlich begannen die Kursteilnehmerinnen von uns im Plural zu sprechen: »Beide Kursleiterinnen ...«, »Kira und Phyllis« oder »Phyllis und Kira«. Wodurch bald klar wurde, dass die Kursteilnehmerinnen diese zierliche 18-jährige als Lehrerin akzeptiert hatten.

Nachdem mein 55 Jahre altes Ego sich von diesem Schock erholt hatte, fragte ich mich, warum das wohl so war. Allen Karrierestudien zufolge dürfte Kira eigentlich keine Autorität ausstrahlen: Sie hatte keinen Status, war jung, weiblich und noch dazu klein. Wie also kam es, dass alle Teilnehmerinnen sie so bereitwillig als Kursleiterin akzeptiert hatten? War sie die Ausnahme von der Regel? Oder waren hier Regeln am Werk, die wir noch nicht verstehen? Ich glaube, letzteres trifft zu. Wie Charlotte, Richterin Ginsburg und Amelia Earhart ist Kira zierlich. Und wie diese drei schaffte sie es trotzdem, dass man ihr zuhörte. Weshalb? Ganz einfach: Sie benutzte die Sprache des Erfolgs effektiv, und ihre Körperhaltung wies sie als Führungspersönlichkeit aus. Wenn Sie sich geben wie eine Führungskraft und dies auch mit Ihrem Körper signalisieren, wird jeder Sie entsprechend behandeln, gleich wie alt Sie sind und welche Kleidergröße Sie tragen.

Meine Workshops zum Thema Präsentation zielen auf die Ausbildung sprachlicher Fähigkeiten ab. Man lernt dort, wie Reden strukturiert, organisiert und sprachlich umgesetzt werden, also alles, was eine gute Rede ausmacht. Doch als eine meiner Teilnehmerinnen eine Rede vor ihren Kollegen hielt, wurde ich hellhörig. Sie war ordinierte Professorin, daher war klar, dass ihr Vortrag fachlich glänzend recherchiert, ausgezeichnet strukturiert und in klare, einprägsame Worte gefasst war. Doch leider war sie mit Bibliotheken vertrauter als mit dem Podium. Sie hielt dieses Musterstück von einer Rede mit gesenktem Kopf und starrte dabei auf ihren Bleistift, den sie fortwährend in den Fingern drehte. Die Signale ihrer negativen Körpersprache überlagerten die Botschaften ihrer Rede.

Man sieht Sie, bevor man Sie hört

Selbst wenn Ihre Rede optimal aufgebaut ist, dürfen Sie eines nicht vergessen: Bevor Sie Ihr erstes Wort gesprochen haben, hat Ihr Publikum bereits einen visuellen Eindruck von Ihnen gewonnen. Ihre Präsenz, Ihre Haltung, Ihr Gang, Ihre Augen senden eine Botschaft aus. Diese kann lauten: »Dieser Frau hört man zu.« Oder: »Ich bin ja nur ein liebes, nettes Mädchen und leicht neben der Kappe: Es ist in Ordnung, wenn Sie mich übersehen.«

Doch in Wirklichkeit entspricht der Inhalt meist nicht der Verpackung. Hochintelligente, ausgesprochen kompetente Frauen werden häufig als Mäuschen abgestempelt, weil sie mit ihrer Körpersprache die falschen Signale senden. Daher werden Sie jetzt das Geheimnis einer positiven Körpersprache kennen lernen, das letztlich genauso einfach zu erlernen ist wie die verbalen Kniffe der Sprache des Erfolgs.

Der erste Eindruck zählt

Nur weil Sie noch nicht am Rednerpult stehen, heißt das noch lange nicht, dass Sie vom Auditorium nicht wahrgenommen werden. Auf unseren Workshops machen wir auch Videoaufzeichnungen von Teilnehmerinnen, wie sie darauf warten, mit ihrem Redebeitrag an die Reihe zu kommen. Lori Nolan war richtiggehend geschockt, als sie diese Aufnahmen sah. Wenn Lori steht, strahlt sie viel Präsenz aus, da sie sehr groß ist. Als sie wartete, hing sie im Stuhl wie ein Fragezeichen und hatte die Beine weit von sich gestreckt. Ihr Publikum sieht alles: Ob Sie gerade oder lasch sitzen, die Beine geschlossen oder gespreizt haben, nervöse Ticks zeigen oder gelangweilt in die Gegend sehen. Es sieht Sie sitzen, stehen und, sobald Sie sich dem Podium nähern, auch gehen.

Die Körpersprache des Erfolgs: Führen ohne Worte

Praxistipp

Drehen Sie den Ton ab und betrachten Sie den Teil Ihres Videos, der Sie vor der Präsentation zeigt. Können Sie dabei Gewohnheiten feststellen, die Schwäche signalisieren? Versuchen Sie es danach einmal mit Erfolg versprechenden Gesten.

Schwache Körpersprache

- Sie sehen nervös aus.
- Sie spielen mit dem Bleistift oder Ihren Notizen.
- Sie lesen Ihre Rede ab oder murmeln sie vor sich hin.
- Sie rascheln mit Folien herum.
- Sie flüstern Ihrer Nachbarin etwas zu.
- Sie hängen im Stuhl und strecken die Beine von sich.
- Sie schlagen die Beine übereinander und wippen mit der Fußspitze.
- Sie kreuzen die Arme direkt vor der Brust.
- Gesenkter Kopf
- Demütiger, von unten nach oben gerichteter Blick
- Fehlendes oder nervöses Lächeln
- Gesenktes Kinn
- Herabhängende Schultern und Arme
- Verkrampfte Hände
- Gekreuzte Beine oder Füße

Starke Körpersprache

- Sie sitzen gerade und lehnen sich leicht nach vorne.
- Sie hören dem aktuellen Vortrag interessiert zu.
- Sie machen sich Notizen (auf die Sie während Ihres Vortrags vielleicht zurückkommen können).
- Sie stellen die Füße entweder flach auf den Boden oder schlagen die Beine ganz übereinander (nur wenn der Rock dann noch das Knie bedeckt).
- Sie sitzen ruhig da (wenn Sie sich nicht gerade etwas notieren).

Der erste Eindruck zählt

- Sie beobachten das Publikum, um herauszufinden, ob Sie jeder gut sehen und hören kann.
- Sie sehen entspannt aus.
- Sie scheinen das Ganze zu genießen.
- Augenkontakt
- Offenes Lächeln
- Gerade oder nur sehr leicht nach unten führende Kinnlinie
- Lockere Schulterpartie
- Lockere Arme
- Lockere Hände
- Fester Schritt und Stand

Der Gang zum Podium

Es hat etwas Tragisches, wenn man sieht, wie eine angsterfüllte Rednerin zum Podium stolpert: Mit hängenden Schultern und geradezu nachgezogenen Füßen taumelt sie mehr, als sie geht. Den Blick gesenkt, die Hände verkrampft sieht sie so aus, als würde sie sich lieber von Haien fressen lassen, als diesen Vortrag halten. Denken Sie daran: Der Gang zum Podium ist Ihr erster »Action-Shot«, an diesem Punkt nimmt Ihr Publikum Sie zum ersten Mal bewusst wahr. Machen Sie also das Beste daraus. Schreiten Sie munter aus, lassen Sie die Arme natürlich mitschwingen und lächeln Sie, so als würden Sie sich gerade besonders wohl fühlen. Sehen Sie stolz ins Publikum und nicken Sie einzelnen Leuten zu, wenn Sie jemanden erkennen.

Praxistipp

Lassen Sie sich auf Video aufnehmen, während Sie zu einer Rednerbühne gehen, den Gang entlang, die Treppen hoch. Wenn Sie sich dann dieses Band ein paar Mal ansehen, wird es Ihnen leicht fallen, Ihre Schwachpunkte aufzudecken. Das ist zwar nicht gerade angenehm, aber sehr hilfreich.

Die Körpersprache des Erfolgs: Führen ohne Worte

Starke Körpersprache von Kopf bis Fuß

Bevor ich die einzelne Kapitel eines Buches schreibe, setze ich mich intensiv mit der Forschungsliteratur zum Thema auseinander. In diesem Fall las ich die verfügbaren Arbeiten zur geschlechtsspezifischen Körpersprache. Ich sah mir dazu verschiedene Videoaufzeichnungen von erfolgreichen Kursteilnehmerinnen an und besprach mich mit Ron Mix, der bereits erwähnte Filmregisseur, mit dem wir häufig in Bezug auf den körperlichen Ausdruck zusammenarbeiten.

Obwohl die Forschung zu männlicher und weiblicher Körpersprache recht aufschlussreich ist, zog ich die fruchtbarsten Anregungen aus den Videos und den Gesprächen mit Ron. Hier lernte ich, dass und wie wir unsere Haltung verändern können. Meiner Auffassung nach hat es nicht viel Sinn, sich mit Dingen zu beschäftigen, die man nicht ändern kann. Daher beschränke ich mich auf die Punkte, die wir sehr wohl zu unseren Gunsten beeinflussen können.

Praxistipp

Wenn Ihr Video Schwachstellen offenbart, sollten Sie sich diese der Reihe nach vornehmen – jede für sich. Üben Sie vor dem Spiegel oder vor der Videokamera. Bitten Sie eine Freundin, Ihre Übungen aufzuzeichnen. Wenn Sie unschlüssig sind, was Sie verändern sollten, beobachten Sie eine Frau, die Sie bewundern, und versuchen Sie, deren Körpersprache zu kopieren. Kinder ahmen unbewusst die Körpersprache ihrer Eltern nach. Sie können diesen Vorgang der Nachahmung einer Person bewusst steuern.

Jetzt gehen Sie die einzelnen Punkte der Reihe nach durch, beginnend bei der Kopfhaltung.

Starke Körpersprache von Kopf bis Fuß

Kopf hoch!

Die größte Aufmerksamkeit gilt der Kopfhaltung. Wenn Sie diese korrigieren, ändert sich auch Ihr Image. Es gibt verschiedene Kopfhaltungen, die Schwäche signalisieren. Die am weitesten verbreitete ist jene mit dem Kinn auf der Brust und gesenktem Blick, der sich nur hin und wieder mal verstohlen nach oben wendet. Diese Demutshaltung haben Frauen nur zu gut gelernt, und bei jungen sitzt diese Lektion meist noch besonders tief. Der gesenkte Blick bringt es mit sich, dass jedes Nach-oben-Sehen zum Augenaufschlag wird, der Ihnen den berühmten »rehgleichen« Blick verleiht, der ja nicht immer angemessen ist.

Die zweite nachlässige Kopfhaltung ist das Zur-Seite-Neigen. Auch diese Unsicherheit ausstrahlende Haltung findet sich vorwiegend bei Frauen. Der dritte Punkt ist das Zurückstreichen des Haars bzw. das Spielen mit einzelnen Strähnen. Beides wirkt in der Bar mitunter recht gut, auf dem Podium aber schwächt es Ihre Position. Wenn Sie diese drei Punkte unterlassen, sind Sie schon sehr viel weiter. Halten Sie das Kinn ganz leicht nach oben und vermeiden Sie alle überflüssigen Kopfbewegungen.

Augenkontakt

Wir alle haben schon einmal gehört, wie wichtig der so genannte »Augenkontakt« ist. Was aber ist damit gemeint? Einfach nicht auf die Notizen sehen? Die Wand oder Decke anstarren? Oder den Blick ins Leere richten?

Wohl kaum. Augenkontakt ist in der Körpersprache des Erfolgs ein zentraler Punkt. Sehen wir uns das Wort Kontakt doch einmal genauer an. Es besteht aus zwei Teilen: der Vorsilbe »kon«, die soviel heißt wie »mit« oder »zusammen« und dem Wortstamm »takt«, der auf das lateinische *tangere*, also »berühren«, zurückgeht. »Kontakt« heißt also wörtlich »in Berührung kommen«. Augenkontakt bedeutet daher, dass Sie

179

Die Körpersprache des Erfolgs: Führen ohne Worte

das Publikum mit den Augen berühren müssen. Wenn Sie sich dies einmal vor Augen halten, werden Sie es vermutlich auch tun. Die Erfahrung zeigt, dass Sie jemandes Blick einige Sekunden festhalten müssen, um mit ihm tatsächlich in »Kontakt« zu kommen. Für Sie als Rednerin heißt das, dass Sie mindestens die Hälfte Ihrer Zeit ins Publikum sehen und mit mehreren Zuhörern diesen Kontakt herstellen müssen. Diese Menschen sollten über den ganzen Raum verteilt sein. Da wir Frauen gelernt haben, direkten Augenkontakt als aggressiv zu werten (während man Männern gemeinhin beibringt, anderen »geradewegs in die Augen zu sehen«), fällt uns dies eher schwer.

Doch ein erfolgreicher Augenkontakt trägt unmittelbar Früchte. Wenn Sie Menschen tatsächlich mit den Augen berühren, reagieren die meisten mit Wärme und Unterstützung (durch Lächeln, Nicken und andere Gesten). Man signalisiert Ihnen also, wie gut Sie Ihre Botschaft an die Frau (und den Mann) bringen. Achten Sie darauf, auch die seitlich Sitzenden anzusehen, auch wenn dies bedeutet, dass Sie sich ihnen hin und wieder zuwenden müssen. Zuhörer, die Ihre Augen nie zu sehen bekommen, fühlen sich leicht übergangen und reagieren dann negativ auf den Vortrag. Wenn Sie bei Ihren Augenkontakten auf einen Zuhörer treffen, der uninteressiert oder gar feindselig wirkt, geben Sie ihn einfach auf. (Wenn das allerdings auf die gesamte Zuhörerschaft zutrifft, dann haben Sie ein ernstes Problem.) Menschen, die aus irgendwelchen Gründen nicht zuhören können oder wollen, lenken Sie nur ab. Sie sind schließlich Rednerin, keine Masochistin.

Praxistipp

Anders als Ihre Körperhaltung kann Ihre Fähigkeit zum Augenkontakt auf einem Video nicht wirksam überprüft werden. Wenn Sie sich also in dieser Hinsicht verbessern möchten, setzen Sie eine Freundin ins Publikum. In unseren Workshops teilen wir den einzelnen Sprechern je einen Zuhörer zu, der die Art des Augenkontakts testen soll.

Starke Körpersprache von Kopf bis Fuß

Das Gesicht sagt alles – oder nichts

Untersuchungen haben gezeigt, dass Frauengesichter wesentlich ausdrucksvoller sind als Männergesichter. Sie bewegen sich mehr, außerdem lachen und lächeln Frauen häufiger. Für viele Menschen gilt dies als Zeichen von Schwäche. Daher raten sie Frauen meist, das Lächeln sein zu lassen und sich mehr dem männlichen Modell anzugleichen, also nicht allzu viel Bewegung im Gesicht zuzulassen.

Andererseits wissen wir alle, dass wir auf Menschen, die lächeln, positiv reagieren. Und wir wissen, dass Lächeln entspannt und sogar unsere Gesundheit verbessert. Kein Willkommensgruß ist so warm wie ein Lächeln. Woher also diese Diskrepanz in der Beurteilung? Möglicherweise weil wir mit »Lächeln« die verschiedensten Formen der Mimik beschreiben.

Denken Sie doch nur einmal an Ihre eigenen Erfahrungen mit dem Lächeln. Es gibt ein nervöses, ängstliches Lächeln, und es gibt das selbstsichere Lächeln der Frau, der man gehorcht. Ergo? Sie meiden die erste Form und erlernen die zweite. Ein selbstsicheres Lächeln wirkt auf Zuhörer immer anziehend, ob bei Männern oder bei Frauen, und es ist einfach zu lernen. Natürlich muss das Lächeln zum Anlass passen. Wenn Sie eine Gruppe von Mitarbeitern entlassen, ist ein fröhliches Lächeln wohl kaum am Platze. Wenn Sie hingegen dem Vorstand berichten, dass im letzten Jahr eine Milliarde Dollar eingespart werden konnten, ist eine grimmige Miene ebenso falsch.

Ihr Gesichtsausdruck verbindet sich also innig mit dem Rest Ihrer Botschaft. Wenn Sie Erfolg und Selbstsicherheit ausstrahlen wollen, halten Sie den Kopf hoch und lächeln Sie, bevor Sie zu sprechen beginnen und nachdem Sie Ihre Rede beendet haben. Auch das Lächeln ist ein Punkt, in dem sich weibliche von männlicher Kommunikation unterscheidet. Sie sind kein Mann, sondern eine starke Frau. Wie bei der Grammatik des Erfolgs liegt auch hier der Schlüssel in Ihrer Hand: Sie entscheiden, wann ein Lächeln angebracht ist.

Die Körpersprache des Erfolgs: Führen ohne Worte

Praxistipp

Sehen Sie sich Ihr Video an und achten Sie auf Ihr Lächeln. Wie häufig haben Sie gelächelt? Wirkt Ihr Lächeln zuversichtlich und selbstsicher? Passt es zu dem, was Sie in diesem Augenblick sagen? Lächeln Sie zu viel, zu wenig oder zu unterwürfig? Lassen Sie das Video ein zweites Mal ohne Ton durchlaufen und stellen Sie sich dieselben Fragen nochmals.

Den Raum erobern

Ach, würden Sie doch nur den Anweisungen Ihrer Mutter folgen! Halt dich gerade. Schlurf nicht so, geh ordentlich. Zieh den Bauch ein. Halt den Kopf gerade. Eine Frau braucht Ausstrahlung und Würde! Sie hatte ja so Recht. Wissenschaftliche Studien beweisen, dass Frauen sich einfach nicht ihren Raum nehmen. Sie sind wie Veilchen, die im Verborgenen blühen, während Männer ihren Platz in der Welt durchaus beanspruchen. So verschränken Frauen zum Beispiel viel häufiger die Arme vor der Brust und lassen die Schultern hängen, während Männer im Normalfall Arme und Hände offen und locker halten.

Ein besonders dramatisches Beispiel erlebte ich bei einem Management-Training in einer namhaften Firma. Der Boss kam mit seiner ersten Assistentin herein, und beide strahlten zunächst eine ungeheure Sicherheit und Stärke aus. Der erste Eindruck, den man von dieser Frau hatte, war: »Toll! Endlich einmal eine Frau mit Power.« Aber als die Frau dann aufstand, um ihren Boss vorzustellen, verriet sie sich mit ihrer Körpersprache selbst. Sie stand zwischen dem Diaprojektor und der Wand, so dass sie einen deutlichen Schatten warf. Dann schlang sie wahrhaftig die Arme eng um ihren Brustkorb und behielt diese Haltung bis zum Ende ihres Kurzvortrags bei. Niemand erinnert sich heute noch an das, was sie sagte, doch das deutliche Signal, das sie mit ihrem Körper setzte, wird man wohl nicht so schnell vergessen.

Wenn Sie Erfolg und Stärke ausstrahlen möchten, können Sie sich nicht in Ihren Raum zurückziehen, sondern müssen

Starke Körpersprache von Kopf bis Fuß

diesen ausweiten. Öffnen Sie Ihre Handflächen. Lassen Sie Ihre Arme locker. Verkrampfte Hände und Arme zeugen nicht gerade von Selbstbewusstsein. Wenn Sie Folien oder Dias zeigen, stellen Sie sich so, dass Ihr Körper zum Publikum gewendet ist und Sie sich öffnen, wenn Sie auf etwas zeigen wollen. Sind Sie Rechtshänderin, stellen Sie sich so, dass sich die Projektionsfläche rechts von Ihnen befindet, als Linkshänderin umgekehrt. Ein wenig gesunder Menschenverstand kann ja nicht schaden. Jemand, der seine eigenen Präsentationen verdeckt, wirkt dumm, egal was er/sie sonst noch tut oder draufhat.

Weibliche Armhaltungen

Bei einem Essen für Führungskräfte sollten alle anwesenden Frauen sich und ihre Aufgabe mit ein paar Worten vorstellen. Martha Hoffner, deren Posten gerade so unter der »Glasdecke«, das heißt der für Frauen unüberwindbaren Grenze zu den wenigen Top-Posten im Management, angesiedelt ist, sieht sehr viel jünger aus, als sie ist, und hat eine sanfte Stimme. In diesem sanften Ton sagte sie, dass sie ein 50-Millionen-Dollar-Budget managen würde. Doch bei dem Wort »Budget« zuckte sie ganz sachte mit den Schultern. Hätten Sie sich das Video von ihrem Auftritt ohne Ton angesehen, Sie wären nie im Leben darauf gekommen, dass es in diesem Augenblick um Millionensummen ging. Dieses leichte Schulterzucken löschte den Eindruck, den die enormen Zahlen hinterließen, sofort wieder aus.

In meiner Bibliothek findet sich nahezu jedes Buch zum Thema Körpersprache, das in den letzten Jahren erschienen ist. Das Auffälligste daran ist, dass die einzelnen Thesen sich so häufig widersprechen. Andere wiederum laufen unserer persönlichen Erfahrung zuwider. So gilt zum Beispiel das Gestikulieren mit erhobener Faust fast durchweg als aggressive Geste. Und doch gibt es Redner, die sie mit Gewinn einsetzen, wenn sie Kraft und Stärke demonstrieren wollen. Andererseits werden Gesten mit der offenen Hand häufig als Zeichen der

Die Körpersprache des Erfolgs: Führen ohne Worte

Schwäche beschrieben, andererseits berichten mir viele Kursteilnehmerinnen, dass diese als Signale für ein freundliches Einbeziehen des Gegenübers sehr wohl ihre Wirkung tun. Der Grund für diese offensichtlichen Unstimmigkeiten liegt darin, dass Körpersprache genauso kontextabhängig ist wie die Sprache des Wortes. Der Wert einer Geste hängt vom Umfeld ab wie der Wert eines Edelsteins von seiner Fassung. Und trotzdem gibt es Gesten, die eindeutig kontraproduktiv wirken (wie zum Beispiel das Schulterzucken, wenn keine Unsicherheit ausgedrückt werden soll), und solche, die in fast jedem Kontext eine positive Ausstrahlung haben. Welche dies sind, erfahren Sie weiter unten.

Zuallererst nämlich müssen Sie eine Geste lernen, die ebenso einfach wie für jeden Redner unabdingbar ist: die Ruheposition. Ron Mix prägte diesen Begriff, weil er festgestellt hatte, dass überzeugende Redner Arme und Hände nicht unbedingt stark bewegen. Sie lassen sie vielmehr in einer bequemen Stellung ruhen. Wenn Sie ein Rednerpult haben, können Sie dieses benutzen. Legen Sie beide Unterarme darauf ab. Oder legen Sie einen Arm ab, während Sie mit der anderen Hand Ihre Notizen halten. Eine andere Möglichkeit ist, die Arme ruhig hängen zu lassen oder vor dem Körper lose die Hände ineinanderzulegen. Wenn Sie mit einem Pointer oder mit Notizen arbeiten, können Sie diese auch locker in der Hand halten. Es ist egal, was Sie letztendlich als Ruheposition wählen. Wichtig ist, dass Sie dabei entspannt wirken.

Wenn Sie sich ein Repertoire an Hand- bzw. Armgesten erarbeiten, sollten Sie auf folgende zwei Punkte achten. Erstens: Die Geste muss zu Ihren Worten, Ihrer Botschaft und Ihrem Charakter passen. Wenn Sie also über Einsparmaßnahmen im Personalbereich sprechen, tun Sie das besser nicht mit weit geöffneten Armen. Zweitens, die Geste muss natürlich und nicht gestellt wirken. Nancy Henley schreibt in ihrem Buch *Body Politics*: »Gesten sind nonverbale Botschaften, die am besten wirken, wenn sie natürlich und möglichst wenig affektiert sind und mit dem verbalen Inhalt harmonieren.« Daher gilt vor allem eines, gleichgültig, ob Sie jetzt an einer passenden Ruheposition oder an positiver Gestik arbeiten: Seien Sie skep-

Starke Körpersprache von Kopf bis Fuß

tisch. Setzen Sie Ihren gesunden Menschenverstand ein und betrachten Sie sich selbstkritisch – möglichst auf einem Video ohne Ton.

Zehn Gesten, die Ihrem Erfolg entgegenstehen

1. Wenn Sie steif dastehen und die Arme seitlich herunterbaumeln lassen.
2. Wenn Sie beide Arme vor der Brust verschränken bzw. um den Brustkorb schlingen.
3. Wenn Sie sich an das Pult oder den Projektor klammern, so dass Ihre Knöchel weiß hervortreten.
4. Wenn Sie mit Ihrem Haar oder Ihrer Kleidung spielen oder sich ständig ins Gesicht fassen.
5. Wenn Sie die Hände hinter Ihrem Rücken verschränken. (Ron Mix nennt das die »Handschellenposition«.)
6. Wenn Sie Gestik und Worte nicht aufeinander abstimmen.
7. Wenn Sie positive Aussagen machen und mit den Schultern zucken.
8. Wenn Sie unmittelbar nach Ihrem Vortrag oder Kommentar mit den Schultern zucken.
9. Wenn Sie ständig an Ihrer Kleidung herumzupfen.
10. Wenn Sie sich unnötig viel bewegen.

Sechs Gesten, die Ihren Erfolg sichern

1. Nehmen Sie eine bequeme Armhaltung ein.
2. Öffnen Sie Arme und Handflächen (falls Ihre Botschaft dem nicht widerspricht).
3. Begleiten Sie Aufzählungen mit den Fingern (indem Sie zum Beispiel ein, zwei oder drei Finger hochheben).
4. Halten Sie alle zehn Finger locker geöffnet.
5. Führen Sie Ihren Arm vor dem Körper von einer Seite zur anderen, um damit Fortschritt oder Bewegung zu signalisieren.
6. Vermeiden Sie überflüssige Bewegungen.

Die Körpersprache des Erfolgs: Führen ohne Worte

Praxistipp

1. Beobachten Sie eine Frau, die Sie bewundern. Sie kann eine Talkmasterin, eine Politikerin oder Schauspielerin sein, die Kraft und Stärke ausstrahlt.
2. Kopieren Sie die Gesten, die Sie beeindruckt haben.
3. Lassen Sie sich auf Video aufnehmen und sehen Sie sich das Band dann ohne Ton an. Arbeiten Sie aber immer nur an einer Geste, gleichgültig, ob Sie diese nun aus Ihrem Repertoire tilgen oder darin aufnehmen wollen.
4. Arbeiten Sie mit jemandem zusammen, der Sie häufig auf Präsentationen sieht. Bitten Sie ihn oder sie, darauf zu achten, wie Sie Augenkontakt herstellen. Lassen Sie sich ein Feedback geben.

Mit beiden Beinen im Leben stehen

Richtig: Sie wollen doch auf Ihren eigenen Beinen stehen, nicht wahr? Unterschätzen Sie daher niemals die Signalwirkung, die von Bein- und Fußhaltung ausgeht. Ein Ausschnitt aus einer Zeitschrift, den ich mir aufgehoben habe, zeigt zwei Nachrichtensprecher, einen Mann und eine Frau, die sich gegenüberstehen. Er steht in der traditionell männlichen, Stärke ausstrahlenden Pose: die Füße etwa 30 Zentimeter auseinander und flach auf dem Boden. Sie hingegen nimmt die typisch weibliche Flamingo-Pose ein: auf hohen Absätzen und ein Bein nach hinten abgewinkelt. Er steht mit beiden Beinen auf der Erde. Sie sieht aus, als würde sie gleich das Gleichgewicht verlieren. Diese »weiblichen« Posen, die wir als Mädchen und Teenager gelernt haben, verschwinden leider nicht von selbst.

Füße und Beine können auch hinter einem Pult gesehen werden. Und verkrampfte Knie, »verknotete« Knöchel und nervöse Bewegungen zeigen, dass Sie Angst haben. Stellen Sie also Ihre Füße flach auf den Boden, etwa 30 Zentimeter auseinander, so dass Sie gut stehen. Achten Sie auf komfortables Schuhwerk.

Über den Körper hinaus: Ihre Stimme spricht Bände

Was Ihre Stimme verrät

»Nicht trägt des Teufels Köcher einen Pfeil so spitz / wie der Stimme Glanz, der das Herz trifft wie ein Blitz.« Lord Byron könnte mit seinen klangvollen Worten direkt von Charlotte gesprochen haben, unserer kleinen Spinne. Was hatte Charlotte denn für eine Stimme? Tief und dunkel oder stolz und hell? Weder noch. Sie hatte eine »feine Stimme, ... etwas dünn, aber angenehm«. Charlotte hatte also eine Stimme, die man typisierend als »weiblich« bezeichnen könnte. Trotzdem zählte Charlottes Stimme in der Scheune. Wenn sie sprach, hörten alle zu. In unserer Unternehmenskultur allerdings ist das anders. Dort gelten immer noch Charakteristika als ideal, die man gewöhnlich eher Männern zuordnet: sonor, tief, dunkel.

Was also können Sie tun, um Ihre Stimme zu stärken? Nichts. Und das ist auch nicht nötig, außer wenn Ihre Stimme außergewöhnlich quiekig oder schrill ist. Wenn Sie in zu hohen Tönen sprechen, macht das keinen guten Eindruck, aber daran kann man arbeiten, da unsere Stimmlage meist von der Atmung abhängt. Gehen Sie zu einer Sprechtherapeutin, wenn nötig. Achten Sie außerdem auf Sprecherinnen, die Sie schätzen. Zwar gilt allgemein der Grundsatz, dass erfolgreiche Frauen meist eine tiefe Stimme haben, doch ich kann Ihnen aus Erfahrung sagen, dass eine hohe Stimme bei Ihrer Karriere sicher nicht der entscheidende Punkt ist. Wenn Sie sich an die Sprache des Erfolgs halten, werden Ihre Aussagen Mut und Selbstsicherheit ausstrahlen. Dieser Musik lauscht man meist gerne, egal in welchen Tönen sie hervorgebracht wird.

Praxistipp

Haben Sie Ihre Stimme eigentlich jemals bewusst gehört? Nein? Dem sollten Sie abhelfen. Entweder benutzen Sie dazu Ihre Videoaufzeichnung, schalten aber diesmal das Bild weg.

Die Körpersprache des Erfolgs: Führen ohne Worte

Oder Sie sprechen eine Ihrer Reden auf Kassette. Fragen Sie freundlich gesonnene Kollegen und Kolleginnen, wie Ihre Stimme auf sie wirkt. Erst dann sollten Sie entscheiden, ob Sie daran arbeiten möchten. Denn die Tonhöhe zu ändern erfordert viel Übung und kann teuer werden. (Obwohl Sprechtherapien bisweilen von der Krankenkasse bezahlt werden.) Von den Tausenden von Frauen, mit denen ich gearbeitet habe, hatten höchstens drei eine Stimme, die ein tatsächliches Karrierehindernis war und daher eine Therapie erforderte. Wenn Ihre Stimme Sie also tatsächlich behindert, suchen Sie sich eine gute Therapeutin und los geht's. Wenn nicht, freunden Sie sich mit Ihrem persönlichen Klang an und lassen Sie sich nicht unterkriegen.

»Ich komme aus Atlanta?«

Die Tonhöhe ist beim stimmlichen Ausdruck noch lange nicht alles. Mindestens ebenso wichtig ist die Betonung. Gerade junge Frauen neigen dazu, ihre Statements wie Fragen auszusprechen. So hatten wir eines Tages eine Videoschaltung mit zwei jungen Führungskräften aus verschiedenen Städten aufgebaut. Die New Yorker Teilnehmerin fragte die andere: »Aus welcher Stadt rufen Sie an?« Diese antwortete: »Aus Atlanta?« Selbstverständlich wusste die zweite Teilnehmerin ganz genau, wo sie sich aufhielt. Trotzdem klang ihre Antwort wie eine Frage.

Wenn Sie am Ende jedes Satzes mit der Stimme nach oben gehen, wird Ihnen niemand zuhören. Warum auch sollten Sie Aussagen wie Fragen klingen lassen? Unsere Frau aus Atlanta beschloss, diese Gewohnheit abzustellen. Sie vereinbarte mit einer befreundeten Kollegin, dass sie sich gegenseitig aufmerksam machen würden, wenn sie es wieder taten. Sie brauchten etwa eine Woche, dann hatten beide diese unselige Angewohnheit zu den Akten gelegt. Wenn Ihre Betonung aus jedem Ihrer Sätze eine Frage macht, senden Sie damit ungewollt eine sehr klare Botschaft: »Ich weiß nicht, wovon ich spreche. Hören Sie mir am besten gar nicht zu.«

Über den Körper hinaus: Ihre Stimme spricht Bände

Praxistipp

Machen Sie es wie die junge Managerin in Atlanta. Suchen Sie sich eine Kollegin, mit der Sie täglich zusammen sind. Jedes Mal wenn eine von Ihnen einen einfachen Aussagesatz wie eine Frage betont, zwickt die andere sie in den Arm. Sie können auch husten oder etwas anderes tun. Wenn nötig, machen Sie eine Strichliste, so dass Sie einen Überblick bekommen, wie häufig diese Untugend bei Ihnen auftritt. Keine Sorge: Dies ist keineswegs instinktives Verhalten, sondern angelerntes. Das heißt, dass Sie es sich auch wieder abgewöhnen können. Da es Ihrer Karriere mit Sicherheit schadet, sollten Sie es so schnell wie möglich loswerden.

Schneller als der Schall

Superman mag ja schneller fliegen als der Schall, das heißt aber noch lange nicht, dass Sie als Superfrau Ihren Worten den gleichen Drive verleihen müssen. Warum also sprechen viele Frauen so schnell? Die meisten meiner Kursteilnehmerinnen beantworteten diese Frage immer gleich: Sie sprechen schnell (mitunter auch laut), um sich Gehör zu verschaffen. Leider ist dieser Versuch mit Sicherheit zum Scheitern verdammt. Doch da Sie mittlerweile gelernt haben, wie man mit Skripten umgeht und Reden mit einer genau bemessenen Anzahl von Wörtern hält, dürfte Ihnen der Geschwindigkeitscheck nicht mehr schwer fallen. Sie sollten nicht mehr als 100 bis 125 Worte pro Minute einplanen. Das gibt Ihnen ausreichend Zeit für Pausen und die besondere Betonung Ihrer Schwerpunkte.

Praxistipp

Investieren Sie Ihr Geld in eine Stoppuhr mit einer großen digitalen Anzeige. Bitten Sie eine Kollegin oder eine Freundin, Ihre Zeit zu stoppen, während Sie Ihre Rede proben. Wenn Sie bei 100 bis 125 Worten pro Minute angekommen sind, ist Ihr

Die Körpersprache des Erfolgs: Führen ohne Worte

Timing perfekt. Sie werden dadurch immer professioneller. Überschreiten Sie bei aktuellen Präsentationen niemals Ihr Zeitlimit. Wenn auf der Tagesordnung nicht angegeben ist, wie lange Sie sprechen werden, teilen Sie dies Ihrem Publikum gleich zu Anfang mit: »Während der nächsten 15 Minuten ...«

Äh, ähm

Ob Sie zu »Füllseln« wie »äh«, »ähm« oder »mh« neigen, finden Sie am besten heraus, indem Sie Ihr Video oder eine andere Aufnahme von sich bewusst an*hören* und genau auf solche Zwischenlaute achten. Sobald Sie sie bewusst wahrnehmen, ist Ihnen auch schon klar, warum Sie sie in Ihrer Sprache gnadenlos tilgen sollten. Wie Sie das anstellen? Sie üben zu schweigen. Alle Sprechpausen werden nur von Stille erfüllt. Frauen haben meist so viel Angst, unterbrochen zu werden (und dies zu Recht, wie zahlreiche Untersuchungen zeigen), dass sie dem Publikum nicht eine Sekunde Stille gönnen. Doch diese Stille bringt Ihnen zwei handfeste Vorteile: Sie unterstreicht, was Sie eben gesagt haben, und gibt Ihnen Zeit, für Ihren nächsten Satz Sprachstrukturen voller Power zu finden. In unseren Workshops sind Frauen meist schon nach ein oder zwei Tagen Übung mit Videos in der Lage, auf Ähms und Ähs zu verzichten.

Nutzen Sie die Stille zu Ihrem Vorteil

Wie ein Lächeln so kann auch die Stille sehr vieldeutig sein. Sie kann Nervosität und Schwäche ausdrücken oder Stärke und Selbstsicherheit. Wenn ich von Stille spreche, meine ich nicht das ängstliche Schweigen jener, die nicht zu sprechen wagen und ewig warten, bis sie an der Reihe sind. Ich spreche von der machtvollen Pause, die Sie dazu einsetzen, um Ihre Botschaft wirkungsvoll ins Ziel zu bringen. Gute Redner wissen um die Aussagekraft von Pausen. Lassen Sie uns doch einmal sehen, wie Charlotte damit umgeht: »Tag für Tag wartete die Spinne, mit dem Kopf nach unten, auf eine Idee. Stunde um Stunde saß

Über den Körper hinaus: Ihre Stimme spricht Bände

sie bewegungslos da, tief in Gedanken versunken.« Jeff Scott Cook schreibt: »Redner, die ihre Pause ebenso wohl überlegt setzen wie ihre Sätze, werden allgemein geschätzt. Sie gelten als glaubwürdiger und versierter als ihre wortreichen Kollegen, die ohne Atem zu holen von Anfang bis Ende durchreden.« Eine kunstvolle Pause setzt stärkere Akzente als ein lautes Wort, da sie Ihnen und Ihren Zuhörern Zeit zum Nachdenken gibt. Sie dient als Brücke zwischen Ihren Ideen und erhöht die Erwartung. Nur unerfahrene Redner fühlen sich mit der Stille so unwohl, dass sie sie füllen müssen. Natürlich gibt es auch hier wieder kein allgemein gültiges Rezept. Generell gelten aber für Kunstpausen folgende Regeln:

Machen Sie eine Pause

- Bevor Sie anfangen zu sprechen. So ist Ihnen die Aufmerksamkeit Ihrer Zuhörer sicher.
- Immer wenn Sie gerade »äähm« sagen wollten.
- Vor und nach einem wichtigen Punkt
- Zwischen starken Parallelfiguren (»vom Volk ausgehend … durch das Volk … für das Volk«)
- Wenn Sie eine neue Folie auflegen. Dadurch geben Sie Ihren Zuhörern Zeit, sie zu lesen.
- Um einen überflüssigen Ich-Satz zu vermeiden und kurz über das Thema des Satzes nachzudenken.
- Zwischen den einzelnen Sätzen
- Um einem Störer oder einer Gruppe von Störern gelassen in die Augen zu sehen. Auf diese Weise werden sie schnell ruhig.
- Wenn Ihnen Lachen oder Applaus entgegenschlägt. (Lächeln!)
- Wenn jemand anderer spricht.
- Um Ihren Zuhörern Zeit zu geben, sich ein paar Fakten zu notieren.
- Bevor Sie nach Ihrem Vortrag das Podium verlassen.
- Nachdem man Ihnen eine Frage gestellt hat. Denken Sie über die Antwort nach und skizzieren Sie diese kurz auf Ihrem Block.

Die Körpersprache des Erfolgs: Führen ohne Worte

- Wenn Sie nach Ihrem Vortrag noch Raum für Fragen lassen möchten.
- Immer wenn in Ihrem Skript ein Pausenzeichen auftaucht.

Praxistipp

Sehen Sie sich Ihr Video an. Wie viele Pausen machen Sie? Wenn Sie jede Sekunde Ihres Vortrags füllen, üben Sie das Pausen-Machen wie oben beschrieben.

Strategien für Sicherheit und Selbstvertrauen

»Ich habe einfach kein Selbstvertrauen.« »Ich habe Angst, dass ich vor all den Menschen eine schlechte Figur abgebe.«»Ich werde so unsicher, dass ich völlig den Faden verliere.« »Ich schreibe alle Reden für meinen Chef, aber ich selbst könnte da nie hochgehen und reden.« Wenn es darum geht, vor Publikum zu sprechen, fällt mir immer Franklin D. Roosevelt ein, der einmal sagte: »Alles, was wir zu fürchten haben, sind wir selbst.« Die Frauen, von denen die oben stehenden Äußerungen stammen, haben eines gemeinsam: Sie sind begabte Rednerinnen, wenn es nur um kleine Gruppen geht. Doch sobald man sie auf das Podium stellt und sie mit einer anonymen Masse konfrontiert, erstarren sie zur Salzsäule. Oder sie nehmen Zuflucht zu verzweifelten Gesten des Selbstschutzes. Eine Kursteilnehmerin verließ einmal fluchtartig einen meiner Rhetorik-Workshop, nur weil sie nicht auf Video aufgenommen werden wollte.

Frauen haben Angst vor der Angst. Wir erleben Stress in erster Linie als Bedrohung. Wir wollen unsere »Fehler« nicht gern vor aller Öffentlichkeit ausbreiten. Natürlich gilt dies auch für manche Männer, aber bisher hat noch kein Mann einen meiner Workshops verlassen. Der weibliche Erfahrungsschatz bereitet uns nur ungenügend auf die komplexen Anforderungen des Redens vor Publikum vor: Normalerweise leben

Strategien für Sicherheit und Selbstvertrauen

wir die Rolle der »grauen Eminenz«, der Macht hinter dem Thron. Wir sind gewohnt zu helfen, zu unterstützen, aber uns selbst auf den Thron zu setzen – Gott bewahre! Diese Vorstellung ängstigt uns. Eleanor Roosevelt aber gibt uns folgenden Rat mit auf den Weg: »Jedes Mal, wenn du der Angst ins Gesicht schaust, wirst du stärker. Du wirst mutiger und sicherer … Du musst genau das tun, wovor du dich fürchtest.«

Wenden wir uns also dem Thema »Selbstvertrauen« zu. Immerhin finde ich in meiner Post kiloweise Prospekte, die mir Seminare und Wochenendkurse zum Thema anbieten. Mir entlocken diese marktschreierischen Blättchen meist ein herzhaftes Lachen. Man kann leider keinen Kurs in Selbstvertrauen machen. Sie können diese innere Haltung nicht lernen wie eine Sprache. Tatsächlich gibt es nur zwei wirklich sichere Wege zu mehr Selbstvertrauen: Erfolg oder der Erwerb neuer Fähigkeiten. Wenn Sie etwas gelernt haben, das Sie vorher nicht konnten, sind Sie selbstsicherer als zuvor. Wenn Sie Erfolg haben, hebt auch dies das Vertrauen, das Sie in sich selbst setzen.

Amelia Earhart stichelte einmal: »Hamlet wäre ein miserabler Flieger. Er macht sich viel zu viele Sorgen.« Es gibt Menschen, die bereits als Kinder relativ selbstsicher wirken. Andere, wie Hamlet beispielsweise, sorgen sich zu viel. Die Frage ist daher berechtigt, ob diese Fähigkeit nun angeboren ist, und wenn nicht, ob sie mehr von unseren Erfahrungen oder unserer Erziehung abhängt. Leider gibt es darauf keine schlüssige Antwort. Das Gute daran ist, dass dies letztlich auch nicht zählt. Sie als Erfolgsfrau müssen ohnehin lernen, wie Sie Ihre Furcht überwinden und der Welt sicher und mutig entgegentreten können. Dieser Mut wird sich dann auch in Ihrem Auftreten niederschlagen. Ossie Borosh ist Konzertpianistin. Sie erzählte bei einem Workshop, dass bei der Ausbildung am Konservatorium nicht nur das Spiel selbst im Mittelpunkt stand. Eingeübt wurden auch Gesten, die Sicherheit und Stärke ausstrahlen sollten. Denn ein guter Auftritt besteht eben nicht nur aus vollkommenem Spiel. Doch Ossie berichtete ebenso, dass sie dieses Wissen immer nur dann in die Tat umsetzen konnte, wenn sie sich musikalisch sicher fühlte. Unsere

Die Körpersprache des Erfolgs: Führen ohne Worte

Gestik beeinflusst also unsere Haltung genauso wie umgekehrt.

Wie können wir dann der Haltung der Unsicherheit entkommen, die wir lange Jahre eingeübt haben? Am wichtigsten ist wohl, dass wir lernen, Nervosität, Angst und Stress zu akzeptieren, sie als unsere Helfer und Helferinnen willkommen zu heißen. Ich zum Beispiel mag es, wenn ich ängstlich und gestresst bin: Ein bisschen Angststress regt meine Kreativität an (wenn er nicht zur Panik wird). Auch andere erfolgreiche Frauen mögen Stress. Stress ist aufregend. Ihr Körper sendet Ihnen machtvolle Signale, weil er sich auf eine außergewöhnliche Erfahrung vorbereitet. Wenn ein vollkommen entspannter Sprecher Sie je so gelangweilt hat, wie mir das schon geschehen ist, werden Sie sofort verstehen, was ich meine. So wollen wir nicht sein! Wie also können Sie in die Tat umsetzen, was Martina Navratilova kurz und bündig beschreibt: »Und dann gehst du einfach raus und machst deinen Job«?

Strategie 1: Was kann denn schon passieren?

Fragen Sie sich selbst, was geschehen kann, wenn Ihr Vortrag kein Erfolg wird. Was kann passieren, wenn diese Präsentation schief läuft? Listen Sie alle Konsequenzen auf. Werden Sie Ihren Job verlieren? Werden Sie dann beim nächsten Mal nicht befördert? Wird Ihr Kunde Sie auslachen? Werden Sie sich miserabel fühlen? Sie werden feststellen, dass die Konsequenzen eines Flops meist doch recht überschaubar sind. Denn Sie könnten Ihren Job auch verlieren, wenn der Vortrag ein Erfolg wird. Sie könnten die nächste Beförderung so und so verpassen. Nur wenige Kunden lachen über Verkäufer. Sie haben Wichtigeres zu tun. Was das Gefühl angeht: Sie fühlen sich ohnehin schon miserabel, weil Sie diesen Vortrag halten müssen, egal ob er nun ein Top oder Flop wird. Wenn Sie mit einem Misserfolg den Tod oder eine schwere Krankheit riskieren, würde ich Ihnen empfehlen, diesen Vortrag sein zu lassen. Allerdings ist das ziemlich unwahrscheinlich. Nur sehr wenige Büros besitzen voll funktionsfähige Guillotinen.

Strategien für Sicherheit und Selbstvertrauen

Diese Technik hat vielen meiner Klientinnen und Klienten geholfen. Sie eroberten damit nicht nur den Mut zum Fehler, sondern auch den Mut zu neuen Taten auf allen möglichen Gebieten. Die Angst vor dem Versagen ist wirklich viel schlimmer als das Versagen selbst.

Strategie 2: Lachen Sie über sich selbst

Ja, Sie haben richtig gehört. Menschen, die über sich selbst lachen können, vergessen ihr Lampenfieber gewöhnlich völlig. Die Schwierigkeiten, die Ihnen auf der Rednerbühne so begegnen, haben nämlich durchaus ihre komische Seite: Sie stolpern. Ihre Strümpfe rutschen. Sie vergessen die Pointe. Ihr Skript ist in einer anderen Stadt. Sie wollten einen Diaprojektor und haben stattdessen einen Folienprojektor bekommen. Sie sind an einem völlig falschen Platz. Und wo Sie jetzt sein sollten, herrscht gähnende Leere. Wenn Sie erst einmal erkennen, wie komisch diese scheinbar ausweglosen Lagen sind, kommt Ihre Kreativität zum Vorschein und Sie können das Beste daraus machen. Sie haben mehr Chancen, das Publikum für sich zu gewinnen, wenn Sie nicht agieren wie ein verängstigter Hase. Denn wie Dame Margot Fonteyn, die berühmte Balletttänzerin, einmal sagte: »Nehmen Sie Ihre Arbeit ernst, aber nicht sich selbst.«

In meiner Zeit als bekannte Rhetorikerin habe ich jedes der oben beschriebenen Desaster am eigenen Leib erlebt – und noch ein paar andere Episoden, die ich hier lieber nicht erwähne. Einmal zum Beispiel sollte ich ein Seminar an einem Graduiertenkolleg halten. Da die Studenten dort noch wenig Ahnung vom Arbeitsleben hatten, betonte ich stark den Wert von Professionalität und tadellosem Auftreten. Der Raum war klein und stickig, also zog ich meinen Blazer aus und legte ihn zur Seite. Später auf der Toilette bemerkte ich, dass ich meinen Pulli verkehrt herum trug. Da hatte ich mich also selbst zum Witz gemacht – und musste lachen. Es war komisch, nicht tragisch – und zeigte letztlich, dass auch ich nur ein Mensch bin.

Die Körpersprache des Erfolgs: Führen ohne Worte

Strategie 3: Tief durchatmen

Atmen Sie erst einmal tief durch. Wenn wir nervös sind, neigen wir dazu, oberflächlich zu atmen, wodurch weniger Sauerstoff in unser Blut gelangt. Das aber verstärkt die Angst. Konzentrieren Sie sich auf ein ruhiges, tiefes Atmen. So beugen Sie Panikreaktionen vor und verschaffen sich den so dringend benötigten Sauerstoff. Wenn Sie damit nicht viel anfangen können, besuchen Sie einen Yogakurs oder fragen Sie, ob Sie einmal bei einem Kurs zur natürlichen Geburtsvorbereitung dabei sein dürfen. In Yoga und Meditation sowie bei natürlicher Geburtsvorbereitung spielt tiefes Atmen eine wichtige Rolle.

Strategie 4: Niemand ist vollkommen

Perfektion wird maßlos überschätzt. Sie ist unmöglich zu erreichen, doch der Drang nach Vollkommenheit macht Ihre Präsentation zu einem Drama. Die Bildhauerin Louise Nevelson schrieb dazu: »Ich wollte nie perfekt sein – ich hasse das Wort. Es klingt so arrogant.« Die Menschen, denen alles, was nicht vollkommen ist, unter ihrer Würde erscheint, schaffen meist recht wenig im Leben. Schlimmer noch: Für einige ist Perfektionismus die »perfekte« Entschuldigung dafür, dass sie erst gar nicht versuchen, etwas auf die Beine zu stellen. Fehlschläge sind in Ordnung. Schließlich können wir nur aus Fehlern lernen. Jede erfolgreiche Frau kann Ihnen eine lange Liste von Fehlern zeigen, die sie gemacht hat. Sie wird Ihnen aber auch mitteilen, was sie daraus gelernt hat. Das bedeutet natürlich nicht, dass Sie weniger geben könnten als Ihr Bestes. Doch Ihr Bestes muss nicht perfekt sein. Lassen Sie die Vorstellung von der Vollkommenheit einfach sausen. Bereiten Sie sich vor. Proben Sie, bis alles sitzt. Und dann tun Sie Ihr Bestes.

Stark auch im Sitzen

Bisher haben wir uns mit den nonverbalen Aspekten der offiziellen Rede, also des Vortrags im Stehen, beschäftigt. Doch alles, was wir gesagt haben, gilt genauso für die informelle Situation, die wir in ganz simplen Besprechungen vorfinden. Normalerweise verlaufen diese etwas besser, da Frauen in diesem eher formlosen Umfeld nicht so viel Angst haben. Doch genau diese Formlosigkeit verführt uns häufig dazu, die Bedeutung der alltäglichen Besprechungen zu unterschätzen. Das Video von dem Meeting zeigt, welchen Eindruck Sie machen, wenn Sie sich nicht im Rampenlicht fühlen. Sitzen Sie mit krummem Rücken? Malen Sie Männchen aufs Papier statt der Diskussion zu folgen? »Schwätzen« Sie mit Ihren Nachbarn? Oder sitzen Sie gerade da, leicht nach vorne geneigt, Hände und Arme bequem auf den Stuhllehnen oder einen Bleistift in der Hand? Schenken Sie dem Sprecher Ihre volle Aufmerksamkeit? Bereiten Sie sich vor, wenn die Reihe an Sie kommt? Wissen Sie, was Sie sagen wollen, bevor Sie den Mund öffnen? Bezeugen Sie Ihrem Vorgänger oder Ihrer Vorgängerin Respekt, indem Sie kurz auf das eingehen, was vorher gesagt wurde? Wenn ja, dann ist Ihre Chance groß, dass die anderen Ihnen denselben Respekt bezeugen. Höflichkeit wirkt modellbildend, vor allem bei Frauen in Führungspositionen. Achten Sie also genau darauf, was Sie tun, wenn Sie an einem eher formlosen Meeting teilnehmen.

Bis hierher haben wir uns fast ausschließlich um den sprachlichen Aspekt des Erfolgs gekümmert, auch wenn wir mit der Körpersprache den rein verbalen Bereich bereits hinter uns gelassen haben. Ihr Charisma und Ihre Präsenz hängen jedoch ebenso von Ihrer Art ab, sich zu kleiden. Daher beschäftigt sich das nächste Kapitel mit der Frage, wie Kleider Leute (also auch erfolgreiche Frauen) machen.

Die Körpersprache des Erfolgs: Führen ohne Worte

 ## Merksätze

- Lernen Sie die Körpersprache des Erfolgs
- Der erste Eindruck zählt – zu Ihren Gunsten.
- Mit starken Schritten zur Rednertribüne.
- Kopf hoch!
- Augenkontakt heißt Berührung.
- Lächeln Sie Ihr starkes Lächeln.
- Suchen Sie sich eine bequeme Ruheposition.
- Graziöse Gesten sagen viel.
- Stehen Sie sicher auf beiden Beinen.
- Lassen Sie den Fragegestus sein.
- Machen Sie Pausen.
- »Äh« ist ein beliebter Karrierekiller.
- Stellen Sie sich vor, Sie scheitern.
- Lachen Sie.
- Atmen Sie tief durch.
- Niemand ist perfekt.
- Seien Sie auch im Sitzen stark.

Spielen Sie Ihre Rolle mit Stil

8

Ich erinnere mich, dass ich als Kind immer gedacht habe, Frau Brady aus der Fernsehserie »Die Bradys« wäre viel besser dran, wenn sie beim Staubsaugen nicht immer hohe Absätze tragen müsste.

Molly Ivins

In diesem Buch geht es um Sprache, Ansehen und Erfolg. Was aber hat all das mit Mode und Stil zu tun? Die Dozentin Naomi Wolf hat wohl Recht, wenn sie sagt: »Ich habe zwei Jahre meines Lebens nur in Bibliotheken zugebracht, um mein Buch mit über 600 Fußnoten zu versehen. Ich habe diese Fußnoten ja nicht mit meiner Frisur geschrieben.« Und doch weiß jeder, der die Arbeitswelt kennt, dass auch der persönliche Stil eine eigene Sprache ist, dass es auch hier eine Sprache des Erfolgs gibt. Diese Sprache hängt stark von Ihrer Stellung in der Gesellschaft ab.

Einer der Nebenaspekte in dem berühmten Prozess um den Boxer O. J. Simpson als Mordverdächtigem war die langsame Verwandlung von Marcia Clarke, einer der Staatsanwältinnen. Die *New York Times* beschreibt, wie Marcias Auftreten allmählich auf den Fall und ihre plötzliche Berühmtheit abgestimmt wurde: »Die ersten Zeichen waren kürzeres Haar und ein besserer Haarschnitt, der ihrem Gesicht einen sanften Rahmen verlieh. Die Farben ihrer Kleidung änderten sich, wurden wärmer und heller, die Stoffe weicher. Außerdem trug sie wesentlich mehr Schmuck.«

Was einen typgerechten Stil ausmacht, ist leider nur schwer zu beschreiben. Da er aber ein gewichtiges Moment auf Ihrem Weg zum Erfolg darstellt, werden wir zumindest versuchen, Ihnen hier ein paar Tipps zu geben.

Für guten Stil gibt es keine allgemein gültigen Regeln. Die einzige Empfehlung, der ich mich ohne Zögern anschließen würde, ist die, »beim Staubsaugen keine hohen Absätze zu tragen«, also die eigene Kleidung der Situation anzupassen. Im Gegensatz zu dem, was die meisten »Dress for Success«-Ratgeber nahe legen, können Sie im Berufsleben sehr wohl einen persönlichen Stil pflegen, solange dieser innerhalb der Grenzen des guten Geschmacks bleibt und der Situation angemessen ist. Außerdem: Je sicherer, talentierter, stärker und begabter Sie sich fühlen, umso leichter wird Ihnen die Entscheidung fallen, welche Regeln Sie befolgen und welche Sie übertreten wollen.

Viele Frauen fühlen sich von diesem Thema abgestoßen. Eine mir bekannte Ingenieurin sagte einmal: »Ich bin, wie ich bin. Was für eine Bedeutung hat es, wie ich mein Haar trage und wie lang meine Röcke sind?« Nun, in einer vollkommenen Welt mag dies zutreffen. Doch wir leben nicht nur in einer unvollkommenen Welt, sondern kämpfen auch noch mit der Bereitschaft unserer Mitmenschen, Frauen auf Grund ihrer Erscheinung als frivol oder unbedeutend abzutun.

Beruf ist Theater: Was passt zu Ihrer Rolle?

Stellen Sie sich Ihr Berufsleben als Bühne vor. Dann fällt es Ihnen leichter, zu begreifen, wie Ihre Rolle Ihre Kleidung bestimmt. Eine Schauspielerin würde als Lady Macbeth auch nicht dasselbe Kleid tragen wie als Vorsitzende der Nationalen Künstlervereinigung. Das bedeutet noch lange nicht, dass sie sich zum Sklaven von Modediktaten macht. Sie ist nur gut in ihrem Beruf und weiß, wie sie dieses Faktum durch die Wahl der richtigen Kleidung zum Ausdruck bringt.

Auch Renée Fleur ist so eine geschickte Schauspielerin, die in ihren wesentlichen Rollen völlig unterschiedliche Kleidung braucht. Tagsüber lehrt diese hochklassige Linguistin Englisch für japanische Führungskräfte. Nachts hingegen ist sie als Bauchtänzerin auf verschiedenen Partys und in Restaurants gern gesehen. Obwohl die Anforderungen, die diese beiden Jobs an Renée stellen, stilistisch nicht unterschiedlicher sein

Beruf ist Theater: Was passt zu Ihrer Rolle?

könnten, zeigt dieses Beispiel doch ganz gut, worum es eigentlich geht: Wir alle tragen im Beruf eine Art Kostüm. Und dieses Kostüm muss passen. Stellen Sie sich vor, Renée würde barfuß und mit schillernd bunten Seidentüchern zum Englisch-Unterricht erscheinen. Nicht auszudenken! Wenn wir also die Tatsache akzeptieren, dass unsere Berufswelt dem Theater ähnelt, stellt sich doch die Frage, welche Art von Outfit uns hilft, unsere Rolle mit Bravour zu spielen. Wie weit müssen wir uns dabei anpassen? Dabei helfen uns Bücher über guten Stil meist weniger als unser gesunder Menschenverstand, ein kritisches Auge und eine Freundin, Kollegin oder erfahrene Verkäuferin, der wir das Umfeld beschreiben können. Ich habe das Glück, mit Marlene Maggio zusammenzuarbeiten, einer Stilberaterin, die Frauen im Beruf hilft, ihren eigenen Typ zu finden. Marlene geht mit ihren Klientinnen jeden einzelnen Punkt durch – von Kopf bis Fuß. Sie hat schon aus vielen Business-Entchen strahlende, erfolgreiche Schwäne gemacht. Die folgenden Hinweise beruhen auf ihren Ideen.

Frisur

»Wenn niemand merkt, was Sie für eine Frisur haben, ist sie genau richtig. Die Kunst ist, das Haar so zu stylen, dass es sich einfach in Ihr Erscheinungsbild fügt.« Dieser Ausspruch stammt von Paul Lyons, der sich um den »Kopfschmuck« vieler erfolgreicher Frauen in New York kümmert. Eine gute Frisur ist sozusagen unsichtbar: Sie zieht die Blicke nicht auf sich, sondern verschmilzt so perfekt mit Ihrem Stil, dass niemand Ihr Haar bemerkt. Wenn Sie ein modischer Typ sind, wird auch Ihre Frisur der letzte Schrei sein. Sind Sie eher konservativ, ist Ihr Stil schlicht und beständig.

Eine funktionierende Frisur ist simpel, klar und natürlich. Sie verlangt außerdem wenig Zeit. Ihre Zeit ist schließlich kostbar, und Sie wollen sie nicht beim Friseur verschwenden. Wie bei allem anderen, so ist auch hier von zentraler Bedeutung, dass Sie Ihr Haar unter Kontrolle haben. Wenn Sie dau-

Spielen Sie Ihre Rolle mit Stil

ernd den Kopf schütteln müssen, um irgendwelche Strähnen aus dem Gesicht zu schleudern, hinterlässt dies einen sehr mageren Eindruck. Das Gleiche gilt für Frisuren, die ununterbrochenes Kämmen oder Zurecht-Streichen verlangen. Ungekämmtes, grellfarbiges, zu langes und struppiges Haar mit intensivem Geruch nach Haarspray verbietet sich von selbst.

Innerhalb dieser Grundprinzipien aber können Sie mit Ihrem Haar machen, was Sie wollen. Unterstreichen Sie ruhig Ihre ethnische Identität. Es sieht toll aus, wenn – wie teilweise in den Vereinigten Staaten anzutreffen – geschäftlich erfolgreiche schwarze Frauen einen gepflegten Afrolook tragen. Lassen Sie sich einen Bubikopf schneiden oder tragen Sie Ihr Haar lang und glatt, wenn Sie wollen. Wichtig ist, dass Sie sich mit Ihrem Kopf wohl fühlen, ob Ihre Haare nun wellig, glatt, kurz oder lang sind, und dass Sie nicht allzu viel Zeit aufwenden müssen.

All dies gilt natürlich nur, wenn Sie auf dem Weg nach oben sind. Sind Sie dort erst einmal angekommen, können Sie so ziemlich tun und lassen, was Sie wollen.

Duft

Duft ist eine machtvolle Sprache ohne Worte. Er kann sexy wirken, subtil, neutral oder aufdringlich. Trotzdem spricht man kaum darüber, wie jemand »riecht«. Obwohl ich so viel herumkomme, habe ich im Geschäftsleben nur einmal jemanden getroffen, der wirklich »ungewaschen« roch (und aussah). Das bedeutet aber noch lange nicht, dass jede Frau gut riecht. Bei Einzelsitzungen haben ich und mein Mitarbeiterstab immer wieder abstoßend starke »Düfte« bemerkt, doch diese kamen nicht – wie man vielleicht annehmen möchte – von zu geringer Waschtätigkeit.

Das Problem ist, dass heutzutage fast sämtliche Kosmetikprodukte in irgendeiner Weise parfümiert sind. Es kann also durchaus passieren, dass man als Frau sich mit einem Apfelblütenshampoo die Haare wäscht, die Haut mit Rosenpuder

Beruf ist Theater: Was passt zu Ihrer Rolle?

glättet, ein »Veilchen«-Deo benutzt und dann vielleicht noch drei bis vier Kosmetika aufträgt, die ebenfalls duften. Manchmal haben auch Diäten einen seltsamen Einfluss auf unseren Körpergeruch. Wenn die Frau aus einer Kultur kommt, in der man nicht mehrmals am Tag sprüht, pudert und eincremt bzw. seine Kleider nicht täglich wechselt, nehmen wir dies ebenfalls als Körpergeruch wahr.

Lässt sich aus all dem ein griffiger Hinweis ableiten? Doch, einige Tipps gibt es, die immer wirken. Erstens: Achten Sie darauf, ob Sie vollkommen anders riechen als die Menschen, mit denen Sie arbeiten. Zweitens: Besorgen Sie sich einige Körperpflegeprodukte, die frei von Parfümstoffen sind. Drittens: Wenn Sie Parfüm tragen, tragen Sie immer nur eines. Kommen Sie aus einem anderen Kulturkreis, fragen Sie eine gute Freundin, ob Sie in irgendeiner Form »anders« riechen. (Niemand wird Ihnen diese Information freiwillig geben!)

Figur

In einer Vorlesung am Genesco College sprach Naomi Wolf über die Tatsache, dass Hochglanzmagazine Frauen über Kleidergröße 44 gar nicht abbilden, gleichgültig, wie wichtig sie sein mögen. Die Bilder in Fernsehen oder Zeitschriften haben auch in vielen anderen Punkten mit realen Frauen nicht das Geringste gemein. Ich habe in meinen Workshops und Seminaren für weibliche Führungskräfte eine Menge berufstätiger Frauen gesehen. Sie waren entweder klein oder groß, dick oder dünn, schmal oder breit, auffallend oder unauffällig.

Eines allerdings kann ich Ihnen mit absoluter Sicherheit sagen: Eine wie auch immer geartete Verbindung zwischen Figur und Erfolg ist nicht zu erkennen. Die Richterin Ginsburg ist klein und schmal, die Generalstaatsanwältin Janet Reno ist groß und breit. Ihre Kleidergröße wird nur dann zum Problem, wenn Sie sie als solches einschätzen, wenn sie so weit von der Norm abweicht, dass sie Aufsehen erregt, oder wenn Sie sich so kleiden, dass Ihre Figur jedem sofort ins Auge fällt.

Gesicht

Make-up oder kein Make-up – das ist hier die Frage. Sie können natürlich beschließen, kein Make-up zu tragen. Männer tun es nicht, warum also sollten Frauen sich schminken? Wenn Sie sich gegen dekorative Kosmetik und für Ihre natürliche Schönheit entscheiden, haben Sie dabei einige der hübschesten Frauen unserer Zeit hinter sich. Lassen Sie sich von den Frauenmagazinen nicht täuschen: Viele erfolgreiche Managerinnen, Wissenschaftlerinnen, Anwältinnen, Ingenieurinnen und Sekretärinnen tragen kein Make-up. Besser gar kein Make-up als ein schlechtes.

Wenn Sie allerdings dekorative Kosmetik verwenden, sollten Sie auf ein paar typische Fallstricke achten. Was ist der schlimmste Fehler beim Gebrauch von Make-up? Richtig, zu viel davon. Übermäßiger Gebrauch von Make-up wirkt billig und abstoßend. Wie eine erfolgreiche Frisur sollte ein gutes Make-up vor allem eins sein: unsichtbar.

Andererseits kann Make-up viel für Sie tun. Es hebt Ihre starken Seiten hervor und lässt die schwachen verschwinden. Haben Sie zum Beispiel mit geplatzten Äderchen oder Augenringen zu kämpfen, so genügt ein wenig Abdeckcreme und das Problem ist keines mehr. Dies spart mitunter teure Behandlungen bei der Kosmetikerin oder gar beim Chirurgen. Ein wenig Feuchtigkeitscreme hält die Haut klar und frisch und verhindert, dass sie rissig wird. Eine leichte Grundierungs- oder eine getönte Tagescreme lassen Ihre Haut gleichmäßiger aussehen. Wenn Sie eher blass sind, tupfen Sie doch ein wenig Rouge auf die Wangenknochen. Und Ihre schönen Augen können Sie mit einem Hauch (!) von Lidschatten oder ein wenig Eyeliner betonen.

Lassen Sie sich dabei nicht von den Verkäuferinnen in den Kosmetikabteilungen beirren. Holen Sie sich ein paar Proben und bitten Sie Ihre Freundin um ein kritisches Urteil. Man kann Tausende von Mark ausgeben für Kosmetika, die vor dem Spiegel der Parfümerie fantastisch aussehen und die man zu Hause dann doch nie benutzt. Wenn Sie nicht genau wissen,

Beruf ist Theater: Was passt zu Ihrer Rolle?

wie Sie sich schminken sollen, konsultieren Sie doch einmal eine Typberaterin. Sie verrät Ihnen, welche Farben Ihnen stehen und wie Sie Ihr Gesicht schnell zurechtmachen können.

Kleidung

Ob Sie Make-up benutzen oder nicht, liegt allein bei Ihnen. Bei Kleidung ist das anders. Anziehen müssen Sie sich (außer Sie tragen Uniform) und daher sollten Sie Ihrer Kleidung die größtmögliche Aufmerksamkeit widmen. Es kann Sie teuer zu stehen kommen, wenn Sie jedem Modetrend folgen. Es kann aber genauso teuer sein, dies nicht zu tun. Die Zeiten, in denen Frauen wie die Lemminge den Trends nachliefen und jedes Jahr kauften, was gerade angesagt war, ob es ihnen nun schmeichelte oder nicht, sind lange vorüber. Das viele Geld, das wir in Hotpants, kurze Röcke, knalliges Polyester und klobige Plateau-Schuhe gesteckt haben, hätten wir auch sinnvoll in eine klassische Garderobe investieren können, die heute noch genauso aktuell wäre wie vor zehn Jahren. Natürlich ist es auch witzig, einmal diesen oder jenen Modeartikel zu kaufen. Nur sollten Sie nicht zu viel Geld dafür ausgeben, da Trends ihrer Natur nach kurzlebig sind. Die Beraterin Marlene Maggio drückt es so aus: »Der Trend fühlt den Puls der Zeit. Klassik aber ist zeitlos.«

Vor etwa fünf Jahren kam eine frisch gebackene Unternehmerin zu mir. Sie suchte Rat bei der Vermarktung ihres Computer-Schulungszentrums. Ihre Ansprechpartner waren in erster Linie große Firmen, denen sie anbot, ihr Personal auf diversen Softwaresystemen zu schulen. Innerhalb weniger Minuten war mir klar, dass dies nicht gut gehen konnte. Obwohl ihre potenziellen Kunden Manager und Managerinnen bedeutender Unternehmen waren, hatte ihre Garderobe den Anschein des Billigen. Sie trug ein hellblaues, schlecht geschnittenes Polyesterkostüm, eine glänzende Bluse, lange, klingelnde Ohrringe und dunkle, undurchsichtige Strümpfe zu hochhackigen weißen Schuhen. All dies vermittelte einfach die falsche Botschaft. Der erste Rat, den wir ihr gaben, war, sich im

Spielen Sie Ihre Rolle mit Stil

besten Laden am Platz an die Verkäuferin zu wenden und ein dunkles, gut geschnittenes Kostüm zu erwerben, drei weiße oder cremefarbene Seidenblusen, ein Paar flache Pumps und Strümpfe in einer passenden Farbe. Sie hatte mehrere Hunderttausend Dollar für ihre Computerausrüstung ausgegeben und hatte versäumt, auch an sich selbst zu denken. Doch Ihre Garderobe ist ein Teil Ihrer Geschäftsinvestitionen.

Braucht man eine Typberatung, um die eigene Garderobe zusammenzustellen? Natürlich nicht. Es gibt Frauen, die ein absolut sicheres Gespür dafür haben, was ihnen steht. Sie können ihre Garderobe natürlich ohne weiteres im Kaufhaus oder beim Schlussverkauf erstehen. Unsere Klientin allerdings hatte lange genug mit Führungskräften zu tun gehabt, ohne den Unterschied im Outfit zu erkennen. Aus diesem Grund rieten wir ihr, professionelle Hilfe in Anspruch zu nehmen.

Auch Cindy Singer hatte ein ähnliches Problem. Cindy hatte in ihrer Firma als Bürohilfe in der Aktenverwaltung angefangen und sich dann langsam zur rechten Hand der zweiten Vorstandsvorsitzenden hochgearbeitet. Ihre Garderobe aber hatte mit diesem Aufstieg nicht Schritt gehalten. Sie kam ins Büro mit hochhackigen Schuhen, Netzstrümpfen und eng anliegenden Tops. Ihr blond gebleichtes Haar sah recht strohig aus. Zu ihrem Glück hatte ihre Chefin sich die Förderung junger Frauen auf die Fahnen geschrieben. Sie schenkte ihr zum Geburtstag also nicht etwa einen Body oder etwas ähnlich Anzügliches (was durchaus schon vorgekommen ist, vor allem bei männlichen Vorgesetzten), sondern einen Gutschein für ein Schneiderkostüm. Und sie half ihr, ihre Garderobe nach und nach den neuen Erfordernissen anzupassen.

Marybeth Tolliver machte eine vergleichbare Erfahrung. Marybeth war Ingenieurin in einer so genannten »Garagenfirma«. Dort konnte sie bequem in Jeans und Sweatshirt zur Arbeit kommen, ohne dass dies irgendjemandem aufgefallen wäre. Da Marybeth aber sehr begabt ist, wurde sie schnell befördert und landete schließlich in der Führungsetage. Dort gehörte es mit zu ihren Aufgaben, Kundenkontakte zu pflegen. Also wandte sie sich an eine Beraterin, die ihr einen »Einkaufszettel« zusammenstellte. Eine solche Beratung kann Ih-

Beruf ist Theater: Was passt zu Ihrer Rolle?

nen auch eine Freundin oder Kollegin geben. Sie muss sich nur trauen, Ihnen die Wahrheit zu sagen. Sie brauchen eine Grundausstattung an einfach zu kombinierenden Kleidungsstücken. Frauen, die viel reisen, kennen das Problem mit dem Wetter. An einem Tag sind Sie in New York bei 5 Grad, am nächsten in Stockholm bei 10 Grad minus und tiefstem Schneetreiben. Dann geht es weiter nach Rom mit frühlingshaften 15 Grad. Wenn Sie diese Art von Problemen kennen, sollten Sie Marlenes Rat folgen: Sie empfiehlt Frauen, die viel reisen, grundsätzlich Kleidung aus Cool Wool, leichtem Wollkrepp, aus Schurwollmischungen und Seide. Diese Stoffe passen sich klimatischen Veränderungen am besten an. Dann brauchen Sie letztlich nur noch ein paar Accessoires zu verändern, um der Jahreszeit passend gekleidet zu sein.

Accessoires

Gute Accessoires sind auf jeden Fall ihr Geld wert, denn sie begleiten Ihre Garderobe durch die Jahre. Normalerweise überleben sie mehrere Outfits nacheinander, weil sie nicht so leicht aus der Mode kommen. Accessoires unterstreichen Ihre Individualität. Schals und Tücher sind für Pam Mason geradezu zum Markenzeichen geworden. Sie hat in den letzten Jahren als Grundgarderobe immer wieder nur Stücke aus Seide oder Wolle in Schwarz oder Weiß gekauft. Wenn sie verreist, hat sie ein oder zwei dunkle Kostüme dabei und eine kleine Auswahl aus ihrer Sammlung von Accessoires. Die Schals und Tücher verknittern nicht und werden auch nicht so leicht schmutzig. Darüber hinaus nehmen sie im Gepäck nur wenig Raum ein. Und sie verändern Pams Garderobe so, dass letztlich niemand merkt, dass sie tagelang dasselbe trägt. Schals und Tücher wirken sehr elegant. Aus diesem Grund spart Pam hier nicht. Sie versucht immer, den Preis pro Einmal-Tragen auszurechnen. Der bildschöne Schal, den sie 1986 bei Harrods gekauft hat, kostete sage und schreibe 100 Dollar. Doch sie hat ihn seitdem im Jahr mindestens zehn Mal getragen und das über zehn Jahre lang. Das heißt also, dass der Schal pro Einmal-Tragen weniger als ei-

Spielen Sie Ihre Rolle mit Stil

nen Dollar kostete. Und das ist wirklich eine günstige Investition, eine wesentlich bessere jedenfalls als eine Polyesterbluse, die schon nach ein- oder zweimaligem Waschen fusselt.

Außerdem sollten Sie sich eine Aktentasche von neutraler Farbe und guter Qualität zulegen, möglichst mit einem Schulterriemen, so dass Sie beim Reisen die Hände fürs Gepäck frei haben. Eine hochwertige Aktentasche ist eine Anschaffung fürs Leben, also auch ein sinnvolles Investment. Dasselbe gilt für eine gute Geldbörse und eine dunkle Handtasche.

Was Schmuck angeht, so wirkt hier zum Bespiel ein Paar goldener oder silberner Ohrringe wahre Wunder. Sie können sie nämlich fast zu jeder Gelegenheit tragen, was einen hohen Preis für gute Qualität rechtfertigt. In bestimmten Berufen kommt auch attraktiver, bunter Modeschmuck gut an, den es mittlerweile überall zu kaufen gibt. Achten Sie nur darauf, dass das Stück nicht zu aufdringlich wirkt. Die Ohrringe sollten nicht zu lang herunterbaumeln, möglichst nicht hörbar sein und nicht billig aussehen.

Judi Green ist Innenausstatterin. Auf ihren Reisen durch die halbe Welt hatte sie immer wieder Gelegenheit, interessanten Ethno-Schmuck zu sammeln: Ohrringe, Perlen, Armreife und so weiter. Als Designerin weiß sie natürlich genau, was einer bestimmten Umgebung angemessen ist. Wenn sie für private Auftraggeber dekoriert, trägt sie gewöhnlich in jedem Ohr einen anderen Ohrring, fünf oder sechs vielfarbige Armbänder und eine Vielzahl von Halsketten aus alten Holz- und Glasperlen. Als sie aber das amerikanische Büro einer großen Londoner Anwaltsfirma einrichtete, trug sie dabei ein Schneiderkostüm und einfache goldene Ohrringe. Niemand spielt seine Rolle besser als Judi.

Schuhe

Ihre Füße waren über lange Zeit hinweg probate »Angriffspunkte« für die Unterdrückung von Frauen. Noch heute können Sie in China ältere Frauen sehen, die nur noch humpeln können, weil brutales Einbinden ihr Fußskelett für immer de-

»Dress-Down«-Tage: In der Jogginghose ins Büro?

formiert hat. Junge Amerikanerinnen lassen sich heute noch in ihrer Bewegungsfreiheit einschränken, indem sie auf hohen Absätzen dahinstaksen wie neugeborene Giraffen. Nicht einmal das Wissen um die gesundheitlichen Schäden, die sie davontragen werden, kann sie daran hindern. Und warum das alles? Weil in hohen Schuhen der Fuß und das Bein angeblich schlanker wirken. Eine Frau, die sich anzieht, um Erfolg zu haben, weiß, dass Freiheit und Bequemlichkeit ihr mehr bringen als überzogene Modediktate. Auch hier zählt letztlich vor allem Qualität. Da Sie nur wenige Farben brauchen, können Sie in Schuhe aus erstklassigem Leder investieren, mit Lederfutter, Absätzen, mit denen Sie bequem gehen können, und abgerundeten oder eckigen Kappen. Spitze Schuhe schaden den Zehen. Wenn Sie Schuhe mit Pfiff wollen, suchen Sie nach interessanten Absatzformen, ungewöhnlichen Schnürsenkeln oder Materialien. Dunkle Schuhe sehen länger gut aus als helle. Glattes Leder hält länger als Wildleder, gefütterte Schuhe länger als ungefütterte. Schnürschuhe oder Schuhe mit hohem Oberleder sind zum Gehen besser als weit ausgeschnittene Schuhe, die sich nicht binden lassen.

»Dress-Down«-Tage: In der Jogginghose ins Büro?

In Amerika gibt es eine neue Mode, die auch in Europa langsam Einzug hält: Einmal die Woche kommt man in lässiger Kleidung ins Büro. Dahinter steckt die Idee, dass die Vorstellung ja gleich bleibt, wenn man nur das eine Detail ändert, das Kostüm. Außerdem soll diese Vorgehensweise das Klima in der Firma verbessern. Doch auch wenn diese Mode auf Ihr Unternehmen noch nicht übergegriffen hat, kommt es des Öfteren vor, dass bei Betriebsausflügen oder Grillpartys im Kollegenkreis lockere Kleidung gefragt ist. Wie geht man nun mit dieser neuen Anforderung um? Ist es plötzlich in Ordnung, wieder als das junge, unbedarfte Mädchen in Jeans ins Büro zu kommen?

Marlene Maggio hat für diese »Gelegenheiten« ein paar Tipps ausgearbeitet, die Sie beherzigen sollten, wenn es um so genannte »legere« Kleidung geht. Denken Sie daran, Sie gehen nicht zum Tennis, in den Garten oder zum Putzen. Nach wie vor ist die Bühne vom geschäftlichen Hintergrund geprägt. Ihre Kleidung muss also zu Ihrem Job passen. Daher sollten Sie eine Art informelle Ecke in Ihrem Schrank einrichten: zum Beispiel Blazer, Cardigan-Jacken, Pullis mit Kragen oder V-Ausschnitt, Baumwollblusen, locker sitzende Jeans (auch wenn Sie eine Spitzenfigur haben, tragen Sie niemals eng anliegende Jeans), Sandalen, farbige Röcke und Schuhe zum Gehen (nicht zum Joggen). Sportliche Schals, Anstecknadeln und Schmuck können Sie auch mit legerer Kleidung tragen. Doch ob Sie sich »ab-« oder »aufstylen«, bewahren Sie auf jeden Fall Ihre Würde und Persönlichkeit.

Sie haben nämlich wesentlich mehr Freiheit, einen eigenen Stil zu finden, als Modemagazine uns dies glauben machen wollen. Voraussetzung ist nur, dass Sie sich in Ihrer Kleidung wohl fühlen und dass sie zu Ihrem Job passt. Denken Sie daran: Jede Staubsaugerschnur kann mit hohen Absätzen zur lebensgefährlichen Stolperfalle werden.

Praxistipp

Lassen Sie eine Freundin Ganzkörperaufnahmen von Ihnen in Ihrem Business-Dress anfertigen. Wenn Sie ein gutes Auge für solche Dinge haben, erkennen Sie vermutlich selbst, was daran nicht stimmt. Wenn nicht, sollten Sie eine Freundin oder eine professionelle Typberaterin fragen, ob Ihr Outfit Selbstsicherheit und Erfolg ausstrahlt. Wenn nicht, investieren Sie mit kluger Hand in Kleidung, Schuhe, Frisur und Make-up, so dass Ihr Aussehen zu Ihrem Job paßt.

Kopieren Sie Ihre Vorbilder

Bis wir ein Gefühl für unseren eigenen Stil entwickeln, können wir ruhig auf die stilistischen Vorgaben anderer zurückgreifen. Auch Künstler und Menschen, die Sprachen lernen, kopieren oft vom Original. Suchen Sie sich am Arbeitsplatz eine Frau, deren Stil und Ausstrahlung Sie bewundern und nachahmen möchten. Idealerweise sollte dies jemand sein, den Sie häufig sehen. Wie trägt sie ihr Haar, ihre Kleidung, ihre Fingernägel, ihren Schmuck? Passen Sie Ihre Beobachtungen dann Ihrer Persönlichkeit, Ihrem Alter und Ihrem Job an. Dadurch gewinnen Sie allmählich ein Gefühl für Ihren eigenen Stil. Sobald Sie dieses entwickelt haben, können Sie alles, was Ihnen gefällt, problemlos integrieren.

Merksätze

- Lernen Sie die Regeln, bevor Sie sie übertreten.
- Das Leben ist eine Bühne – welches Kostüm erfordert Ihre Rolle?
- Machen Sie Ihre Frisur »unsichtbar«.
- Unterscheiden Sie sich im Duft nicht zu sehr von Ihren Kollegen und Kolleginnen (es sei denn, sie »duften« unangenehm).
- Kleiden Sie sich Ihrer Größe gemäß.
- Tragen Sie Klassiker, d. h. variabel zu kombinierende Kleidungsstücke.
- Nicht aufstylen, abstylen!
- Wie kleidet sich Ihr großes Vorbild?

9 Führen mit der Frauensprache des Erfolgs

Einige Menschen haben eine Abneigung gegen das Wort »Macht«. Sie glauben, dass Macht und Gewissen in einem unauflösbaren Widerspruch zueinander stehen. Macht um der Macht willen? Bloß nicht! Doch der positive Einsatz von Macht zu positiven Zwecken ist ungeheuer wichtig. Das müssen Sie verstehen. Sie müssen Einfluss haben, wenn Sie am runden Tisch sitzen, sonst werden Sie nie etwas bewirken.

Elizabeth Dole

Was tun Führungskräfte eigentlich den ganzen Tag? Je weiter Sie auf der Karriereleiter nach oben klettern, umso mehr Zeit werden Sie jeden Tag in Kommunikation investieren. Die von der Harvard University herausgegebene *Harvard Business Review* teilt den Durchschnittstag einer weiblichen Führungskraft wie folgt ein: 20 Prozent Lesen, 20 Prozent Schreiben (Diktat und eigene Arbeit am Computer), 40 Prozent formale Präsentationen (während der sie sich selbstverständlich auch informell äußert) und 30 Prozent Besprechungen (also Kommunikation im Sitzen). Wie Sie sehen, ergibt die Summe dessen etwas mehr als 100 Prozent. Das liegt daran, dass die einzelnen Kommunikationswege einander überlappen. Die Zeit auf Reisen nutzt sie ebenfalls zur Informationsverarbeitung und -weitergabe: Sie telefoniert mit Handy oder Bordtelefon, liest Bücher, Berichte und Zeitschriften, macht Notizen auf dem Notebook oder diktiert.

Obwohl in den letzten beiden Jahrzehnten wesentlich mehr von uns Frauen den Weg in die Management-Etage gefunden haben, haben wir immer noch keine funktionierende Führungssprache entwickelt. Die Frauensprache des Erfolgs füllt diese Lücke, gleich welche Managementphilosophie Sie verfolgen. Ob Sie nun autoritär, mitarbeiterbezogen, integrativ, militärisch oder schlicht menschlich führen, die Frauensprache des Erfolgs führt auf jeder Ebene zu befriedigenden Resultaten. In diesem Kapitel werden wir uns mit den besonderen Problemen auseinander setzen, mit denen Frauen in Führungspositionen sich konfrontiert sehen. Ich werde Ihnen zeigen, wie Sie sie meistern können – und zwar nicht, indem Sie den männlichen Stil kopieren, sondern indem Sie Ihren ganz eigenen weiblichen Stil entwickeln. Zufällig hatte auch Charlotte mit ähnlichen oder gar den gleichen Problemen zu kämpfen. Wir werden uns also wieder der Geschichte zuwenden und sehen, wie unsere kleine Heldin damit fertig wurde.

Managerin und Mentorin: Was wir von Charlotte lernen können

Charlotte hätte sehr gut ein Buch über weiblichen Führungsstil schreiben können. Führen wir uns doch einmal vor Augen, was sie alles geschafft hat: Trotz ihrer geringen Körpergröße (»etwa so groß wie ein Gummidrops«), ihrer acht »schrecklich behaarten« Beine und ihrer einfachen Herkunft (»nur eine einfache, graue Spinne«) war sie die Chefin in der Scheune, in der Wilbur wohnte. Sie berief eine engagierte Arbeitsgruppe ein, war dem Ferkel eine gute Lehrerin und allzeit eine wirklich gute Freundin. All dies tat sie mit ihrer Power-Sprache. Wir haben also guten Grund, es ihr nachzutun.

Neun Wege, Menschen durch Sprache zu führen

Wenn Sie Menschen führen, wissen Sie, dass einige nur deshalb Widerstand leisten, weil Sie eine Frau sind. Doch diese Art von Widerstand kann überwunden werden. Auch Charlotte hatte schließlich mit Problemen zu kämpfen. Wir werden also zuerst auf Charlottes Geschichte zurückgreifen und diese mit anderen Beispielen ergänzen. Danach finden Sie konkrete Hinweise, wie Sie diesem Problem begegnen können. Sie brauchen diese nur noch Ihrer speziellen Situation anzupassen.

1. Seien Sie »versiert«

Als Wilbur Charlotte fragt, was »versiert« denn heiße, antwortet sie ihm: »Versiert heißt, dass ich vieles kann, dass ich meine Tätigkeit nicht auf Weben oder Fallenstellen und solche Mätzchen beschränken muss.« Auch eine Frau, die ihre Sprache im Griff hat, ist »versiert«. Sie ist in der Lage, das, was sie sagt, jederzeit einem beliebigen Publikum und einer beliebigen Situation anzupassen. So können Sie beispielsweise privat so viele Sätze, wie Sie nur wollen, mit »Ich glaube …« oder »Ich habe das Gefühl …« beginnen. Beruflich allerdings sollten Sie dies vermeiden.

Die Frauensprache des Erfolgs gibt Ihnen auch Mittel an die Hand, auf die Stimmung im Publikum einzugehen. Je feindseliger sie ist, umso stärker nehmen Sie sich aus der Schusslinie. Bauen Sie Distanz auf. Je wärmer und angenehmer die Stimmung ist, umso mehr Nähe können Sie zulassen. Ihr Wissen über Ihr Publikum und Ihre Einschätzung der Situation sind es also, die letztlich darüber entscheiden, welche Sprache Sie einsetzen. Selbstverständlich werden Sie die neue Personalpolitik Ihres Unternehmens für den Vorstand anders begründen als für die Arbeiter in der Fertigungshalle.

Versierte Frauen haben ihre Sprache im Griff

Wörter, Strukturen und Sätze sollten folgenden vier Konstanten angepasst werden:

- *dem Publikum*
  Führungskräfte: »Diese fünf Kriterien halten Sie vom Zuhören ab.«
  Altenpfleger: »Diese fünf Punkte halten Sie vom Zuhören ab.«
- *dem Grad an Förmlichkeit*
  formell: »Wie können wir Frauen also Informationen aus wissenschaftlichen Studien nutzen?«
  informell: »Was sollen Sie morgen tun?«

Neun Wege, Menschen durch Sprache zu führen

- *dem Grad an Feindseligkeit*
  hoch: »Das ist Unfug.«
  niedrig: »Diese Lösung scheint nicht zu funktionieren.«
- *Ihrer Stellung in der Hierarchie*
  niedrig: »Es könnte hilfreich sein, wenn Sie ...«
  hoch: »Bitte ...«

2. Reagieren Sie auf Anerkennung positiv, aber nicht unterwürfig

Charlotte schreibt ihre eigenen Verdienste niemals anderen zu. Als sie die anderen Tiere der Farm zu einem Brainstorming einlädt, eröffnet sie die Versammlung so: »Ihr werdet sicher alle bemerkt haben, was sich in den letzten Tagen hier abgespielt hat. Die Botschaft in meinem Netz hat eingeschlagen ... Farmer Zuckerman hält Wilbur nun für ein außergewöhnliches Schwein und wird ihn daher nicht schlachten wollen. Ich darf also sagen, dass mein Trick soweit funktioniert und dass Wilburs Leben gerettet werden kann.« Wie Sie wohl bemerkt haben, geht Charlotte zum Passiv über, sobald sie auf die gemeinschaftlich zu erfüllenden Aufgaben zu sprechen kam. Damit versucht sie, die Mannschaft für die neue Aufgabe zu gewinnen, die unter ihrer Führung in Angriff genommen werden soll.

Wissenschaftliche Studien haben gezeigt, dass Frauen als Führungskräfte ihre eigenen Errungenschaften häufig völlig auslöschen, indem sie sie der Gruppe zuschreiben: »Dies ist nicht mein Verdienst, sondern das der Gruppe.« Männliche Manager hingegen zeichnen sich dadurch aus, daß sie Anerkennung auch für Erfolge einheimsen, die gar nicht auf ihre Initiative zurückgehen. Doch die Frauensprache des Erfolgs gibt Ihnen Möglichkeiten an die Hand, wie Sie Anerkennung für sich reklamieren können, ohne dabei die Verdienste anderer zu schmälern.

Führen mit der Frauensprache des Erfolgs

Wie man nicht *auf anerkennende Worte reagieren sollte*

Ach, das war ja gar nichts.
Ich hatte einfach Glück.
Nicht ich bin dafür verantwortlich, dem Team gebührt das eigentliche Verdienst.
Ich habe hart gearbeitet.
Ich habe versucht, mein Bestes zu geben.
Ich weiß nicht, ob ich einfach nur Glück hatte oder was, aber ich war die einzige Frau dort und gleichzeitig die einzige, die den Eingangstest geschafft hat.
Ich habe den Laden geschmissen, obwohl das Team völlig inkompetent war.

Wie man Anerkennung auf selbstsichere Art annimmt

Danke sehr.
Unter meiner Führung gelang es dem Team von Zuckermans Farm in einer gemeinsamen Anstrengung, das Leben eines kleinen Schweins zu retten.
Ohne die Unterstützung von ... hätte diese Aufgabe nicht gelöst werden können.
Ihr Beitrag hat viel zu meinem (unserem) Erfolg beigetragen.
Unter allen Teilnehmern am Eingangstest war ich die einzige Frau und gleichzeitig die einzige, die bestanden hat.

3. Überzeugen Sie in der Sprache des Erfolgs

Die allgemein verbreitete Neigung, Frauen nicht zuzuhören, sowie unsere eigene Vorliebe für eine Sprache, mit der wir uns selbst klein, ja geradezu unsichtbar machen, haben auf der Führungsebene gravierende Folgen. In meinen Workshops berichten Frauen immer wieder, dass es ihnen nicht gelingt, so überzeugend zu wirken, wie sie es eigentlich könnten. Top-

Neun Wege, Menschen durch Sprache zu führen

Managerinnen beschreiben sich selbst als »stotternde Versagerin«, als »absolute Null« und als »kaum überzeugend«. Und doch konnte unsere kleine Charlotte mit ihren Worten auch Mr. Zuckerman überzeugen, der anstandslos als Prototyp des fantasielosen Vorstandsvorsitzenden durchgehen kann. (Auf Menschen wie ihn werden Sie immer wieder treffen.) »Wisst ihr was?... ich hab mir schon immer gedacht, dass wir da ein besonders gutes Schwein haben. Ein strammes Schwein ist das. Stramm wie sonst was. Siehst du, was er für stramme Schultern hat?« Charlotte wob um ihn das Netz der Überzeugung. Indem sie Wilbur als »Prachtschwein«, »grandios« und »strahlend« bezeichnete, lenkte sie die Aufmerksamkeit der Menschen auf diese Eigenschaften und überzeugte sie, dass Wilbur wirklich so war.

Auch Ihr Wortnetz kann überzeugen. Pam Mason, Inhaberin eines mittelständischen Betriebes, erzählte mir von ihren Erfahrungen mit einem ihrer Lieferanten. Sein Produkt hatte qualitativ nachgelassen, und gleichzeitig hatte er den Preis erhöht. Trotzdem war er für dieses Produkt immer noch der beste und preiswerteste Hersteller. Sie wollte sich auch weiterhin von ihm beliefern lassen, allerdings zu einem besseren Preis und in der alten Qualität. Sie hätte es natürlich mit Drohungen und Klagen versuchen können, doch da er ja immer noch der günstigste Anbieter war, hätte sie sich nur selbst geschadet, wenn sie gewechselt hätte. Also setzte sie die Sprache des Erfolgs ein, um ihre Ziele zu erreichen: »Sie liefern uns unser Wunschprodukt und haben damit teil am Erfolg unseres Unternehmens. Natürlich sehen wir auch ein, dass der Preis nicht immer gleich bleiben kann. Doch wir würden gern einen Weg suchen, unsere produktive Partnerschaft fortzusetzen, indem wir zu alter Qualität zurückfinden und einen Preis erreichen, der die Preisgestaltung auf unserer Seite nicht so sehr belastet.« Ihr Lieferant reagierte sehr positiv auf diese Herangehensweise, da sie einerseits die Probleme der Firma darstellte, andererseits Verständnis für ihn und seine Situation signalisierte. Schließlich bot er ihr sogar einen besseren Preis, als Pam ihn anvisiert hatte.

Wie Sie sehen, bringt die Kontrolle über Ihre Sprache Ihnen letztlich auch Überzeugungskraft.

4. Wie Sie freundlich, aber bestimmt Nein sagen

Etwa 25 Prozent der Frauen, die in meine Workshops kommen, berichten, dass sie Probleme haben, Nein zu sagen, gleichgültig, ob der jeweilige Ansprechpartner in der Hierarchie über ihnen, unter ihnen oder auf gleicher Ebene steht. Stärke aber bedeutet auch, Nein sagen zu können, ohne dabei negativ oder feindselig zu wirken.

Charlotte beherrschte diese Kunst perfekt. Sie konnte Nein sagen und auch noch befriedigend erklären, weshalb. Als die Tiere zusammenkamen, um ein Wort zu wählen, mit dem Schweinchen Wilbur gerettet werden konnte, schlug eines der Tiere vor: »Götterschwein«. Charlotte machte keine Umstände: »Das bringt nichts ... das hört sich an wie eine pompöse Nachspeise.« Auch Sie können lernen, Nein zu sagen, ohne unfreundlich zu wirken. Wichtig ist vor allem, dass Sie dabei Distanz wahren. Vermeiden Sie Wörter wie »ich« bzw. »du« oder »Sie«. Heben Sie stattdessen den sachlichen Kontext hervor und setzen Sie Passivkonstruktionen ein.

Zehn Möglichkeiten, in der Sprache der Stärke Nein zu sagen

1. Vielleicht gibt es noch eine bessere Lösung.
2. Diese Lösung verspricht nicht den gewünschten Erfolg.
3. Diese Idee ist schwierig umzusetzen.
4. Die andere Lösung macht wirtschaftlich mehr Sinn.
5. Leider ist die Zeit zu kurz, um das Meeting noch weiter auszudehnen.
6. Dieses Problem verlangt unsere ganze Aufmerksamkeit. Wir sollten einen Termin vereinbaren, um ihm völlig gerecht zu werden.
7. Unsere Geschäftspolitik erlaubt leider die Annahme von Geschenken nicht. Trotzdem herzlichen Dank.
8. Was halten Sie von dieser Alternativmöglichkeit?
9. Die Fakten sprechen gegen diesen Vorschlag.

Neun Wege, Menschen durch Sprache zu führen

10. Dieser Lösungsansatz bezieht nicht sämtliche verfügbaren Daten ein.

Auch Charlotte leitet ihre tierische Arbeitsgruppe geradlinig und ohne Umwege. Zunächst verliest sie die Namen der Anwesenden. Sie zeigt, dass sie eine Aufgabe übernommen hat und dies auch weiterhin tun würde: »Ich werde jetzt als Erstes die Namensliste verlesen.« Sie sagt nicht etwa: »Ich habe noch nie zuvor eine Versammlung einberufen. Ich bin sehr dankbar, dass ihr mir dazu die Möglichkeit gebt.« Charlotte zeigt deutlich, dass sie der Kopf der Gruppe ist, da sie die Tagesordnung festlegt: »Ich habe diese Versammlung einberufen, um eure Vorschläge zu Wilburs Rettung zu hören.« Sie sagt nicht: »Nun, wie fühlt ihr euch, jetzt wo ihr wisst, dass Wilbur sterben soll?« Und sie verlässt sich bei ihrem Vorhaben auch auf die Erfahrung älterer Gruppenmitglieder, zum Beispiel auf das älteste Schaf, das die selbstsüchtige Ratte Templeton zum Mitmachen überredet.

5. Gestalten Sie Besprechungen effektiv

Besprechungen offenbaren Ihre Führungsqualitäten, denn ein Meeting kann eine Gruppe entweder zusammenschweißen oder völlig auseinander fallen lassen. Manche Besprechungen stärken die Arbeitsmoral, bringen konkrete Pläne oder neue Ideen und inspirieren die Teilnehmer so, dass ihnen die Umsetzung nicht mehr schwer fällt. Andere hingegen enden in ständigem Hickhack und heftiger Konkurrenz. Neue Ideen werden nicht gefördert, sondern im Keim erstickt, und schließlich hat auch niemand mehr Lust, irgendetwas effizient zu erledigen. Wie sind Ihre Besprechungen bisher verlaufen? Gehören sie zu den positiven Erfahrungen oder sind sie eher vom destruktiven Typus?

Eine Managerin, deren Meetings immer zu konstruktiven Resultaten führen, ist Schwester Edwardine. Sie ist die Vorsitzende eines Organisationskomitees an der Universität. Dabei hat Schwester Edwardine nicht einmal kulinarische Anreize zu

Führen mit der Frauensprache des Erfolgs

bieten. Wenn überhaupt etwas serviert wird, dann Kaffee und Plätzchen. Außerdem fehlt ihr die Macht einer Managerin, die ihre Arbeitsgruppe einberuft. Ihre Gruppe besteht ausschließlich aus Freiwilligen, schwer beschäftigten Menschen, deren kostbare Zeit Schwester Edwardine in Anspruch nimmt. Wie schafft sie es also, dass alle Mitglieder stets da sind, fleißig mitarbeiten und immer noch mehr Zeit zur Verfügung stellen. Denn am Ende sind alle Teilnehmer glücklich, dass sie gekommen sind. Ich wollte es genau wissen, und nahm an einem dieser Treffen teil. Dabei notierte ich mir all jene sprachlichen Elemente, die Schwester Edwardines Besprechungen von Anfang bis Ende zu einem Erfolg machen. Ich führe die einzelnen Punkte unten auf, damit Sie sie als »Spickzettel« für Ihre eigenen Meetings benutzen können.

Wie Sie Besprechungen Schritt für Schritt zum Erfolg führen

- Setzen Sie das Datum für das nächste Treffen bereits am Ende des vorhergehenden fest.
- Zehn Tage vor dem nächsten Termin informieren Sie die Teilnehmer mit einem kurzen Brief über Termin, Zeitpunkt, Dauer, Ort und Ziel der Besprechung und geben die vorläufige Tagesordnung bekannt.
- Fangen Sie sofort an, wenn alle da sind.
- Begrüßen Sie die Teilnehmerinnen und Teilnehmer individuell und danken Sie ihnen für ihren Beitrag.
- Antworten Sie auf jeden Kommentar positiv, auch wenn Sie nicht zustimmen. Ihre Antwort kann neutral positiv sein (»Glauben Sie, es ist zu spät, noch Teilnehmer einzuladen?«), ablehnend positiv (»Leider lässt sich dies jetzt nicht mehr ändern, aber trotzdem vielen Dank für den Vorschlag.«) oder billigend positiv (»Das sollte sich machen lassen. Vielen Dank.«).
- Unterstützen Sie eine kreative, höfliche Diskussion.
- Drängen Sie auf Höflichkeit und Achtung den anderen Teilnehmern gegenüber.
- Folgen Sie Ihrer Tagesordnung.

Neun Wege, Menschen durch Sprache zu führen

- Wenn ein Konsens gefunden wurde, halten Sie ihn noch einmal zusammenfassend fest. Wenn nicht, legen Sie sofort eine Folgebesprechung fest. Diese Technik fördert den Austausch von Ideen, ohne die Tagesordnung völlig durcheinander zu bringen.
- Aktionsschritte und verteilte Aufgaben werden schriftlich festgehalten. Wenn nötig, werden Arbeiten abwechselnd übernommen.
- Behandeln Sie alle Tagesordnungspunkte.
- Legen Sie das Datum für das nächste Treffen fest.
- Beenden Sie die Besprechung rechtzeitig.
- Danken Sie jeder Teilnehmerin und jedem Teilnehmer für deren Beiträge.

Sowohl Charlotte als auch Schwester Edwardine verlassen sich bei ihren Treffen auf die zentrale Rolle der Sprache. Ohne eine Sprache, die auf akzeptable Weise Autorität ausdrückt, gibt es keine Führungsqualitäten. In der Sprache unserer beiden Vorbilder spiegelt sich außerdem eine ganz bestimmte Grundeinstellung: ==Sie bauen ihren Erfolg auf Werte wie Organisation, Struktur, Planung, Höflichkeit, Würde und gegenseitige Achtung.== Beide setzen auf ein umfangreiches Repertoire an Ausdrucksmöglichkeiten. Trotzdem gibt es bei ihren Meetings – ganz im Gegensatz zu den üblichen firmeninternen Besprechungen – ==keine Flüche, keine feindseligen Körpersignale oder andere Grobheiten.== Wenn Sie die Sprache des Erfolgs benutzen, gehört diese Art von Albträumen nämlich ein für alle Mal der Vergangenheit an. Das garantiere ich Ihnen.

Praxistipp

Führen die von Ihnen geleiteten Besprechungen zu den gewünschten Ergebnissen? Wenn dies nicht der Fall ist, sehen Sie sich einmal eine Videoaufnahme von einem dieser Meetings an. Gehen Sie sie Schritt für Schritt durch und notieren Sie, an welchem der oben genannten Punkte Sie es haben fehlen lassen. Achten Sie auch auf verbale und körpersprachliche Aspekte.

Führen mit der Frauensprache des Erfolgs

Wie Sie in Besprechungen Fehlschläge vermeiden

Regel	Anwendung
Keine Unhöflichkeiten	Fluchen ist inakzeptabel.
Grobheit im Keim ersticken	Private Unterhaltungen stören sowohl die Sprecher als auch das Meeting. (Wenn das nicht funktioniert: Wir warten, bis wir Ihre ungeteilte Aufmerksamkeit haben.)
Legen Sie die Spielregeln fest und dulden Sie keine Ausnahme.	Bei diesen Besprechungen hören alle dem Redner zu. Wenn Sie etwas anderes zu tun haben, dann schieben Sie das bitte auf, bis Sie wieder in Ihrem Büro sind.
Dulden Sie keine Unterbrechungen.	Sue ist noch nicht fertig. Bitte warten Sie mit Ihren Kommentaren bis zum Ende.
Unterbinden Sie störende Zeitverschwendung	Eine längere Diskussion über ein Thema, das nicht auf der Tagesordnung steht, führt zu nichts. Wir können diesen Punkt gern später zu zweit besprechen.

Wie Sie Besprechungen zum Erfolg führen

Regel	Anwendung
Seien Sie ein positives sprachliches Vorbild.	Vielen Dank für Ihren Vorschlag. Er hat für dieses Projekt vielleicht nicht viel Sinn (ist nicht durchführbar, verspricht keine guten Ergebnisse o.Ä.), aber bei unserem nächsten Vorhaben wird er uns dienlich sein. In diesem Vorschlag steckt viel Arbeit, daher wollen wir ihm eine faire Chance geben.
Seien Sie höflich.	Vielen Dank für ... / Bitte würden Sie ...
Zeigen Sie Anerkennung für die Leistung der anderen.	Sallys Projekt war lange vor dem Termin fertig. Vielen Dank.

Neun Wege, Menschen durch Sprache zu führen

Melanies Idee zum Umbau dieser Maschine spart uns vielleicht viel Geld.

Bedanken Sie sich.

Vielen Dank für diese interessante Idee.
Vielen Dank für Ihre Pünktlichkeit.
Vielen Dank für Ihre Freundlichkeit.

6. Zeigen Sie Ihre Anerkennung, wenn es angemessen ist

Auch Charlotte hält sich mit lobenden Worten nicht zurück. Als die Küken von Mutter Gans, einer langjährigen Stallbewohnerin, schlüpfen, sagt sie:»Sicher wird es für jeden von uns hier unten im Stall eine große Freude sein, zu erfahren, dass unsere Freundin, die Gans, nach vier Wochen unermüdlicher Anstrengung und Geduld nun auch etwas vorzuweisen hat. – Die Gänschen sind da! – Darf ich meine aufrichtigen Glückwünsche zum Ausdruck bringen.«

Öffentliche Anerkennung von Verdiensten steigert die Arbeitsmoral Ihrer Mitarbeiter. Außerdem hat sie eine gewisse erzieherische Funktion auf die anderen. Der sicherste Weg, Menschen zur Wiederholung einer guten Leistung zu bringen, ist, sie wissen zu lassen, wie sehr ihr Beitrag geschätzt wird. Wohlgemerkt, ich rede hier nicht von unehrlichen Schmeicheleien, sondern von präzisem Lob, das sich auf ganz bestimmte Arbeitsbereiche bezieht. Hier noch ein paar Tipps, die Sie für Ihr Unternehmen zurechtschneidern können:

Das Einmaleins der Anerkennung

So nicht	Sondern so
Ich fand es toll, wie Sie diesen Bericht gemacht haben.	Sie haben diesen Bericht innerhalb der festgesetzten Zeit fertig gestellt. Er ist klar und informativ, eine rundherum gute Arbeit. Vielen Dank.

Führen mit der Frauensprache des Erfolgs

Sie haben das super gemacht!	Sie haben das Projekt gut geplant. In diesem Projekt steckt alles, was das Management erwartet hat.
Das war eine wunderbare Besprechung. Sie sind prima.	Sie haben diese Besprechung bis ins Detail gut organisiert – vom Kaffee bis zu den Transportmitteln klappte alles. Ich habe diesbezüglich einen Kommentar in Ihre Personalakte gelegt.

7. Fördern Sie Kooperation und ersticken Sie Feindseligkeiten im Keim

An einem bestimmten Punkt in der Geschichte von Wilbur und Charlotte braucht Charlotte die Hilfe von Templeton, der Ratte. Doch Templeton weigert sich, und so bittet Charlotte das alte Schaf um Hilfe. Und das Schaf antwortet: »Wetten, dass ich ihn dazu bringe, dir zu helfen. Ich werde an seine niederen Instinkte appellieren, davon hat er ja reichlich.« Dann spricht das Schaf mit Templeton: »Es wird dich ganz schön stören, wenn Wilbur tot ist, denn Wilburs übrig gelassenes Futter ist deine Hauptnahrungsquelle. Wilburs Fressen ist dein Fressen. Wilburs Schicksal und dein Schicksal sind also eng miteinander verknüpft. Wenn Wilbur geschlachtet wird und sein Trog Tag für Tag leer steht, wird dein Bauch bald so hohl sein, dass man glatt durchschauen kann und die Sachen auf der anderen Seite sieht!« Wie Sie sehen, kommt auch diese Drohung ohne jeden emotionalen Schnörkel daher. Das Schaf sagt klar, was es denkt: ohne zu verniedlichen oder zu übertreiben, ohne Feindseligkeit und ohne jeden persönlichen Bezug.

Wir sollten uns den Umgang der beiden mit Templeton noch etwas genauer ansehen. Vielleicht haben Sie ja nie mit Menschen zu tun, die so sind wie die Ratte: »Templeton kannte keine Moral, keine Bedenken, keine Skrupel, keine Rücksicht, keinen Anstand, keine Milch der frommen Fressensart,

Neun Wege, Menschen durch Sprache zu führen

keine Reue, keine höheren Ideale, keine Freundschaft, kein gar nichts.« Und doch versuchen Charlotte und das alte Schaf nicht, seinen Charakter zu ändern. Ganz im Gegenteil, sie bauen auf seine Gier und seine Eitelkeit, die letztlich ihre Managementziele erfüllen helfen. Haben auch Sie Ratten in Ihrer Gruppe? Und können Sie sie mit der Sprache des Erfolgs so einbinden, dass sie Ihren Zwecken dienen?

Und wie geht man am besten mit Kontrahenten um, die keine Ratten sind? Auch diese können Sie mit der Sprache der Stärke integrieren. Judy B. Rosener, deren Studie über weibliche Führungskräfte in der *Harvard Business Review* veröffentlicht wurde, zitiert eine der von ihr befragten Frauen: »Wenn ich schon vorher weiß, dass eine der beteiligten Personen mit einer Entscheidung nicht einverstanden ist, setze ich mich mit ihr besonders intensiv auseinander, um seine oder ihre Zustimmung und Unterstützung zu gewinnen.« Die Fähigkeit, Kompromisse zu machen und mit Ihren Mitarbeitern so umzugehen, dass diese sich gewürdigt fühlen, verleiht Ihnen wesentlich mehr Einfluss und Durchsetzungskraft als purer Zwang. Abraham Lincoln schrieb über Menschenführung folgendes: »Wenn es darum geht, Menschen zu beeinflussen, ist eine freundliche, aufnahmebereite Haltung, die den anderen zu überzeugen versucht, immer der richtige Weg. Es gibt ein altes und sehr wahres Sprichwort, das besagt: ›Mit einem Tropfen Honig fängt man mehr Fliegen als mit einer Gallone Galle.‹ ... Wenn man jedoch versucht, des anderen Urteilsvermögen zu untergraben, und ihm mit Verachtung und Isolation droht, wird er sich in sich selbst zurückziehen, und zwar so tief, dass alle Wege zu seinem Herzen und seinem Kopf verschlossen sind. Dann werden Sie ihn nie mehr erreichen.«

Sie verfügen über die sprachlichen Fähigkeiten, um Lincolns Vorschlag in die Tat umzusetzen. Auch wenn Sie es nicht schaffen, die andere Person zu überzeugen, so können Sie sie zumindest besänftigen. Allein dieser Versuch wird Ihnen den guten Willen des Betreffenden auch in Zukunft erhalten. Verwenden Sie Sätze wie: »Gut, halten wir also in diesem Punkt fest, dass wir nicht übereinstimmen«, »Die Entscheidung liegt bei mir, und ich entscheide mich gegen Ihren Vorschlag.«

Oder: »Die einstimmige Entscheidung ist zu Ungunsten Ihres Vorschlags ausgefallen. Vielleicht läuft es das nächste Mal anders. Vielen Dank für Ihre Bemühungen.« Wie Sie mit den Personen effektiv umgehen, die nicht Ihrer Meinung sind, sollten Sie nicht erst in der Hitze des Gefechts entscheiden. Nehmen Sie sich Zeit, solche Dinge in aller Ruhe auszuarbeiten.

Praxistipp

Notieren Sie die Initialen Ihres Gruppen-Templetons. Versuchen Sie nun, Möglichkeiten zu finden, wie Sie an seine oder ihre niederen Instinkte appellieren und sie oder ihn zur Zusammenbarbeit gewinnen können. Notieren Sie die Anfangsbuchstaben der Personen, die nicht mit Ihnen übereinstimmen. Suchen Sie nach sprachlichen Möglichkeiten, sie zu überzeugen.

8. Machen Sie sich zur Mentorin der noch Unerfahrenen

Obwohl Charlotte eigentlich auf der Farm hätte bleiben sollen, um ihren Eiersack zu spinnen, aus dem einmal ihre sämtlichen Nachkommen schlüpfen würden, begleitet sie Wilbur auf die Landwirtschaftsausstellung, um ihn zu beschützen. Wenn Sie auf den Gipfeln der Macht angekommen sind, sollten Sie dasselbe tun: Stellen Sie Ihre Interessen hintan, um den jüngeren und »schwächeren« Mitgliedern Ihres Teams die Hand zu reichen. Sie beherrschen die Frauensprache des Erfolgs keineswegs vollkommen, wenn Sie nicht wissen, wie Sie anderen helfen können. Sind Sie bereit, Ihre mittlerweile ausgetretenen Pfade einmal zu verlassen, um die Mitglieder Ihres Teams zu unterstützen, die Ihre Hilfe nötig haben?

Mentorin zu sein ist eine zutiefst weibliche Aufgabe. Das Wort »Mentor« nämlich stammt aus der Homerschen *Odyssee*, wo ein alter »Mann« Telemach, dem Sohn des Odysseus, beisteht. Doch dieser alte Mann war in Wahrheit eine Frau, nämlich die Göttin Athene, die einen Menschenkörper ange-

Neun Wege, Menschen durch Sprache zu führen

nommen hatte, um den Schwachen zu helfen. Auch Sie sollten das tun, wenn Sie »groß und stark« geworden sind.

Außerdem ist das Urbild einer erfolgreichen Mentorin die Gestalt der Mutter. Eine gute Mentorin ist wie eine gute Mutter. Der einzige Unterschied ist, dass Sie sich Ihre Schützlinge aussuchen können. Gute Mütter beschützen ihre Kinder und fördern gleichzeitig ihre Unabhängigkeit und Kreativität. Gute Mütter bringen ihren Kindern so viel bei, wie diese nur aufnehmen können. Gute Mütter loben Leistungen, kritisieren Versäumnisse und setzen neue Ziele. Schließlich wissen gute Mütter auch, wann sie loslassen müssen, so dass die Kinder das Nest verlassen und ihren eigenen Weg gehen können.

Die Sprache des Erfolgs können Sie auf allen Ebenen des Mentorinnenseins gebrauchen. Ich gebe Ihnen deshalb ein paar Beispiele mit auf den Weg:

Die Sprache der Mentorin

Sie haben als Ingenieurin bisher gute Leistungen gezeigt. Dieses neue Projekt stellt zwar eine wirkliche Herausforderung dar, doch ich werde Sie dabei unterstützen.

Jim wird versuchen, Ihre Präsentation zu stören. Ich werde das unterbinden.

Ihre Idee klingt zwar weit hergeholt, aber Sie sollten es trotzdem versuchen. Ich werde Ihnen ein kleines Budget dafür zuteilen.

Vielen Dank für Ihren Vorschlag. Er berücksichtigt zwar die politischen Gegebenheiten nicht ausreichend, aber Sie befinden sich auf dem richtigen Weg.

Warum besuchen Sie eigentlich keine Management-Kurse? Ich hätte da ein paar gute Vorschläge.

Wörter wie »irgendwie« oder »eigentlich« klingen wenig überzeugend. Sie lassen Sie weniger kompetent wirken, als

Führen mit der Frauensprache des Erfolgs

Sie sind. Wir sollten daran arbeiten, diese Angewohnheit abzustellen.

Da Sie jetzt wissen, wie man einen einfachen Chip entwirft, sollten Sie sich an komplexere Vorgänge wagen.

Sie sind in diesen Job hinein- und bald auch darüber hinausgewachsen. Ich möchte Sie zwar nur ungern verlieren, doch nun ist es für Sie an der Zeit, sich nach einer besseren Position umzusehen.

Praxistipp

Die Frauensprache der Stärke hilft Ihnen dabei, Ihre Mentorenrolle ebenso erfolgreich zu spielen wie Ihre berufliche. Suchen Sie sich einen viel versprechenden Schützling und helfen Sie ihm oder ihr, die Karriereleiter zu erklimmen.

9. Vertrauen macht aus »Kümmerlingen« Siegerinnen

»Als ihn Charlotte in ihrem Netz ein *Prachtschwein* nannte, hatte Wilbur sich redlich Mühe gegeben, wie ein Prachtschwein auszusehen. Als sie ihn für *grandios* erklärte, hatte er versucht, grandios zu sein. Und jetzt, wo *strahlend* in ihrem Netz zu lesen war, tat er sein Möglichstes, um zu glänzen.« Seit die Spinne seine Freundin geworden ist, hat Wilbur sich redlich bemüht, seinem von ihr geschaffenen Ruf gerecht zu werden. Haben auch Sie einen »Kümmerling« im Team? Ist vielleicht auch sie eine potenzielle Siegerin, die nur ein wenig Führung und Ermunterung braucht, um ebenfalls zu strahlen? Wie können Sie sie bestärken und anleiten, ohne dabei Ihrer eigenen Integrität zu schaden?

Neun Wege, Menschen durch Sprache zu führen

Sätze, die verändern

Ihre Pünktlichkeit hat sich diesen Monat schon enorm verbessert. Ende nächsten Monats sollte das Problem gelöst sein.

Als Sie hier zu arbeiten anfingen, haben Sie fast keine der Vorgaben erreicht. Jetzt hingegen schaffen Sie schon mehr als die Hälfte. Dieser Fortschritt zeigt, was in Ihnen steckt.

Vielen Dank, dass Sie beim Empfang geholfen haben. Ich weiß, dass dies nicht zu Ihren Aufgaben gehört, umso höher schätze ich Ihr Engagement für die Firma.

Als Sie zum ersten Mal vor Publikum gesprochen haben, zitterten Sie am ganzen Leib wie Espenlaub. Nun präsentieren Sie durchgehend mit einer selbstsicheren Körperhaltung. Im nächsten Schritt sollten Sie sich auf eine klare Strukturierung des Vortrags konzentrieren.

Ihre Anmerkungen zeigen, dass Sie sich mit der Sache auseinander gesetzt haben. Ihre Aufgabe aber war es, den Bericht nicht nur gegenzulesen, sondern ihn zu verbessern. Versuchen Sie es also noch einmal. Wenn Sie Hilfe brauchen sollten, fragen Sie mich ruhig.

Jeder hier im Büro schätzt Ihre freundliche, offene Art, doch längere Telefonkonferenzen mit Freundinnen sind während der Arbeitszeit nicht gern gesehen.

Wenn Sie auf der Karriereleiter höher steigen möchten, sollten Sie lernen, wie Sie den Kopierer auch ohne Hilfe wieder in Gang bekommen.

Die Tipps und Beispiele in diesem Kapitel zeigen, dass die Prinzipien der Frauensprache des Erfolgs immer gleich wirksam sind, auch wenn der Kontext sich verändert. Im

Führen mit der Frauensprache des Erfolgs

nächsten Kapitel lernen Sie, wie Sie mit Hilfe dieser Grundregeln aus geschriebenen Texten ein mächtiges Karrierevehikel machen.

Merksätze

- Lassen Sie Charlotte Ihren Führungsstil verbessern.
- Seien Sie versiert.
- Nehmen Sie Anerkennung für Ihre Leistungen dankend an.
- Überzeugen Sie mit der Sprache des Erfolgs.
- Sagen Sie freundlich, aber bestimmt Nein.
- Machen Sie Ihre Besprechungen zum Erfolg.
- Loben Sie die Leistung anderer.
- Vergessen Sie nicht: Der erste »Mentor« war eine Frau.
- Machen Sie aus »Kümmerlingen« Siegerinnen – mit der Sprache der Stärke.

Werden Sie zur Herrin der Feder: In der Sprache des Erfolgs schreiben

10

Macht hängt eng mit Überzeugungskraft zusammen. Ein Mensch, der seine sprachlichen Fähigkeiten gebraucht, um andere von seinem Standpunkt zu überzeugen, wird früher oder später Macht erlangen.

Robin Lakoff

Je höher wir auf der Leiter der Verantwortung steigen, umso mehr verändert sich auch unsere Sprache. Die Fähigkeit, sich schriftlich gut auszudrücken, wird immer wichtiger. Charlotte ist sich der Macht des geschriebenen Wortes nur allzu deutlich bewusst. Als Wilbur ihrer zweiten Wortwahl widerspricht und meint, er sei schließlich nicht im Geringsten grandios, antwortet die kleine Spinne ihm: »Das macht nicht das Leiseste. Die Leute glauben so gut wie alles, was sie gedruckt sehen.« Schreiben und geschriebene Sprache verlangen eine klare innere Logik, und diese Logik ist es, die Sie letztlich von den Fesseln befreien wird, die Nietzsche »das Gefängnis der Sprache« nennt.

Frauen in Führungspositionen erfahren nur zu häufig, wie einengend es ist, nicht klar, logisch und überzeugend schreiben zu können. Wenn Sie effektiv führen wollen, wenn Sie einen Platz am Verhandlungstisch anstreben, müssen Sie lernen, Ihren schriftlichen Ausdruck zu verbessern. Häufig ist dies in diesem späten Stadium noch nötig, weil die Gaben, die Sie bisher nach oben getragen haben, nicht unbedingt von Ihrer Sprachbeherrschung abhingen. Möglicherweise konnten Sie sprachliche Unsicherheiten bisher gut hinter anderen Fähigkeiten verstecken. Aber je höher Sie aufsteigen, umso bedeutender wird die Rolle der Kommunikation in Ihrem Berufsleben – und umso häufiger findet diese Kommunikation auf dem

Werden Sie zur Herrin der Feder: In der Sprache des Erfolgs schreiben

Papier statt. Aber sprachliche Schwächen rächen sich dort besonders schnell. Wo und wie dies geschehen kann, möchte ich Ihnen hier an der so genannten »Harvard-Mitteilung« aufzeigen. Dieser Text wurde von Professor Kathleen Reardon verfasst und in der *Harvard Business Review* abgedruckt. Es geht dabei um eine weibliche Führungskraft namens Elizabeth Ames, die eine Mitteilung an den Vorstandsvorsitzenden ihres Unternehmens entwirft. Darin stellt sie dar, auf welche Schwierigkeiten Frauen beim Aufstieg in ebendiesem Unternehmen stoßen. Elizabeth Ames ist unsicher, ob sie die Mitteilung abschicken soll oder nicht.

Worte der Schwäche von einer starken Frau

Die *Harvard Business Review* bat mehrere Experten, Elizabeth Ames in dieser Frage einen Rat zu erteilen. Nur eine der Befragten, nämlich Gloria Steinem, ging dabei auf den Ton der Mitteilung und auf die benutzten Formulierungen ein. Doch gerade diese Details sind von entscheidender Wichtigkeit. Daher drucke ich hier den Mitteilungstext zusammen mit meiner Antwort an Liz ab. Bitte achten Sie beim Lesen der Mitteilung darauf, ob Sie darin Elemente einer Sprache der Schwäche finden und welche Konsequenzen sich daraus für Elizabeth Ames ergeben.

Eine weibliche Führungskraft schreibt an ihren Chef*

An: Herrn John Clark, Generaldirektor
Von: Elizabeth C. Ames, Leiterin Kundenmarketing
Datum: 3. März 1993

Ich arbeite in der Marketingabteilung von Vision Software schon seit über zehn Jahren. In dieser Zeit gelang es mir, viele Fortschritte zu verbuchen und Herausforderungen erfolgreich zu bestehen. Ich habe es immer genossen, in einem so interessanten und aufregenden Unternehmen zu arbeiten. Doch trotz meiner generellen Begeisterung war ich zutiefst schockiert, als ich Ihr Schreiben erhielt, in dem Sie mitteilen, dass Mariam Blackwell und Susan French, zwei der dienstältesten und ranghöchsten Mitarbeiterinnen von Vision Software, die Firma verlassen werden. Denn nicht zum ersten Mal verliert Vision Software Frauen aus der Führungsspitze. Vor neun Monaten erst kündigte Kathryn Hobbs und ein Jahr davor Suzanne LaHaise. Die Kündigungsgründe klingen alle verdächtig ähnlich: Die Frauen wollten »mehr Zeit mit der Familie verbringen« oder »neue berufliche Wege einschlagen«.

Meiner Ansicht nach zeigt sich hier ein bestimmtes Muster. Warum entdecken so fähige und gewissenhafte Frauen, die bisher immer Wert auf ihre Karriere legten, plötzlich das Bedürfnis, sich ihrer Familie zu widmen oder neue Wege zu gehen? Über diese Frage habe ich lange und intensiv nachgedacht.

Obwohl Vision Software sich die Einstellung und Förderung von Frauen auf die Fahnen geschrieben hat und obwohl Sie

---

* Abdruck mit freundlicher Genehmigung des *Harvard Business Review:* »A Memo Every Woman Keeps in Her Desk« von Kathleen Reardon, März/April 1993, S. 17, © 1993 President and Fellows of Harvard College. Alle Rechte vorbehalten.

Werden Sie zur Herrin der Feder: In der Sprache des Erfolgs schreiben

selbst die Anstrengungen von Frauen gebührend würdigen, ist die ganze Atmosphäre im Unternehmen darauf angelegt, das Selbstwertgefühl von Frauen langsam, aber sicher zu untergraben. Ich glaube nicht, dass Vision Software ständig Frauen in Spitzenpositionen verliert, weil diese sich von anderen Herausforderungen angezogen fühlen, sondern weil diese es satt haben, gegen dieses frauenfeindliche Klima anzukämpfen. Dazu tragen viele kleine Vorkommnisse bei, die täglich und immer wieder geschehen – Vorkommnisse, die die meisten Männer wahrscheinlich gar nicht wahrnehmen, die für Frauen aber eine deutliche Signalwirkung haben. Diese Kleinigkeiten geben den Frauen immer wieder zu verstehen, dass sie weniger wichtig, weniger talentiert, weniger im Stande sind, etwas zu verändern, als ihre männlichen Kollegen.

Dazu ein paar Beispiele: Ich fange mit den Meetings an, die bei Vision Software ja integraler Bestandteil der Arbeit sind. Für Frauen gehören sie zu den demütigendsten Erfahrungen überhaupt. Sie werden übertönt und unterbrochen, ihre Ideen verhallen scheinbar ungehört. Erst letzte Woche nahm ich an einer Besprechung mit zehn Männern und einer anderen Frau teil. Sobald die Frau mit ihrer Präsentation begann, fingen alle an, sich nebenher zu unterhalten. Die Präsentation der Kollegin war ausgezeichnet, trotzdem konnte sie anscheinend die Aufmerksamkeit der Zuhörer nicht fesseln. Als sie dann anbot, Fragen zu beantworten, meinte einer der Männer abwertend : »Wir haben so etwas vor Jahren schon versucht, und es hat nicht funktioniert.« Sie versuchte, ihm zu erklären, worin ihr Ansatz sich von seinem unterschied, doch er hörte ihr einfach nicht mehr zu. Als ich daraufhin Interesse signalisierte, um sie zu unterstützen, wurde ich ebenso rüde unterbrochen.

Doch es geht leider nicht nur um Besprechungen. Immer wieder fallen Kleinigkeiten auf, die einer Frau das Gefühl geben, unwichtig und unwillkommen zu sein. Eine Abteilung beispielsweise veranstaltet ihr alle zwei Jahre stattfindendes

Eine weibliche Führungskraft schreibt an ihren Chef

Brainstorming in einem Country Club, wo es eine Bar »nur für Männer« gibt. Natürlich verschwinden die Frauen nach dem offiziellen Teil alle, während die Männer sich noch in der Bar treffen. Es braucht wohl kaum betont zu werden, dass dabei häufig wichtige Informationen ausgetauscht werden.

Auf fast jede offizielle Besprechung folgt eine inoffizielle hinter verschlossenen Türen. Zu diesen informellen Treffen werden Frauen aber nicht eingeladen. Und auch die Diskussionen vor den offiziellen Meetings finden meist ohne sie statt. Daher wissen sie häufig nicht, was ihr Chef mit einem bestimmten Treffen bewirken will. Folge: Sie sind schlechter vorbereitet und können nicht so prompt reagieren wie ihre männlichen Kollegen.

Außerdem sind meine Kolleginnen und ich täglich einer Flut von scheinbar unschuldigen Witzen und Kommentaren ausgesetzt, die beleidigend wirken. Erst kürzlich brüstete sich einer meiner Kollegen damit, wie sehr er Frauen doch respektiere: »Meine Frau ist der Wind unter meinen Flügeln. Tatsache ist, dass einige Leute mich sogar Herr Karen Snyder nennen.« Seine männlichen Kollegen fanden den Witz super. Die Mitarbeiterinnen schwiegen. Und letzte Woche ging einer der Kollegen um 17.30 Uhr mit dem witzig gemeinten Kommentar, er müsse heute Mama spielen. Frauen tun das jeden Tag, ohne einen Witz daraus zu machen. Viele Frauen versuchen sogar, ihr Interesse am Familienleben nicht allzu deutlich zu zeigen, um keine Nachteile zu erleiden.

Jedes der oben beschriebenen Vorkommnisse ist – für sich betrachtet – eine Nichtigkeit. Doch wenn man sie alle zusammennimmt, kommt eine recht ansehnliche Sammlung zusammen. Die Frauen bei Vision Software haben hart zu kämpfen, um ihren Ideen Gehör zu verschaffen und die informellen Informationskanäle aufzubrechen. Statt vorwärts zu kommen, müssen sie ihre Energie ständig darauf verwenden, den Anschluss nicht zu verlieren. Und irgendwann haben sie dann nichts mehr zu geben.

Ich versichere Ihnen, dass meine Meinung von vielen Frauen in der Firma geteilt wird. Dass auch Mariam Blackwell und Susan French sie teilten, kann ich nur vermuten.

Vision braucht die Erfahrung von Männern und Frauen, wenn es zum führenden Anbieter von Lernsoftware werden möchte. Wir brauchen klare, eindeutige Signale, dass das Unternehmen dabei nicht nur auf Männer baut. Aus diesem Grund habe ich mich an Sie gewandt. Für weitere Fragen stehe ich Ihnen gern zur Verfügung.

Meine Antwort auf den Brief

An: Elizabeth Ames
Von: Dr. Phyllis Mindell
Betreff: Halten Sie Ihre Mitteilung zurück. Lernen Sie zuerst die Frauensprache des Erfolgs.

Ihre Mitteilung, die in der *Harvard Business Review* unter dem Titel »Eine Mitteilung, die so oder ähnlich jede weibliche Führungskraft in der Schublade hat« abgedruckt wurde, zeigt, dass Sie – trotz Ihrer Stellung als Leiterin der Abteilung »Kundenmarketing« – die traditionell weibliche Sprache der Schwäche nicht abgelegt haben. Daher kann ich Ihnen nur raten, sich zuerst mit den Merkmalen sprachlicher Schwäche auseinander zu setzen und sich die Frauensprache des Erfolgs anzueignen, gleich ob Sie nun mit Ihrem Chef John Clark persönlich sprechen, eine Gruppe Gleichgesinnter zusammentrommeln oder die Mitteilung wirklich absenden wollen.

Im Folgenden werde ich die Details, die Ihrem Schreiben den bitteren Nachgeschmack der Unterwürfigkeit verleihen, Stück für Stück durchgehen und zeigen, wie Sie Ihren Text so umformulieren können, dass er Chancen auf Erfolg hat. Wo immer möglich, verwende ich dabei Ihre eigenen Worte (fett hervorgehoben). Was ich eingefügt habe, ist durch Kursivschrift gekennzeichnet.

Sprachliche Elemente, die Schwäche signalisieren

Wenn Signale der Schwäche sich in einem Text häufen, verliert er seine Überzeugungskraft. Struktur, logischer Aufbau, Grammatik und Wortwahl sind nur einige dieser Elemente, die wohl überlegt sein wollen. Im Folgenden werde ich diese Faktoren Schritt für Schritt durchgehen und eine schlagkräftige Alternative anbieten.

Briefe oder andere Mitteilungen brauchen eine bestechende innere Struktur, wenn sie ihren Zweck erfüllen sollen. Dazu gehört ein Schlüssel, der den Leser sofort darüber unterrichtet, worum es hier überhaupt geht, eine These also, die in Ihrem Text völlig fehlt. Ein solcher zusammenfassender Gedanke steht am besten am Anfang oder Ende des Textes, mitunter auch an beiden Stellen. Für Ihren Text wäre folgende These denkbar: **Die subtile Diskriminierung, der Frauen** *bei Vision Software* **ausgesetzt sind,** *hat uns bereits* **sechs Frauen aus der Führungsspitze** *gekostet. Unser zukünftiges Wachstum hängt davon ab, ob wir es schaffen, diesen kostenintensiven Verlust an Talent zu stoppen, so dass die offizielle Politik des Unternehmens tatsächlich mit der inneren Praxis übereinstimmt.*

Ihrem Text fehlt es aber nicht nur an einer sinnvollen These, auch die Einleitung hat wenig mit dem Thema zu tun und vermag daher nicht, das Interesse des Adressaten anzustacheln. Eine gute Einleitung wäre zum Beispiel statistisches Zahlenmaterial über die Firmentreue männlicher bzw. weiblicher Führungskräfte bei Vision Software. Oder die Präsentation dramatischer Zahlen, die illustrieren, welche finanziellen Einbußen die Firma mit dem Verlust von so viel Know-how hinnehmen muss.

Ein weiteres wichtiges Element, das in Ihrem Text fehlt, ist ein klarer Aufruf zum Handeln. Sie sagen Ihrem Vorgesetzten nie, was Sie von ihm erwarten. Ich vermute, es ist ein wenig mehr als nur **klare, eindeutige Signale, dass das Unternehmen … nicht nur auf Männer baut.**

Werden Sie zur Herrin der Feder: In der Sprache des Erfolgs schreiben

Darüber hinaus macht Ihr Schreiben den Eindruck, als hätten Sie einfach nur über das Thema meditiert. Diese in der Literatur so beliebte »Bewusstseinsstrom«-Assoziationstechnik ist in der geschäftlichen Kommunikation völlig fehl am Platze, da sie dem Text jede Überzeugungskraft nimmt. Als Leser hat man den Eindruck, dass Sie Idee um Idee sammeln und aufschreiben, statt Ihre Gedanken durchzuorganisieren, so dass sie den größten Eindruck erzielen. Ihre Argumentation wird schlagkräftiger, wenn Sie Ihre Beispiele hierarchisieren. So ist eine **Männer-Bar** tatsächlich ein starkes Stück, das möglicherweise sogar gegen den amerikanischen Gleichbehandlungs-Grundsatz verstößt. Bei den **Nichtigkeiten** dagegen schießen Sie über das Ziel hinaus. Wenn Sie sich über derart geringfügige Angelegenheiten beschweren, laufen Sie Gefahr, nicht ernst genommen zu werden. Der ganze siebte Absatz hört sich an, als hätte ihn ein kleines Kind geschrieben, das seiner berechtigten Klage nun noch jedes winzige Unrecht hinzufügt, das ihm je widerfahren ist. Eine Führungskraft, die krumm nimmt, wenn einer ihrer Mitarbeiter nach Hause geht, um **Mama zu spielen,** ist schon recht dünnhäutig.

Doch nicht nur die strukturellen Schwächen sind es, die Ihrem Text seine Wirksamkeit rauben. Auch grammatikalisch benutzen Sie viele Elemente einer traditionellen Sprache der Schwäche. So arbeiten Sie beispielsweise häufig mit dem Mäntelchen der Bescheidenheit. Damit meine ich sprachliche Formen, in denen Sie sich zurücknehmen und Ihre Meinung relativieren. Diese Formen machen Ihre Sätze länger, ohne sachdienliche Informationen hinzuzufügen. Einige dieser Formen aus Ihrer Mitteilung sind: **Meiner Ansicht nach … Ich glaube … Es braucht nicht betont zu werden … Ich versichere Ihnen … kann ich nur vermuten.** Diese Puffersätze sind dann angebracht, wenn Sie dem Gesprächspartner signalisieren wollen, dass Sie durchaus bereit sind, über das Thema zu diskutieren. Ein Übermaß an solchen Signalen aber schwächt Ihre Botschaft ab zu einer bloßen Meinungsäußerung, über die man jederzeit hinweggehen kann.

Ein weiteres Grammatikproblem ist der zu häufige Gebrauch von Ich-Sätzen. Im vorliegenden Text finden sich

Sprachliche Elemente, die Schwäche signalisieren

14 Ich-Sätze, obwohl es ja schließlich nicht um Ihre persönlichen Erfahrungen geht. Ich-Sätze aber ziehen die Aufmerksamkeit vom dargestellten Sachverhalt ab und lenken sie stattdessen auf den Sprecher. Ihre Einleitungssätze beispielsweise drehen sich ausschließlich um Sie selbst, so dass das eigentlich wichtige Faktum, nämlich die Kündigung zweier Spitzenkräfte, erst nach ein paar Zeilen präsentiert wird. Der Leser aber möchte gern sofort über das Thema des Textes informiert werden. Eine bessere Einleitung wäre: *Ihr Schreiben, in dem Sie mitteilen, dass Mariam Blackwell und Susan French ... die Firma verlassen werden*, kombiniert mit einem Verb, das aufzeigt, was dieses Schreiben bewirkt *(zeigt deutlich, bringt ans Licht, fördert zu Tage)*.

Außerdem führen Ich-Sätze auch zu der Verwendung von Verben mit schwammigem Sinngehalt. Ein Thema abhandeln zu können, ohne sich ständig auf sich selbst zu beziehen, ist ein Zeichen der Reife, das wir Frauen nutzen sollten. Wir signalisieren damit, dass wir etwas zu sagen haben, das auch für andere von Interesse ist.

Schriftsteller, die etwas vermitteln wollen, wählen aussagekräftige Wörter, da nur diese wirklich ins Schwarze treffen. Ihre Wortwahl hingegen ist häufig ungenau und zu emotional: **generell, lange und intensiv, konnte sie anscheinend, viel, häufig, meist, Nichtigkeiten, recht, schockiert, demütigend.** Stetes Wasser höhlt den Stein. Und steter Gebrauch schwammiger Wörter höhlt die Botschaft eines Textes aus – und damit Ihre Glaubwürdigkeit.

Wie der Brief erfolgreich umformuliert werden kann

Im Folgenden möchte ich Ihnen einen Weg unterbreiten, wie Sie aus diesem Text systematisch ein erfolgreiches Schreiben machen können:

1. Machen Sie sich Gedanken über den Adressaten. Sie haben mit Ihrem Vorgesetzten längere Zeit zusammengearbeitet,

sonst würden Sie ihn nicht auf seine eigenen Bemühungen, **die Anstrengungen von Frauen gebührend zu würdigen,** ansprechen. Dann allerdings stellt sich die Frage, weshalb Sie ihn mit »Herr John Clark« titulieren, während Sie sich selbst nur mit Vor- und Nachnamen präsentieren. Was wissen Sie über John Clark? In welcher Beziehung stehen Sie zu ihm? Ist er eine charismatische Führungspersönlichkeit? Kann sein Verhalten Frauen gegenüber als vorbildlich gelten? Liebt er den schriftlichen Austausch von Ideen, oder spricht er lieber mit den Leuten darüber? Kann man ihn leicht einschüchtern? Hat er so vieles delegiert, dass er letztlich die Kontrolle über Personalprobleme verloren hat? Je besser Sie ihn verstehen, umso präziser können Sie Ihr Schreiben auf ihn ausrichten.

Nur wenn Sie John Clark kennen, können Sie bereits im Vorfeld entscheiden, ob Ihre Mitteilung überhaupt eine Chance hat. Da Texte dauerhaft sind und meist auch aufbewahrt werden, sollten Sie das Thema gründlich aufarbeiten, bevor Sie zur Tat schreiten. Wie die Parteispenden-Affäre in Deutschland so deutlich gezeigt hat, können schriftliche Zeugnisse noch jahrelang ihre Wirkung entfalten. Nur Sie selbst können also beurteilen, ob dieses Schreiben die beste Art und Weise ist, Ihr Thema an John Clark heranzutragen.

2. Legen Sie fest, was Sie mit dem Schreiben *erreichen* wollen. Jeder Text hat eine Handlungsebene. Was genau wollen Sie also damit bewirken: *überzeugen, dokumentieren, detailliert beschreiben, einen Überblick geben, Maßnahmen vorschlagen, um ein Treffen bitten?* Sie müssen sich nicht auf einen Zweck beschränken. Doch wenn Ihre Mitteilung keine klare Zielvorstellung hat, wird sie keinerlei Einfluss entfalten.

Nun können Sie darangehen, eine vorläufige These herauszuarbeiten. Zu diesem frühen Zeitpunkt genügt eine Arbeitsthese. Sobald Einzelheiten und Struktur klar hervortreten, können Sie diese entsprechend verändern. *Die* **subtile Diskriminierung, der Frauen** *bei Vision Software* **ausgesetzt sind,** *hat zum Verlust der* **höchstrangigen Frauen** *geführt und bedroht unsere zukünftige Entwicklung. Wir müssen unsere Unternehmenskultur so gestalten, dass dieser kostenintensive Ver-*

Sprachliche Elemente, die Schwäche signalisieren

lust an Talent gestoppt und die **offizielle Politik des Unternehmens, Frauen einzustellen und zu fördern,** *mit der inneren Praxis in Einklang gebracht wird.*

3. Machen Sie ein Brainstorming. Notieren Sie jedes Detail, das Ihnen in den Sinn kommt. Am besten sind hierfür Haftnotizen geeignet. Diese legen Sie auf einem Tisch aus, so dass Sie sie alle auf einmal im Blickfeld haben. Wenn Sie auf Ihrem Rechner ein Hypercard- (Apple Macintosh) oder ein Hypertext-Programm (Windows) zum Mindmapping haben, können Sie diesen Schritt auch auf dem Bildschirm machen.* So könnte dies aussehen:

Kündigung von X fähigen Managerinnen in zwei Jahren

ähnliche Gründe

Muster bei den scheidenden Frauen

Atmosphäre, die das Selbstwertgefühl von Frauen untergräbt

frauenfeindliches Klima

subtile Botschaften, die Frauen zu verstehen geben, dass sie weniger wichtig, weniger talentiert etc. sind

Frauen werden bei Meetings übertönt und unterbrochen

rüdes Benehmen

Privatgespräche bei Präsentationen

Bar »nur für Männer« – *ungesetzlich?*

inoffizielle Besprechungen schließen Frauen aus

Mr. Karen Snyder

»Mama spielen«

Müdigkeit, gegen frauenfeindliches Klima anzukämpfen

viele alltägliche Kleinigkeiten

---

* Sie können die Mindmapping-Methode auch ohne Haftnotizen auf dem Papier durchführen. Eine einfache Einführung bietet Ihnen: Ingemar Svantesson: *Mind Mapping und Gedächtnistraining*, Offenbach: Gabal, ³1996

Werden Sie zur Herrin der Feder: In der Sprache des Erfolgs schreiben

Werten Sie nun die Details aus. Sind alle gleichermaßen wichtig? Sind alle brauchbar? Brauchen Sie noch mehr Fakten, um Ihre These gut zu untermauern? Besorgen Sie sich die Daten, die Sie noch brauchen, und zögern Sie nicht, Unwichtiges wegzulassen.

4. Fassen Sie die Fakten zu Sinngruppen zusammen. Der neue Überblick über Ihr Datenmaterial lässt Sie vielleicht bestimmte, vorher verborgene Zusammenhänge sofort erkennen. So gehören zum Beispiel sämtliche Informationen über die Frauen, die gekündigt haben, zusammen, weil sie so massiv präsentiert mehr Eindruck machen. Vielleicht möchten Sie aber auch jene Beleidigungen zusammenfassen, die man durch Verweis auf die offizielle Politik des Unternehmens leicht unterbinden könnte.

5. Ordnen Sie die Details innerhalb der Gruppen.

6. Kleben Sie nun die zusammengehörigen Haftnotizen auf eine große Karte oder ein Blatt Papier und entwerfen Sie vorläufige Titel für jede Gruppe. Beispiele dafür sind: mögliche Gesetzesverstöße, offizielle und inoffizielle Besprechungen, Ausschluss von wichtigen Ereignissen usw.

7. Ordnen Sie nun diese Blätter so an, dass dadurch die Argumentation in Ihrer These wirkungsvoll unterstützt wird. Berücksichtigen Sie, dass der erste und der letzte Absatz gewöhnlich die stärkste Beachtung finden.

8. Legen Sie jetzt Ihre These definitiv fest.

9. Wie soll die Einleitung aussehen? Folgende Funktionen muß sie erfüllen: Sie bestimmt den Ton des Gesamttextes und erweckt die Aufmerksamkeit des Adressaten.

10. Legen Sie die einzelnen Abschnitte fest und schreiben Sie Überschriften und Überleitungen. Hier entsteht die innere Logik des Textes. Jeder Abschnitt sollte sinnvoll aus dem an-

Sprachliche Elemente, die Schwäche signalisieren

deren hervorgehen, und alle zusammen müssen die These belegen, so dass daraus als weiterer logischer Schritt der Handlungsaufruf am Ende erfolgt.

11. Schreiben Sie nun den Text in der Frauensprache des Erfolgs nieder. Lassen Sie Pufferwörter, blasse Füllwörter und schwammige Verben weg. Keine Schmusesprache! Lassen Sie Ihren Text nicht wie Ihre persönliche Meinung aussehen. Nur wenn es um Sie selbst geht, sind Ich-Sätze angemessen. Schreiben Sie daher so objektiv wie möglich über Ihren Themenkreis, die damit zusammenhängenden Fakten und Ereignisse. Schreiben Sie im Aktiv. Beschuldigungen oder Tadel hingegen bringen Sie am besten im Passiv vor. So vermeiden Sie den Eindruck von Feindseligkeit. (Wie beispielswiese im folgenden Satz: **Zu diesen informellen Treffen werden Frauen aber nicht eingeladen.**)

12. Wenden Sie der Handlungsaufforderung am Ende noch einmal all Ihre Aufmerksamkeit zu. Sagen Sie dem Generaldirektor klar, was zu tun ist. Überlegen Sie sich gezielte Lösungsansätze, statt das Problem einfach auf seinen Schreibtisch zu kippen. Folgerndermaßen könnte dieser Punkt aussehen:

- Alle Kündigungen noch einmal durchgehen, um herauszufinden, ob man sie hätte verhindern können.
- Die angesprochenen frauenfeindlichen Verhaltensweisen mit den verantwortlichen Männern besprechen. Ihnen klar mitteilen, dass diese Art von Verhalten unprofessionell und inakzeptabel ist und unter Umständen sogar rechtliche Konsequenzen nach sich ziehen kann.
- Auf Verhaltensweisen aufmerksam machen, die nachahmenswert sind.
- Konferenzräume meiden, die irgendwelchen Beschränkungen unterliegen.
- Sicherstellen, dass Frauen an allen für sie relevanten Besprechungen teilnehmen.
- Gelegentliche »Ausrutscher« an Ort und Stelle kritisieren.

Werden Sie zur Herrin der Feder: In der Sprache des Erfolgs schreiben

13. Lesen Sie sich Ihr Schreiben noch einmal laut vor. Nehmen Sie danach letzte Änderungen vor. Bitten Sie mehrere vertrauenswürdige Kolleginnen und Kollegen, den Text auf Inhalt und Ton hin gegenzulesen.

Liebe Elizabeth Ames, die Sprache der Schwäche ist in unserer weiblichen Geschichte und Tradition verankert. Nun, da wir beginnen, die Ketten zu sprengen und in Führungspositionen aufzusteigen, müssen wir uns auch von dieser Sprache lösen und stattdessen eine weibliche Sprache des Erfolgs entwickeln. Ihre Mitteilung ist dazu eine gute Gelegenheit.

Nun können Sie selbst entscheiden, ob Sie Ihren Text weiterleiten oder in der Schublade lassen. Doch auch wenn Sie ihn nicht an John Clark schicken, haben Sie gelernt, wie man ein heikles Thema so bearbeitet, dass es überzeugend präsentiert wird. Diese Fähigkeit bleibt Ihnen auf jeden Fall erhalten.

Schreiben im 21. Jahrhundert

Der Computer hat auf den Inhalt Ihrer Texte den gleichen Einfluss wie Papier und Füllfederhalter – nämlich gar keinen. Jedes simple Textverarbeitungsprogramm erlaubt Ihnen heute, einen Text so oft zu verändern, wie Sie nur wollen. Sie können ihn damit formatieren, ja sogar die Wunder einer effektiven Rechtschreibprüfung stehen mittlerweile allen zur Verfügung. Doch so schön das auch ist, die Sache hat leider einen Haken: Immer mehr Menschen scheinen nämlich zu glauben, dass der Computer die Texte schreibt. Das ist falsch. Computer schreiben keine Texte. Frauen schreiben Texte. Wenn die Frau gut schreibt, kann der Computer ein wahres Meisterwerk ausspucken. Schreibt sie aber schlecht, kann der Rechner den Text höchstens äußerlich ein wenig aufpeppen.

Was auch immer Sie tun mögen, um Ihre sprachliche Ausdrucksfähigkeit zu verbessern: Denken Sie bitte nicht einmal im Traum daran, es den Männern »gleichtun« zu wollen. Mädchen sind gewöhnlich nämlich viel sprachbegabter als Jungs. Wenn Sie nicht allzu heftig versuchen, sich dem Schreib-

Schreiben im 21. Jahrhundert

stil Ihres Unternehmens anzupassen (den vermutlich Männer geprägt haben), können Sie wahrscheinlich den Zugang zu diesen verschütteten Schätzen Ihrer Kindheit wieder freilegen. Tun Sie Ihr Bestes: Schreiben Sie klar. Schreiben Sie häufig. Schreiben Sie in der Frauensprache des Erfolgs. Was man schwarz auf weiß besitzt, kann man nämlich getrost nach Hause tragen, wie ein altes Sprichwort sagt. Das gilt natürlich auch für schriftliche Äußerungen im Berufsleben. Sie bleiben besser »hängen« und können von Menschen innerhalb und außerhalb Ihrer Abteilung gelesen werden. Verleihen Sie Ihren Ideen ein anspruchsvolles Kleid, so dass sie darin erstrahlen können. Auf dem Papier kann niemand Sie unterbrechen. Es besteht auch keine Gefahr, dass jemand anders dafür die gebührende Anerkennung einheimst. Sprachliche Ausdruckskraft trägt auf jedem Sektor zum Erfolg bei. Untersuchungen zeigen, dass auch im Bereich der Technik die Karriere einer Person maßgeblich von ihren sprachlichen Fähigkeiten beeinflusst wird. Was Sie bisher in diesem Buch gelernt haben, kann und wird Sie weiterbringen. Daher sollten Sie Ihre neu erworbenen Qualitäten pflegen.

Doch im Zusammenhang mit der schriftlichen Ausdrucksfähigkeit von Frauen gibt es noch ein weiteres Problem, das wir bisher noch nicht behandelt haben. Frauen neigen zu einer eher flapsigen und beziehungsorientierten, wenig professionellen Ausdrucksweise. Doch Sie würden ja auch nicht im Hauskleid zur Hochzeit Ihrer Tocher gehen, oder? Schließlich werden Sie dort fotografiert, und diese Fotos stehen dann jahrelang auf dem Sideboard irgendwelcher Verwandter herum. Wenn Sie sich also für die Hochzeit Ihres einzigen Kindes in Schale werfen, weil die Bilder davon einen bleibenden Eindruck hinterlassen werden, sollten Sie auch Ihre Schriftsprache entsprechend »aufpolieren«. Generell gilt: Je formaler das Medium, desto distanzierter der Ton (Wissenschaftliche Arbeiten und Veröffentlichungen, Briefe, Angebote, Berichte). Je informeller das Medium, umso persönlicher kann der Text sein (Mitteilungen, E-Mail).

Doch beachten Sie: Nicht jede Schlacht lohnt sich. Manchmal haben Frauen so wenig Selbstbewusstsein, dass sie einen

Werden Sie zur Herrin der Feder: In der Sprache des Erfolgs schreiben

völlig unwichtigen Text sechs Mal überarbeiten. Dieses Buch zielt vor allem auf Effektivität ab: Investieren Sie Ihre Zeit in Texte, die nach außen gehen und von vielen Menschen gelesen werden, ob sie nun auf der Karriereleiter über oder unter Ihnen stehen: Berichte, Briefe, Angebote. Mitteilungen und Mails können Sie getrost mit etwas weniger Aufwand erstellen. Gänzlich vernachlässigen sollten Sie sich allerdings nicht: Es ist leichter, eine Mail zu einem bestimmten Thema herauszusuchen, als eine handschriftlich verfasste Memo-Mitteilung. Schreiben Sie jedenfalls nichts, was Ihnen später Leid tun könnte.

Formalien ändern sich, die Prinzipien bleiben gleich

Nichtsdestotrotz verändert die Technologie unser Schreiben. Für das Schreiben auf Pergament galten andere Regeln als für elektronische Netzwerke. Ich habe zum Beispiel noch nie eine E-Mail mit der Anrede »Sehr geehrte Frau Dr. Mindell« erhalten. Auf diesem Wege begrüßen mich sogar völlig Fremde mit »Hi« (was ich wiederum noch nie auf einem Geschäftsbrief gelesen habe). Das Internet wird unsere Sprache und unsere Literatur verändern. Bereits heute liefert es uns eine Menge neuer Metaphern: surfen, Datenautobahn, Hacker, digitales Dorf. Es hat uns sogar eine völlig neue Art von Zeichen beschert, das Emotikon (Ausdrücke emotionaler Befindlichkeit, die mit den Zeichen der Tastatur um 90 Grad verdrehte Gesichter nachahmen). Bekannte Emotikons sind »:-)« als Ausdruck für Lächeln oder »:-(« als Ausdruck für Unzufriedenheit.

All dies ändert aber nichts an den Prinzipien der Frauensprache des Erfolgs, die allgemein gültig sind. Klarheit, Knappheit, Logik, Struktur und Höflichkeit werden Ihrem sprachlichen Ausdruck dienlich sein, solange es Menschen gibt, die lesen und schreiben.

Schreiben im 21. Jahrhundert

Frauen und Computernetze

Die Vorstellung, dass Computer unsere Papierproduktion reduzieren werden, haben wir alle wohl längst aufgegeben. Wir schreiben nicht nur mehr denn je, wir schreiben auch an mehr Menschen an mehr Orten denn je. Sie selbst sind vielleicht auch schon »drin« in einem öffentlichen elektronischen Netzwerk wie dem Internet und surfen nun gemächlich von Europa nach Mexiko, von dort nach Kalifornien oder Kanada und noch weiter. Das Internet eröffnet Frauen ungeahnte Möglichkeiten, denn das Netz aller Netze ist geschlechtsneutral. Sie können sich einloggen, wie immer Sie wollen, ob als Mann, als Frau oder als Neutrum. Wer immer Ihre Botschaft liest, kann daraus nicht ablesen, ob Sie groß oder klein, alt oder jung, verheiratet oder Single, schwanger oder nicht schwanger sind. Ohne Papier, Briefkopf und offizielle Anrede erscheint Ihr Text im Internet einfach als das, was er ist. Das bewahrt Sie vor den traditionellen Geschlechterfallen.

Doch trotz dieser viel versprechenden Ansätze wird das Internet von Männern dominiert. J. C. Herz beschreibt dies so: »… weite Teil des Internets werden von einer orgiastisch ballernden Fangemeinde besetzt, wie man sie seit dem Aufkommen der postapokalyptischen Splatter-Punk-Videospiele nicht mehr erlebt hat. Man sollte ein Schild aufstellen: ›Willkommen in Boyland. Lass dich von der Gewalt und den herumliegenden Leichenteilen nicht stören. Wenn du Probleme damit hast, dass jemand dir den Arm ausreißt und dich mit dem blutigen Stumpf erschlägt, geh dorthin zurück, wo du herkommst, Kleine.« Eine Stadt musste sogar ihr Chatforum schließen: Die elektronischen Belästigungen hatten ein Ausmaß angenommen, dass Frauen sich weigerten, sich weiter einzuloggen. Soviel zum Thema Sprachkultur.

Die Barrieren, die Frauen vom Erfolg abhalten sollen, sind immer noch da. Doch es gibt mittlerweile auch genügend Chatforen, in denen Sie sich äußern können. Dort können Sie in der Sprache des Erfolgs mit Menschen aus aller Welt Ideen austauschen. Auch innerhalb der Unternehmen hat die elektronische

Kommunikation vieles verändert. So manches Vorstandsmitglied bittet nun um eine Nachricht über das Intranet. Meine Klientinnen ergreifen diese Gelegenheit, um auf sich und ihre Fähigkeiten aufmerksam zu machen. Vertrautheit mit allen Ebenen des Schreibens, also auch mit dem Mailsystem, trägt zur Verbesserung Ihrer sprachlichen Fähigkeiten bei. Wenn Sie die neuen Medien den Männern überlassen, wie das leider viele Frauen tun, können Sie sich gleich eine Küchenschürze anschaffen. Sie wird Ihren Rückzug an Heim und Herd decken.

Praxistipp

Wenden Sie die Prinzipien der Frauensprache des Erfolgs auf ein Schriftstück an, das Sie demnächst verfassen müssen. Suchen Sie sich ein schwierigeres Problem aus (eine Beschwerde, die Beurteilung eines Mitarbeiters, ein ernsthaftes Problem in der Firma, einen Bericht) und legen Sie los. Halten Sie sich Schritt für Schritt an das System und meiden Sie die Sprache der Schwäche. Setzen Sie stattdessen auf die Sprache des Erfolgs, so wie Sie sie in diesem Buch gelernt haben.

Im nächsten Kapitel lernen Sie, wie Lesen Ihr Vorwärtskommen beschleunigen kann.

Merksätze

- Schreiben Sie, um Ihren Platz am Verhandlungstisch zu sichern.
- Halten Sie sich an die Regeln.
- Stellen Sie eine klare These auf.
- Sagen Sie klar, was Ihr Adressat tun soll – wenn er oder sie etwas tun soll.
- Schreiben Sie in der Sprache des Erfolgs.
- Schreiben Sie über das Thema, nicht über sich selbst.
- Halten Sie sich ans System.
- Überarbeiten Sie Ihren Text ruhig mehrmals.
- Schreiben Sie auch online in der Sprache des Erfolgs.
- Surfen Sie im Internet, so oft Sie nur können.

Warum Frauen anders lesen als Männer: Macht durch Lesen

11

Bücher sind entweder Degen oder Träume. Sie können mit Worten kämpfen oder einlullen. Beides ist möglich.

Amy Lowell

Jetzt habe ich Ihnen zweihundert Seiten lang erzählt, dass Sie nicht wie ein Mann kommunizieren sollen, und nun bitte ich Sie plötzlich, zu lesen wie ein Mann. Kann denn das mit rechten Dingen zugehen? Ja, denn ich bitte Sie nur darum, wenn Sie es nicht bereits tun.

Als ich meinem Arzt erzählte, dass ich ein Buch über unsere Fähigkeit zu lesen schreiben würde[*], fühlte er sich bemüßigt, darauf einzugehen und meinte: »Meine Frau sagt immer, dass ich nicht genug Romane lese.« Das brachte mich zum Nachdenken. Ich lese nämlich auch nicht viele Romane, da ich aus beruflichen Gründen viel lesen muss. Bedeutete dies nun, dass ich las wie ein Mann? Diese Frage nun stellte ich allen Menschen, mit denen ich beruflich zu tun hatte, wieder und immer wieder, bis ich schließlich zu dem Schluss kam, dass erfolgreiche Frauen die gleichen Lesegewohnheiten hatten wie Männer (und – natürlich – wie andere erfolgreiche Frauen).

Männer lesen nicht besser als Frauen, aber sie lesen anders. Sie lesen instrumentell. Das bedeutet, dass sie Lesen als Mittel einsetzen, um vorwärts zu kommen und ihre Ziele zu erreichen. Diese Art des Lesens hat mit dem Lesen zur Entspannung oder mit der Flucht in eine Traumwelt recht wenig zu tun. Wenn Sie sich in einen gemütlichen Sessel kuscheln, um Ihren Lieblingskrimi zu verschlingen, ist das Entspannung oder so-

---

[*] *Power Reading,* Englewood Cliffs: Prentice Hall, 1993

249

gar Realitätsflucht. Wenn Sie sich aber durch eine Fachzeitschrift kämpfen, praktizieren Sie Power-Lesen. Ganz so einfach ist die Unterscheidung aber meist nicht: Meine Schriftstellerfreundin liest Krimis, um sich ihre Struktur zu erarbeiten, und meine Unternehmensberater-Freundin liest medizinische Fachzeitschriften zum Vergnügen. Wenn Sie dieses Kapitel beendet haben, werden Sie wissen, dass instrumentelles Lesen auch Spaß machen kann.

Dieses Kapitel macht Sie mit ein paar Techniken des instrumentellen Lesens bekannt, die Ihnen zu mehr Erfolg im Beruf verhelfen werden. Zu diesem Zweck lernen Sie zunächst, was Power-Lesen eigentlich ist. Danach werden Sie sehen, wie man einen Text »angeht« und wie Sie diese Fähigkeiten zur Bewältigung Ihres Posteingangs Gewinn bringend einsetzen können.

Was Lesen und Erfolg miteinander zu tun haben

Um dies zu erläutern, können wir auf das Motto vom Anfang dieses Kapitels zurückgreifen: Bücher sind entweder Degen oder Träume. Sie können mit Worten kämpfen oder einlullen. Beides ist möglich. Frauen haben nur gelernt, mit Hilfe von Büchern zu träumen. Das genügt aber nicht, wir müssen auch lernen, mit Worten zu kämpfen. Im März 1993 hielt die Schriftstellerin Naomi Wolf eine Vorlesung am Geneso College. Während der Fragestunde erhob sich eine der Studentinnen aus dem Publikum und bemerkte, dass »die Romane, die wir so lesen, uns meist vermitteln, dass das Glück darin besteht, den richtigen Mann zu finden«. Diese junge Frau hatte mit einer Form des Lesens Bekanntschaft gemacht, die Schüchternheit, Ängstlichkeit und Abhängigkeit fördert, einer Art des Lesens, die Frauen, die im 19. Jahrhundert des Lesens kundig waren, erlaubte, ihrer deprimierenden Realität zu entfliehen. Doch diese Art des Lesens hindert uns heute am beruflichen Fortkommen. Dabei geht es nicht nur darum, was und weshalb wir lesen, sondern auch wie wir es tun.

Was Lesen und Erfolg miteinander zu tun haben

Was lesen Sie?

Wenn Sie jetzt neben Romanen, Gedichten und Magazinen auch Fachzeitschriften, wissenschaftliche Aufsätze und Fachbücher erwähnen, wissen Sie bereits, wie man instrumentell liest. Wenn Sie dann auch noch mit der Menge an Information, die Sie aus Ihrem Lesestoff holen, zufrieden sind, können Sie dieses Kapitel getrost überspringen. Sind Sie jedoch über Abenteuer- und Liebesromane, den *Stern* und Spionage- oder Kriminalgeschichten nie hinausgekommen, ist das zwar auch in Ordnung, denn Lesen ist und bleibt eine der wichtigsten Entspannungstechniken des Menschen, aber es ist eben einfach nicht genug.

Sie sollten lernen, wie man zur Power-Leserin wird. Im Folgenden finden Sie eine kleine Liste. Sie umfasst alle möglichen Arten von Schriftstücken, die Sie in Ihrem Eingangskorb finden können. Machen Sie ein Häkchen hinter jene, die Sie tatsächlich lesen. Setzen ein Kreuz hinter die anderen, die Sie eigentlich immer lesen möchten, obwohl Sie nie ausreichend Zeit dafür finden.

Der Posteingang

- Briefpost
- Werbesendungen
- interne Mitteilungen
- Zeitungen
- Wirtschaftszeitschriften
- Wochenzeitschriften
- wissenschaftliche Publikationen
- Bücher (Erstellen Sie eine Liste der Titel, die Sie gern lesen würden.)
- E-Mails
- andere elektronische Post
- multimediale Veröffentlichungen (auf CD-ROM zum Beispiel)

Warum lesen Sie?

Denken Sie einmal darüber nach, welche Ziele Sie beim Lesen verfolgen. Möchten Sie dem täglichen Einerlei entfliehen und sich in Abenteuer stürzen, die Sie im Normalfall nie erleben würden? Wollen Sie sich von einem sicheren Standort aus in die blutigen Tiefen des Mordgeschäfts wagen? Oder möchten Sie Augenblicke erleben, die längst schon Vergangenheit sind, mit all ihrer Pracht und Größe? Diese Gründe sind für jede Frau annehmbar. Sie sollen die Entspannung, die Sie in Büchern finden, ja nicht aufgeben. Es geht nur darum, dass Ihre Leseleidenschaft in Ihrem Leben auch noch andere Funktionen erfüllen könnte. Es gibt andere Arten zu lesen, Arten, die Männer gewöhnlich besser beherrschen als Frauen, und die ihnen zum beruflichen Weiterkommen dienen.

Wie aber lesen Männer? Auch sie lesen häufig nur zum Vergnügen, aber sie haben – wie jede erfolgreiche Frau – einen Weg entwickelt, Lesen zum Instrument ihres beruflichen Fortkommens zu machen. Sie lesen, um ihren Job effizienter ausführen zu können, um sich auf anstehende Beförderungen vorzubereiten und neue Wissensgebiete aufzutun. Lesen ist für sie ein Weg zu Einfluss und Macht.

Ein kurzer Blick auf die Geschichte des Lesens und Schreibens zeigt deutlich, dass der Zugang zur Literatur für Männer und Frauen nicht unterschiedlicher sein könnte. Schreiben und Lesen waren von Anbeginn an wichtige ökonomische Fähigkeiten. Die ersten überlieferten Schriftstücke sind Inventarverzeichnisse und Familienstammbäume, die zur Feststellung der Erbberechtigung dienten. Lesen und schreiben zu können gehörte für Geschäftsleute zu den wichtigsten Fähigkeiten, da sie sich damit nicht nur auf ihr Gedächtnis verlassen mussten. Selbstverständlich waren Geschäftsleute in erster Linie Männer. Später, als Lesen und Schreiben endlich für eine größere Anzahl von Frauen zur Selbstverständlichkeit wurde, waren diese in erster Linie ans Haus gebunden. Da sie die Fähigkeit zu lesen nicht für den Verkehr mit der Außenwelt brauchten, wurde das Lesen von Romanen zum beliebten Mittel, aus einer

Was Lesen und Erfolg miteinander zu tun haben

deprimierenden Realität zu fliehen. Denken Sie nur einmal an die Hauptfiguren in *Madame Bovary* von Gustave Flaubert oder *Mrs. Dalloway* von Virginia Woolf. Diese Heldinnen lasen nur, um ihrer tristen Alltagswelt zu entkommen. Die Romane, die im 19. Jahrhundert speziell für Frauen geschrieben wurden, haben laut Martha Nussbaum darüber hinaus »… unseren Sinn für das Mögliche behindert«, indem sie uns suggerierten, dass Frauen sich zwischen Unabhängigkeit und Liebe entscheiden müssten.

Tolstojs Anna Karenina ist eine der wenigen Heldinnen dieser Zeit, die sowohl auf romantische wie auch auf instrumentelle Art gelesen haben. Der Schriftsteller beschreibt dies so:

Anna Arkadjewna las wohl und nahm das Gelesene auch in sich auf, aber es bereitete ihr keine Freude, zu lesen und im Roman das Leben anderer Menschen zu verfolgen; dazu dürstete es sie zu sehr danach, selbst zu leben. Las sie, wie die Heldin des Romans einen Kranken pflegte, dann hatte sie den Wunsch, sich selbst mit lautlosen Schritten im Krankenzimmer zu bewegen; las sie von der Rede, die ein Mitglied des Parlaments gehalten hatte, dann wünschte sie, diese Rede selbst zu halten; las sie davon, wie Lady Mary hinter der Meute einhergesprengt war, ihre Schwägerin herausgefordert und die ganze Jagdgesellschaft durch ihre Kühnheit in Erstaunen versetzt hatte, so wünschte sie, es ihr gleichzutun. Aber das waren müßige Gedanken, und während ihre kleinen Hände mit dem glatten Papiermesser spielten, zwang sie sich zum Weiterlesen.

… Darüber hinaus machte sie sich anhand von Büchern und Fachzeitschriften alles zu Eigen, was mit der Tätigkeit Wronskis zu tun hatte, so dass es häufig vorkam, dass er sie in Fragen zu Rate zog, die landwirtschaftliche Dinge oder das Bauwesen, ja mitunter sogar die Pferdezucht und den Reitsport betrafen. Er wunderte sich über ihre Kenntnisse und ihr Gedächtnis, bezweifelte anfangs jedoch manchmal die Richtigkeit ihrer Auskünfte und wünschte sie bestätigt zu sehen.

Anna Karenina las also sowohl wie ein Mann als auch wie eine Frau. Die Literaturwissenschaftlerin Virginia Phelan meint, dass Anna wohl kaum unter den Rädern eines Zuges gelandet wäre, hätte sie die Gelegenheit gehabt, ihre Talente auf produktive Weise in einem Beruf auszuleben. Doch wie immer Sie auch über den Zusammenhang von Liebe und Unabhängigkeit denken mögen, da Sie mein Buch gekauft haben, nehme ich an, dass Sie Erfolg haben möchten – und die romantische Art zu lesen verhilft Ihnen nicht zum gewünschten Ergebnis.

Wie lesen Sie?

Worin der Unterschied zwischen männlichem und weiblichem Lesen genau besteht, wurde mir bei einem Workshop klar. Dieses Seminar richtete sich an Führungskräfte und hatte zum Ziel, ihnen auf hohem Niveau die Fähigkeit des Power-Lesens zu vermitteln. Drei Frauen und zwei Männer machten sich daran, innerhalb eines festgelegten Zeitrahmens eine bestimmte Information in einem Artikel zu suchen. Diese Information war auf mehrere Sätze am Anfang und am Ende des Artikels aufgeteilt. Sobald die Männer die Instruktionen gehört hatten, machten sie sich daran, zügig den Artikel durchzulesen und die Sätze anzustreichen, die ihrer Auffassung nach wichtig waren. Die drei Frauen lasen den Artikel genauso schnell, statt jedoch gleich beim ersten Mal den Markierstift zu benutzen, lasen sie die einzelnen Abschnitte noch ein paar Mal durch, bevor sie anfingen, einzelne Sätze zu unterstreichen. Als sie dann ihre Ergebnisse präsentierten, stellte ich fest, dass beide Männer, doch nur zwei der Frauen beide wichtigen Abschnitte gefunden hatten.

Die dritte Frau wollte zuerst gar nicht sagen, was sie angestrichen hatte, schließlich zeigte sie doch einen der beiden Abschnitte. Nachdem klar geworden war, dass die Lösung darin bestand, beide Abschnitte zu markieren, sagte sie: »Ich hatte ja beide angestrichen, aber ich hatte Angst, das zu sagen. Vielleicht wäre ich ja die Einzige mit dieser Lösung gewesen.« Sie hatte als Erste beide Abschnitte gefunden und hatte Angst gehabt, ihr Ergebnis vorzutragen. Später meinte sie noch, sie sehe sich selbst als schlechte Leserin, obwohl sie an der Universität immer hervorragende Kritiken für ihre Fähigkeit bekommen hatte, Informationen aus einem Text zu holen.

Das Lesedefizit dieser Frau hatte mit Lesen also gar nichts zu tun, sondern eher mit Mut. Am nächsten Tag brachte ich ihr ein Gedicht von Emily Dickinson mit:

Wir wissen nicht von eigner Größe
Bis man uns sagt: Steh auf
Dann reicht, wenn alles ist, wie' soll
Der Leib zum Himmel rauf –

Wer redet da von Heldentum
Es wäre ganz normal
Verkrümmten nicht aus Angst wir uns
König zu sein einmal –

Lesen verlangt Können, aber auch Mut. Wenn wir lesen, das Gelesene erfassen, zusammenfassen und präsentieren wollen, müssen wir uns wappnen – mit dem Mut der Frauen.

Richtiges Lesen: Grundlegend für die Kommunikation

Sklavenhalter und Tyrannen wussten immer schon, dass Lesen Macht ist. Aus diesem Grund galt es früher als Verbrechen, Sklaven das Lesen beizubringen. Als Malcolm X ins Gefängnis ging, war er Analphabet. Erst in der Strafanstalt lernte er lesen. Diesen Moment beschrieb er in seiner Autobiografie: »… als ich langsam mehr und mehr Wörter beherrschte, nahm ich zum ersten Mal in meinem Leben ein Buch zur Hand und verstand, was darin geschrieben stand. Jeder, der viel gelesen hat, versteht wahrscheinlich, welche Welt sich mir in diesem Augenblick auftat … Ich war in meinem ganzen Leben noch niemals so frei gewesen.« Das Gefängnis lehrte ihn, dass Analphabetentum wie ein inneres Gefängnis war, dessen Mauern sich im Laufe eines Lebens immer höher auftürmen konnten. Wenn Sie zwar lesen können, aber es nicht tun, gehören Sie zu den Millionen sekundärer Analphabeten, die sich freiwillig in dieses Gefängnis begeben.

Jede gedruckte Seite, jede Ihrer Reaktionen darauf, jeder Weg, die aufgenommenen Informationen sinnvoll für sich einzusetzen, macht Sie klüger. Lesen ist nicht irgendeine kommunikative Fähigkeit, es steht im Zentrum jeglichen kognitiven Austausches. Das geschriebene Wort vermittelt Ihnen – ob in gedruckter oder digitaler Form – Informationen schneller und präziser als jedes andere Medium. Diese Effizienz ist der Schlüssel zu einer machtvollen Sprache.

Ehrgeizige Frauen müssen viel und schnell lernen. Sylvia Ruiz beschreibt ihre Erfahrung mit Power-Lesen aus erster Hand: »Ich fand heraus, dass meine Firma eine neue Abteilung aufzog, in der ich Chancen auf einen Spitzenjob hatte. Das Problem war nur, dass diese Abteilung auf einem ganz anderen Gebiet tätig sein würde als ich im Augenblick. Ich musste mir also in weniger als drei Monaten ein völlig neues Fachgebiet aneignen. Ich musste mich durch über 50 Bücher und etwa 300 Artikel wühlen und dabei herausarbeiten, was für die neue Abteilung wichtig war. Ich hatte mich mit neuen, komplexen Techniken auseinander zu setzen und musste herausfinden, wo ich mich in dem Ganzen sah. Ich arbeitete bei meinen Einmerkern und Randnotizen mit einem ausgeklügelten Farbsystem. So markierte ich theoretische Informationen zum Beispiel in einer anderen Farbe als praktische. Ich habe mich in das Thema termingerecht eingearbeitet und bekam den Job. Ohne Power-Lesen hätte ich das nie geschafft.«

Wie Lesen Ihrer Karriere auf die Sprünge hilft

Das Konzept des Power-Lesens entstand aus den Techniken, die ich entwickelt hatte, um meinen Klienten und Klientinnen zu einem unbeschwerteren Umgang mit ihrem Eingangskorb zu verhelfen. In meinen Power-Reading-Workshops musste

Richtiges Lesen: Grundlegend für die Kommunikation

ich allerdings feststellen, dass gerade gebildete Frauen recht große Schwierigkeiten mit einigen Methoden des Power-Readings hatten. Sie konnten sich nicht entschließen, Textstellen zu markieren und Kommentare an den Rand zu schreiben. (Hatte man sie gelehrt, ihre Bücher nicht zu »beschmutzen«?) Aber was noch schlimmer war: Sie scheuten davor zurück, die Meinung des Autors in Frage zu stellen. Gedruckte Ideen schienen ihnen unantastbar zu sein, so dass sie sie nur schwer für ihre eigenen Zwecke umformulieren konnten. Doch genau diese Fähigkeiten sind es, die uns letztlich zum Erfolg führen. Also betrog die traditionelle, weibliche Form des Lesens Frauen um den Lohn ihrer Bemühungen. Um mit Power lesen zu können, müssen Sie sich eine Reihe von Fähigkeiten aneignen, die Sie dann vorbehaltlos auf Artikel, Bücher, Briefe, ja sogar auf die Werbesendungen in Ihrem Korb und Ihrem elektronischen Briefkasten anwenden müssen.

Wie Sie bereits in früheren Kapiteln gesehen haben, sind Können, Macht und Selbstbewusstsein untrennbar miteinander verwoben. Es ist kaum festzustellen, wo das eine aufhört und das andere beginnt. Beim Lesen sind diese drei sogar absolut austauschbar. Power-Lesen ist nämlich nichts anderes als die selbst- und zielsichere Anwendung von vier verschiedenen Techniken: Durchsehen, Überfliegen, Anlesen und konzentriert Lesen. Letztlich geht es dabei – wie beim Goldwaschen – um ein immer feineres Sieben, bis schließlich genau die Texte oder Textteile übrig bleiben, die Sie wirklich gründlich lesen sollten. Ich habe diesem von mir entwickelten System bereits ein ganzes Buch gewidmet, daher beschränke ich mich hier auf die wichtigsten Techniken, die Sie für das Berufsleben brauchen.

Schnellfilter

Zuerst müssen Sie lernen, wie Sie sich in dem Meer von Informationen, das täglich Ihren Schreibtisch überflutet, sinnvoll bewegen können. Dazu sind vor allem zwei Techniken von Nutzen, die sich dem Text an seiner Oberfläche nähern: das Scanning oder Durchsehen und das Überfliegen.

Durchsehen. Diese im Englischen *scanning* genannte Technik setzen Sie ein, wenn Sie mehrere Schriftstücke auf ein bestimmtes Thema hin durchgehen. Von allen Lesetechniken ist das Durchsehen die einzig wirklich visuelle. Sie müssen Ihren Kopf dafür nicht großartig anstrengen. Auf diese Weise werden Sie sogar immer schneller. Das Informationsmeer in Ihrem Eingangskorb schrumpft in Rekordzeit zu einem überschaubaren See. Scanning ist die beste Waffe gegen Informationsüberflutung. Wann immer Ihnen irgendjemand erzählt, er lese das *Handelsblatt* oder die *Financial Times,* können Sie Ihren Kopf darauf verwetten, dass er oder sie nur die Schlagzeilen durchsieht und sich so die interessantesten Artikel herauspickt.

Praxistipp

Sehen Sie das Register zu diesem Buch durch. Gehen Sie die Schlagworte mit Ihrem Finger durch und suchen Sie so schnell als möglich das Stichwort »Körpersprache«.

Überfliegen. Auch dies gehört zu den Schnellfiltertechniken, und höchstwahrscheinlich kennen Sie diese Methode bereits, wenn auch vielleicht nicht in der ihr eigenen Effektivität. Wenn Sie ein Buch oder einen Artikel überfliegen, sehen Sie sich den gesamten Text an, ohne in die Tiefe zu gehen. Sie erarbeiten sich die Struktur und die wesentlichen Inhalte, um ihre Bedeutung einzuschätzen. Bevor Sie nun mit dem traditionellen Überfliegen von der ersten bis zur letzten Seite starten, werfen Sie einen kritischen Blick auf folgende Punkte: Autor und Titel, Zeitpunkt der Veröffentlichung, Inhalts- und Stichwortverzeichnis sowie Quellenangaben. Ein effektiver »Überflieger« schafft bis zu 100 000 Wörter in einer Minute. Aber so toll sich das anhört, natürlich hat diese Art des Lesens auch einen Haken, den Woody Allen etwas überspitzt so formuliert: »Ich habe Schnell-Lesen gelernt. Ich fahre mit dem Finger über die Mitte der Seite und basta. *Krieg und Frieden* habe ich in zwanzig Minuten gelesen. Es geht darin um Russland.« Die Schnell-

Richtiges Lesen: Grundlegend für die Kommunikation

filtermethoden informieren Sie rasch über das zentrale Thema des Textes. Das heißt noch nicht, dass Sie ihn auch verstanden haben. Doch natürlich kommt es beim Power-Lesen auf das Verständnis der Texte an. Um dieses Ziel zu erreichen, wenden Sie sich den anderen beiden Arbeitsweisen zu.

Anlesen

Mit dieser im Englischen *prereading* genannten Technik filtern Sie die Informationen, die Ihnen nach dem Durchsehen und Überfliegen verblieben sind, weiter. Im Grunde funktioniert dies, als würden Sie unser Organisationssystem, mit dem wir so schlagkräftige Präsentationen entwickelt haben, von hinten aufrollen: Sie als Leser suchen die Struktur zu entdecken, die der Autor dem Text verliehen hat. Bei dieser Methode greifen Sie auf Ihr Wissen von der Entstehung eines Textes zurück, um die zentralen Punkte möglichst schnell herauszufinden. Sie suchen also nach der These und den Kapitel- oder Abschnitts-Zusammenfassungen. Wenn diese Phase abgeschlossen ist, haben Sie schon einen tieferen Einblick in das Schriftstück gewonnen. Sie haben ausgesuchte Textteile gründlich gelesen. Hier müssen Sie sich schon etwas mehr konzentrieren, schließlich ist die Herausarbeitung der These der Schlüssel zum Textverständnis. Erst wenn Sie über diese Informationen verfügen, können Sie entscheiden, ob Sie den Text Wort für Wort gründlich studieren wollen.

Wichtig beim Anlesen ist, dass Sie verstehen, worum es hierbei geht. Die folgenden drei Punkte sollen Ihnen Sinn und Zweck dieser Prozedur veranschaulichen. Haben Sie diese verstanden, werden die vier Schritte des Anlesens für Sie zum Kinderspiel.

1. Lesen Sie mit dem Kopf. Das Anlesen eines Textes ist ein aktiver Prozess, bei dem Sie mitdenken müssen. Einfach mit den Augen über die Informationen zu gleiten genügt hier nicht. Die Augen können die Daten nur an das Gehirn weitergeben. Wenn es schläft, kommt die Information nirgends an. Wenn Sie nicht wissen, was ich damit meine, sehen Sie einmal einem

Warum Frauen anders lesen als Männer – Macht durch Lesen

Blinden zu, wie er Braille, die Blindenschrift, liest. Liest er vielleicht mit den Augen? Aus diesem Grund scheitern auch die Schnell-Lese-Kurse, die an Universitäten heute so häufig angeboten werden. Nur die Augen zu trainieren reicht eben nicht aus.

2. Lesen Sie präzise und exakt. Exaktes Lesen ist eine zentrale Fähigkeit beim Power-Reading. In der Phase des Anlesens versuchen Sie zum Beispiel niemals, das Gelesene zu paraphrasieren, das heißt es in Ihren eigenen Worten auszudrücken, wie man es in der Schule lernt. Ganz im Gegenteil: Sie versuchen herauszufinden, was der Autor damit sagen will, und zwar *mit den Worten des Autors.* Haben Sie also die These gefunden, dann wiederholen Sie sie möglichst präzise. Warum? Die Paraphrase ist in diesem Stadium einfach zu aufwändig. Sie verlieren damit nur Zeit und intellektuelle Energie, beides Dinge, die Sie besser für Ihr Weiterkommen einsetzen.

3. Passen Sie die Technik Ihren Erfordernissen an. Wenn Sie verstehen, worum es in diesem Stadium geht, können Sie neue Anwendungsmöglichkeiten für diese Lesetechnik finden. Wenn Sie beispielsweise ein Team von Ingenieuren und Entwicklern leiten, können Sie alle Artikel, die mit den Spezialgebieten Ihres Teams zu tun haben, anlesen, um sie dann zur gründlichen Lektüre an die Person weiterzureichen, deren Aufgabengebiet sie direkt betreffen. Auf diese Weise bleiben Sie immer auf dem Laufenden, ohne sich um die Details kümmern zu müssen.

Im Folgenden möchte ich Ihnen die vier wesentlichen Schritte der Anlesetechnik genauer darstellen. Wenn Sie diese meistern, ist ein ständig voller Posteingangskorb für Sie eine der leichtesten Übungen.

1. Welche Struktur hat der Text? Bei einem kurzen Text kostet die Erarbeitung der Struktur Sie höchstens einen schnellen Blick. Bei längeren Texten sollte Ihnen Schritt 2, das Überflie-

Richtiges Lesen: Grundlegend für die Kommunikation

gen, schon einen guten Überblick verschafft haben. Zur Struktur gehören Aufbau und Gewichtung der einzelnen Themenbereiche ebenso wie die Feststellung der Aktualität eines Textes.

2. Wie lautet die These? Gewöhnlich stehen Thesen dort, wo sie leicht zu finden sind: im Titel, im Untertitel, am Anfang oder Ende des Textes. Bei Büchern findet sich die These häufig in der Einleitung oder dem Vorwort. Wenn Sie erst einmal einen allgemeinen Überblick über die Informationsstruktur der Texte gewonnen haben, die der Posteingang Ihnen so auf den Schreibtisch spült, wird es Ihnen leicht fallen, mit einem Blick die These herauszufinden. Markieren oder unterstreichen Sie die entsprechenden Sätze. Wenn Ihnen dies sehr widerstrebt, können Sie ja Haftnotizen oder sogenannte Reiter benutzen. Die These ist sozusagen der Generalschlüssel zum Verständnis des Textes, und diesen wollen Sie doch nicht noch einmal suchen müssen, oder?

3. Welche Themenbereiche werden angesprochen? Suchen Sie wirklich nur die Themenbereiche, nicht die Ausführung heraus. Hier hilft Ihnen Ihr Wissen über den Aufbau von Absätzen. Gewöhnlich steckt das Thema im ersten Satz, der Rest umkleidet das so geschaffene Skelett nur mit Fleisch. In einem Buch steckt die gewünschte Information übrigens meist im ersten und letzten Absatz des Kapitels. Vergessen Sie nicht: Sie wollen nur herausfinden, welchem Thema die einzelnen Abschnitte oder Absätze gewidmet sind. Die Details interessieren Sie nicht.

4. Entscheiden Sie, ob es sich lohnt, den Text ganz zu lesen. Nun wissen Sie schon eine ganze Menge über den Text: Sie kennen seine Struktur, seine Hauptthese und die behandelten Themenbereiche. Sie konnten auch erkennen, ob er gut oder schlecht aufgebaut, gut oder schlecht geschrieben ist und ob er Informationen enthält, die für Sie beruflich wichtig sind. Ist es wirklich nötig, den Text Wort für Wort zu lesen? An diesem Punkt sehen sich Frauen meist nicht in der Lage, mit einem

»kalten« Nein zu antworten. Viele Frauen erklären, dass sie fast zwanghaft jedes Wort lesen, auch nachdem sie bereits entschieden haben, dass der Text für sie nicht wichtig bzw. nicht gut geschrieben ist oder keine neuen Informationen enthält. Die Entscheidung, nicht jedes Wort zu lesen, verlangt viel Mut und Vertrauen ins eigene Urteil. Da gründliches und konzentriertes Lesen jedoch einen hohen Einsatz verlangt, sollten Sie sehr gründlich prüfen, was wirklich lesenswert ist. Wenn das Buch Ihr Leben nicht essenziell verändert, sollten Sie es nicht Wort für Wort lesen. Denn bereits das Anlesen bringt Ihnen so viel sinnvolle und nützliche Informationen, dass nur etwa zehn Prozent der Texte, die in Ihrem Posteingang landen, die Stufe des Konzentriert-Lesens erreichen sollten.

Praxistipp

Versuchen Sie sich mehrmals mit der Anlesetechnik an Texten aus Ihrem Berufsleben. Nehmen Sie dazu ruhig verschiedene Textformate wie Zeitschriften, Leitartikel oder wissenschaftliche Aufsätze. Folgend finden Sie ein Muster für eine Karteikarte (DIN A5), mit der Sie dem Text zu Leibe rücken können. Auf diese Weise stellen Sie sicher, dass Sie auch nichts übersehen haben. Wenn Sie mit der Anlesetechnik vertraut geworden sind, können Sie das Kartenformat auch auf Ihr Textverarbeitungsprogramm übertragen.

Karteikarte für die Anlesetechnik

Schritte:

1. Welche Struktur hat der Text?
2. Suchen Sie die These, streichen Sie sie im Text an und schreiben Sie sie ab. (Ganze Sätze bitte, keine Stichworte)
3. Worum geht es in den einzelnen Absätzen oder Kapiteln? Markieren Sie das Thema.
4. Entscheiden Sie, ob Sie den Text gründlich lesen wollen.

Richtiges Lesen: Grundlegend für die Kommunikation

Autor:
Titel:
Ort der Veröffentlichung: Datum: Seitenzahl:
These:

_____

_____

_____

_____

Themenbereiche (Liste, Schlagworte in Reihenfolge):

_____

_____

_____

_____

_____

_____

Anmerkungen und Kommentare:

_____

_____

Möchten oder müssen Sie den Text Wort für Wort lesen?

_____

Nachdem Sie sich an ein paar kurzen Texten versucht haben, wagen Sie sich ruhig an Fachbücher. Sie werden innerhalb weniger Minuten begreifen, worum es in einem Buch geht, und können dann entscheiden, ob Sie sich weiter darin versenken oder lieber etwas anderes tun wollen.

Gründliches Lesen als Karriereinstrument

Haben Sie sich erst einmal entschieden, den Text genau zu lesen, sollten Sie ihn Wort für Wort durchgehen, so dass Ihnen auch nicht die leiseste Nuance entgeht. Legen Sie sich ein Wörterbuch zurecht: Schließlich wollen Sie den Text bis in die tiefsten Tiefen verstehen. Gehen Sie das Buch oder den Aufsatz mit einem Bleistift und einem Päckchen Haftnotizen versehen durch. Streichen Sie alles an, was Sie behalten wollen. Größere Abschnitte markieren Sie mit den Haftzetteln. Alles, was Sie beruflich brauchen können, kommentieren Sie am Rand. Sie müssen mit dem Text in einen Dialog treten, nur so können Sie sich seine Inhalte tatsächlich aneignen. Markieren Sie alles, was Sie auch sonst anstreichen würden: wichtige Einzelheiten oder Datenmaterial, das Ihnen brauchbar erscheint. Fallen Ihnen Besonderheiten im Aufbau oder in der Struktur des Textes auf, machen Sie sich eine kurze Notiz am Rand. Vielleicht haben Sie dafür ja bereits eine eigene Kurzschrift entwickelt. Bleiben Sie aber nicht bei der reinen Textanalyse stehen. Wenn Sie mit dem Text tatsächlich arbeiten wollen, müssen Sie ihn kritisch lesen. Wie das funktioniert, erläutert der folgende Abschnitt.

Kreative Synthese als wahre Kunst des Lesens

Wer im Lesen zur Meisterschaft gelangen will, muss das Lesen hinter sich lassen. Tatsächlich ist Synthese weit mehr als nur kluges Lesen. Der Duden definiert den Begriff »Synthese« als »Vereinigung verschiedener (gegensätzlicher) geistiger Elemente zu einem neuen (höheren) Ganzen«. Die aus dem Griechischen stammende Vorsilbe *syn-* bedeutet wörtlich »zusammen«, während der Wortstamm auf *tithenai,* »platzieren«, zurückgeht. Wörtlich übersetzt heißt dies also: »Dinge zusammenfügen«. Der Unterschied zwischen einem kreativen Leser und einem x-beliebigen kompetenten Leser besteht darin, dass der Power-Leser das, was er liest, mit seinem beruflichen Kontext in Zusammenhang bringen kann. Diese Fähigkeit führt zu neuen Ideen, Gestaltungskonzepten und effizienten Problemlösungen. Sie werden dadurch also nicht nur zur kreativen Leserin, sondern ebenso zur schöpferischen Denkerin und Arbeiterin.

Wie liest man nun »kreativ«? Sie haben das entsprechende Buch oder den Artikel bereits angelesen und sich für eine gründliche Lektüre entschieden. Sie kennen die These, die einzelnen Themenbereiche, die logische Struktur. Jetzt möchten

Richtiges Lesen: Grundlegend für die Kommunikation

Sie noch weiter gehen. Sie wollen den Text für Ihre Zwecke nutzen. Daher fragen Sie sich, während Sie sich Wort für Wort mit dem Text beschäftigen: Was bringt mir das? Wie kann ich diese Information verwerten? Die kreative Synthese trägt Sie über den Text hinaus.

Die Schriftstellerin Helen Vendler sieht die Rolle des kreativen Lesers so: »Der Text macht den Leser zum Schriftsteller, da er mit jedem gelesenen Wort seine eigene Bedeutung erschafft.« Die kreative Synthese führt Sie weit über die Grenzen des Textes hinaus in die Welt Ihres Arbeitsplatzes, wo Sie aus dem, was Sie nun wissen, neue Ideen ableiten können.

Praxistipp

Im Folgenden finden Sie zwei Absätze aus diesem Buch. Es geht darin um die Rolle des Zuhörens bei der Kommunikation. Wenn Sie das Buch so lesen, dass daraus eine kreative Synthese wird, stellen Sie sich während des Lesens Fragen wie diese: Bin ich wie die hier beschriebenen Frauen? Habe ich Probleme, weil ich zu nett bin? Halte ich mich an andere Regeln als die Männer in der Gruppe? Könnten diese Lösungsvorschläge auch für mich passen?

Keine dieser Fragen betrifft den Text. Kommentieren Sie die beiden Absätze mit Randbemerkungen. Wenn Sie ein wenig Erfahrung gesammelt haben, wird es Ihnen leichter fallen, Randbemerkungen zu machen, mit denen Sie Ihre eigene Meinung einbringen und nicht nur das, was Sie beim instrumentellen Lesen anderer Texte bereits geschrieben vor sich gesehen haben.

> Nett sein zu wollen ist eine recht gemeine Falle. Denn eine der frustrierendsten Erfahrungen, die Frauen am runden Tisch normalerweise machen, ist die, dass man ihnen einfach keine Aufmerksamkeit schenkt, wenn sie tun, was sie gelernt haben: lächeln und warten, bis sie dran sind. Die Linguistin Deborah Tannen meint, dass Männern dieses Konzept des Abwechselnd-an-die-Reihe-Kommens einfach fremd sei.

»Viele Frauen hören zu, in dem Glauben, dass eine ähnlich aufmerksame Haltung später ihnen zuteil wird«, schreibt Tannen. »Ich höre dir zu und dafür hörst du später mir zu. Enttäuscht bemerken sie dann später, dass sie zwar zuhören und zuhören und zuhören, aber dass der Moment des »später« niemals eintritt.«

Wenn ich an einem Seminar oder einer Besprechung teilnehme, befolge ich eine ganz simple Regel: Sei eine der Ersten, die spricht. Bring deine Ideen auf den Tisch, um gleich zu Anfang für andere sichtbar »da« zu sein. Die Alternative, die ich früher häufiger erlebt habe, ist die: Man fühlt sich wie »die Neue«, ist unsicher und weiß nicht genau, wann man denn nun am besten unterbricht und seine Ideen zu Gehör bringt. Die Diskussion schreitet weiter und immer weiter fort. Von meiner eigenen Nettigkeit gebremst (für die es natürlich kein »Gut« oder »Brav« gibt), schaffte ich es meist nicht einmal, meine Vorstellungen einzubringen, denn bevor ich den Mund aufbekam, hatte schon jemand anders diese Punkte zur Diskussion gestellt. Jetzt melde ich mich früher zu Wort, um meinen Teil zum allgemeinen Kuchen beizutragen. Erst dann kann ich mich entspannen und die Runde genießen, weil ich nicht mehr ständig mit mir selbst beschäftigt bin.

Lesen ist wie Turnierfechten – nett sein bringt gar nichts

Lesen Sie nicht passiv. Um diese Fähigkeit zu trainieren, sollten Sie einige Texte lesen, die Ihren Widerspruch geradezu herausfordern. Männer scheinen dies zu lieben. Sie formulieren ihre Einwände, debattieren geradezu mit dem Text, während Frauen sich dabei unwohl fühlen. Wenn sie etwas lesen, das ihnen völlig absurd vorkommt, schreiben sie vielleicht an den Rand: »Ich bin damit nicht ganz einverstanden.« Oder: »Ich sehe das etwas anders.« Auch hier spiegelt die Grammatik der Schwäche wider, wie stark ihre Angst davor ist, ihre Meinung

Richtiges Lesen: Grundlegend für die Kommunikation

offen in den Raum zu stellen. Wenn Frauen ausdrücken wollen, dass sie eine Idee super finden, notieren sie am Rand: »Diese Idee gefällt mir.« Wir haben nur allzu gut gelernt, dass nette Mädchen weder angreifen noch Widerstand leisten. Das mag schon stimmen, aber netten Mädchen fehlt es für gewöhlich auch an Kreativität und Überzeugungskraft.

Außerdem können Sie mit aggressivem Lesen testen, wie weit Sie die Frauensprache des Erfolgs bereits beherrschen. Es gibt Ihnen die Möglichkeit, Ihre argumentativen Fähigkeiten allein im stillen Kämmerchen zu testen. Schließlich kann niemand Sie auf Grund schlechter Randbemerkungen feuern. Wenn Sie mit dem Text in Dialog treten, lernen Sie, wie Sie Ihr Missfallen und Ihre Zustimmung äußern können. Diese Fähigkeiten werden nach und nach in Ihren gesamten Sprachgebrauch übergehen, so dass sie Ihnen jederzeit zur Verfügung stehen.

Praxistipp

Lesen Sie die beiden vorherigen Absätze noch einmal. Dieses Mal fechten Sie mit der Autorin. Fordern Sie sie heraus. Machen Sie Randbemerkungen, in denen sich das Prinzip Angriff und Abwehr widerspiegelt. Seien Sie des Teufels Advokatin. Achten Sie darauf, Ihre Argumente in der Sprache des Erfolgs zu formulieren. Wenn Sie nicht einverstanden sind, sagen Sie ganz genau, weshalb. Wenn die Autorin falsche Argumente bringt, halten Sie den Fehler fest. En garde, meine Damen!

Schleichen Sie sich ins Lager des Feindes: Lesen Sie, was Sie schrecklich finden

Frauen äußern häufig, sie hätten sich entschlossen, einen Text Wort für Wort zu lesen, weil sie ihn »mögen«. Doch was, wenn Sie einmal das Gegenteil versuchten? Lesen Sie Bücher, mit deren Thesen Sie nicht einverstanden sind, Autoren, die falsch liegen. Beschäftigen Sie sich mit Texten von Unternehmensberatern, deren Vorschläge Ihre Firma bedrohen. Wenn Sie lesen, um vorwärts zu kommen und nicht um zu träumen, ist es für Sie wichtiger, Widerspruch auszudrücken als Zustimmung. Wenn Sie also das nächste Mal die Zeitung durchblättern, suchen Sie sich eine Kolumne aus, deren Autor wirklich an jedem Punkt falsch liegt und streiten Sie dann mit ihm. Auf diese Weise schärfen Sie Ihre Kritikinstrumente und Ihre Fähigkeit zum Power-Lesen gleichermaßen.

Lesen Sie laut

Wann haben Sie zum letzten Mal etwas laut gelesen? Wenn Sie kleine Kinder haben, mag dies letzte Nacht gewesen sein. Wenn nicht, ist es vielleicht schon ein paar Jahre her. Das ist traurig, denn auch das laute Lesen ist ein wichtiger Teil Ihres sprachlichen Netzes. Laut lesen kann Ihnen in mancher Hinsicht helfen: Es stärkt das Gedächtnis, macht Sie mit guten Texten bekannt und ist Ihnen bei Ihrer nächsten Präsentation mit Sicherheit von Nutzen. Im Kapitel über Präsentationen habe ich Sie gebeten, sich ein Skript zu erstellen, um Ihren Vortrag besser zu timen. Nun möchte ich Ihnen vorschlagen, dass Sie dieses Skript laut vorlesen. »Warum?« mögen Sie sich fragen. »Normalerweise heißt es doch immer, dass man einen Vortrag niemals ablesen soll.« – Und da ist sie schon, die kleine Silbe, die den Unterschied ausmacht. Sie sollen »vor«-lesen, nicht »ab«-lesen. Ihr Publikum wird diese feine Differenz honorieren.

Gewöhnlich fällt Frauen das laute Lesen eher leicht. Schließlich hatten sie meist genug Gelegenheit, mit ihren Kindern zu üben. Vorlesen ist eine Fähigkeit, die Sie zu Hause üben und dann im Beruf gut gebrauchen können. Nutzen Sie diesen weiblichen Vorsprung ruhig aus. Dieses Kapitel sollte Ihnen aufzeigen, wie Sie mit Texten umgehen, wie Sie ein Skript präparieren und wie Sie das, was Sie zu Hause mit Ihren Kindern täglich praktizieren, in die Arbeitswelt mitnehmen können. Wenn Sie all dies in die Praxis umsetzen, sind Sie eine professionelle Vorleserin par excellence.

Lesen Sie laut

Wie man einen Text fürs Vorlesen präpariert

1. Zählen Sie die Worte im gesamten Text und für jeden Absatz einzeln.
2. Lassen Sie einen breiten Rand für eventuelle Bemerkungen.
3. Lesen Sie den Text laut. Markieren Sie die Stellen, an denen Sie Pausen machen oder etwas besonders betonen wollen. Schmieden Sie sich dafür ein eigenes Zeichensystem (eines, das Sie selbst lesen können, wohlgemerkt), und setzen Sie dieses dann konsequent ein. Ein paar Vorschläge finden Sie unten:

//	Pause
fett 〰	Betonung
☺	Lächeln nicht vergessen!
(xx xxx xx)	Diese Worte als einen Satz lesen.
/ /	Raum lassen für eine Notiz, die sich auf das Publikum oder eine bestimmte Person bezieht.
① ② ③	Hier deutlich nummerieren (Fingergesten) und als Parallelfigur präsentieren.

4. Nachdem Sie Ihren Vortrag geübt und die Zeichen dort angebracht haben, wo Sie sie haben wollen, sollten Sie den gesamten Text ausdrucken. Dazu können Sie entweder Karteikarten benutzen oder Kartonpapier im DIN-A4-Format. Doch gleich, welche Größe Sie benutzen, Sie sollten sich auf jeden Fall für Karton entscheiden: Er raschelt nicht, ist praktisch und hält länger als normales Papier. Überlegen Sie sich, wo Sie den Seitenumbruch setzen. Am besten fügen Sie ihn immer vor einem neuen Punkt ein, dann wissen Sie gleichzeitig, dass Sie jetzt eine Pause machen müssen. Vermeiden Sie es auf jeden Fall, die Seite zu überladen. Außerdem sollten Sie die Seitenzahlen und die Anzahl der Wörter auf jeder Seite ausdrucken (moderne Textverarbeitungsprogramme können das). So wissen Sie immer, wo Sie gerade sind.

Tipps zum Lesen vor Publikum

Zügeln Sie sich

Sie sollten nicht mehr als etwa 100 bis 120 Wörter pro Minute lesen – Zeit für Pausen und Nebenbemerkungen eingeschlossen. Üben Sie so lange, bis Sie den Text fast auswendig können. Wenn Sie dies beherrschen, ist Ihr Selbstvertrauen so weit gestiegen, dass Sie während des Vortrags problemlos Augenkontakt halten können.

Der Erfolg beim Vorlesen liegt im Augenkontakt. Sehen Sie niemals zu Boden, während Sie sprechen. Nehmen Sie jedes Mal, wenn Sie aufs Blatt sehen, einen ganzen Satz auf. Dann sehen Sie ins Publikum, während Sie diesen Satz vortragen.

Und was, wenn ich nicht mehr weiß, wo ich bin?

Fahren Sie mit dem Finger oder mit einem weißen Blatt Papier über die Zeilen, die Sie gerade lesen. Wenn Sie trotzdem verrutschen – kein Grund zur Nervosität. Machen Sie einfach eine kleine Pause und suchen Sie auf dem Blatt nach der verlorenen Stelle. Wenn Sie eine Liste vorlesen oder einen Überblick geben, haken Sie nebenher jeden bereits behandelten Punkt ab. So behalten Sie die Übersicht.

Nehmen Sie sich selbst auf Video auf

Wenn Sie sich dafür entscheiden, Ihre Präsentation vorzulesen, sollten Sie den Veranstalter um ein Pult bitten. Es hat den Vorteil, dass das Publikum die losen Blätter, das Umblättern und Ihre Bemühungen, die richtige Zeile wieder zu finden, erst gar nicht mitbekommt und insofern nicht abgelenkt ist. Wenn Sie Dias oder Folien zeigen, der Raum also abgedunkelt wird, sollten Sie sicherstellen, dass Sie genug Licht haben, um Ihr Skript zu lesen. Wenn Sie all diese Tipps befolgen und mehrfach geübt haben, aber das Ganze immer noch nicht in den Griff bekommen, könnte es sein, dass Sie zu den wenigen Menschen gehören, die ihre Präsentationen nicht vorlesen sollten. Ich persönlich habe das bei Frauen allerdings noch nie erlebt. Normalerweise ist dies für die meisten von uns im wahrsten Sinne des Wortes ein Kinderspiel.

Je weiter Sie auf der Karriereleiter nach oben klettern, umso formeller werden gewöhnlich die Gelegenheiten, bei denen Sie Reden halten müssen. Das Höchste der Gefühle ist in dieser Hinsicht die Arbeit am Teleprompter (der vor allem beim Fernsehen eingesetzt wird und den Text – für das Publikum unsichtbar – auf einem Bildschirm »einspielt«). Doch die Vorlesetechniken, die Sie als Power-Leserin erwerben, sind Ihnen auf allen Stufen von Nutzen – wie die Spinndrüsen, mit denen Charlotte ihr effektiv gewebtes Netz schuf.

Praxistipp

Erstellen Sie eine Videoaufnahme, während Sie einen Text vorlesen. Vielleicht wollen Sie ja mit Ihren Kolleginnen eine Lesegruppe gründen. Ihre Gruppe sollte sich – in durchaus aggressiver Form – mit beruflich relevanten Büchern und Artikeln auseinander setzen. Ihre Fähigkeit zum Vorlesen können Sie mit kürzeren Ausschnitten üben.

Merksätze

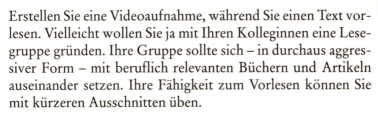

- Lesen ist Macht.
- Machen Sie Ihre Lektüre zum Karrierehelfer.
- Lernen Sie, mit Power zu lesen.
- »Scannen« Sie den Text zuerst.
- Überfliegen Sie ihn dann.
- Lesen Sie ihn an.
- Lesen Sie ihn, wenn nötig, Wort für Wort.
- Lassen Sie auch beim Lesen Präzision walten.
- Werden Sie zur kreativen Leserin.
- Lesen Sie, als würden Sie fechten.
- Schleichen Sie sich ins Lager des Feindes.
- Machen Sie Ihren Stift zum Power-Werkzeug.
- Rebellieren Sie: Lesen Sie vor!

12 »Aber ich dachte, Sie hätten gesagt …«: Durch aktives Zuhören Verständigungsprobleme vermeiden

Ihre Kollegen berichten, dass eine ihrer bemerkenswertesten Fähigkeiten die Art ist, wie sie zuhört und auf das Gehörte eingeht. »Und genau das ist der Schlüssel: Sie sollten Ihren Klienten voller Leidenschaft zuhören.«

Glenn Rifkin

Sie hören nicht zu. Dass Männer Frauen nicht zuhören, ist durch wissenschaftliche Untersuchungen mittlerweile bewiesen und gut dokumentiert. Dieselben Untersuchungen haben auch gezeigt, dass Frauen wiederum sehr gut zuhören und sich auf ihre Gesprächspartner einlassen können. Sogar nonverbale Signale erreichen uns schneller: Die Forscherin Judy Hall zum Beispiel hat herausgefunden, dass Frauen »Gesichter leichter wieder erkennen und nonverbale Hinweise besser deuten können«. Warum also steht nun auch in diesem Buch ein Kapitel über aktives Zuhören?

Weil zahlreiche Studien ergeben haben, dass Erwachsene generell nicht mit voller Aufmerksamkeit zuhören. So antwortet Doktor Dorian, Mister Arables Hausarzt in *Wilbur und Charlotte*, auf die Frage, ob Tiere wohl sprechen können: »Es ist absolut möglich, dass sich ein Tier mit mir zivilisiert unterhalten hat, und ich's nur nicht mitkriegte, weil ich nicht Acht gegeben hab. Kinder hören genauer hin als Erwachsene.«

Zuhören: Eine der wichtigsten Führungsfähigkeiten

Auf die Frage, welche kommunikativen Fähigkeiten sie gern verbessern würden, nennen Frauen das Zuhören meist als ersten oder zweiten Punkt. Trotz ihrer guten Ergebnisse bei wissenschaftlichen Studien melden viele Frauen sich zu meinen diesbezüglichen Workshops an, weil ihre Chefs oder Mitarbeiter sich beklagen, dass sie nicht richtig zuhören würden. Erfolgreiche Managerinnen oder Personaltrainerinnen bitten mich, sie im aktiven Zuhören zu unterweisen, da sie ihr eigenes Manko deutlich wahrnehmen. Tatsächlich zeigen psycholinguistische Untersuchungen, dass viele Menschen bei einem Gespräch geistig nicht bei dem sind, was ihr Gegenüber sagt, sondern sich überlegen, was sie antworten werden, wie der gestrige Tag war oder was sie zum Abendessen kochen sollen. Obwohl Zuhören-Können im Topmanagement zu den gefragtesten Qualitäten zählt, lautet doch gleichzeitig die am häufigsten vorgebrachte Klage in unseren Workshops, dass Frauen mit ihren Ideen buchstäblich kein Gehör finden.

Es folgen ein paar typische Aussagen von Management-Trainerinnen: »Die zentrale Fähigkeit beim Coaching ist effektives Zuhören.« »Mein berufliches Ziel ist erfolgreiches Coaching, mein wichtigstes Instrument dabei ist erfolgreiches Zuhören.« »Die Menschen, mit denen ich arbeite, klagen, dass ich ihnen nicht richtig zuhöre.« Aus diesen Zitaten können Sie klar erkennen, was Frauen über ihre eigene Fähigkeit zum Zuhören denken.

Was bedeutet »Zuhören«?

Zuhören ist eigentlich ein ganz einfaches Wort, das wenig Spielraum für Interpretationen lässt. Es bedeutet »jemandem auditiv Aufmerksamkeit widmen, genau auf das achten, was er sagt, jemandem sein Ohr leihen«. Stellen Sie den Begriff einmal dem Wort »hören« gegenüber. Wo liegt der Unterschied? Wir

Durch aktives Zuhören Verständigungsprobleme vermeiden

hören ständig etwas, das bedeutet aber noch lange nicht, dass wir diesen Geräuschen auch »unser Ohr leihen«.

Schließen Sie doch einen Moment lang Ihre Augen. Was hören Sie? Die Lüftung, den Straßenlärm, Kollegen, die sich auf dem Flur unterhalten, ein Radio, das Summen Ihres Computers. All diese Dinge hören Sie, aber Sie hören Ihnen nicht zu. Sie filtern diese Geräusche einfach heraus. Zuhören ist also ein sehr bewusster Vorgang. Wir hören zu, weil wir uns dafür entschieden haben. Verständnisprobleme kommen dann auf, wenn wir nicht zuhören, sondern nur hören bzw. »mit halbem Ohr zuhören«.

Was uns am Zuhören hindert

Filter

Wir haben bereits darüber gesprochen, dass Männer Äußerungen von Frauen häufig mehr oder weniger absichtlich überhören. Das bedeutet, sie filtern das Gehörte, und die »uninteressanten« Äußerungen fallen durch den Raster. Doch ist dies keine männliche Eigenheit. Wir alle sortieren – mehr oder weniger bewusst – aus, weil wir ihre Quelle negativ bewerten. Geschlecht, Alter, Herkunftsland, enthnische Zugehörigkeit, Gestik, äußere Erscheinung, ja sogar der Geruch eines Menschen können uns dazu bringen, dass wir sagen: »Diese Person ist nicht wert, dass wir ihr zuhören.« In der Folge sind wir so damit beschäftigt, das »Störsignal« zu ignorieren oder zu verarbeiten, dass uns der Inhalt der Botschaft völlig entgeht. Da wir Frauen häufig Opfer solcher Filtermechanismen werden, sollten wir darauf achten, welche wir selbst anwenden. Denn normalerweise läuft dieser Ausleseprozess unbewusst ab.

Juanita Suarez beispielsweise kommt aus Brasilien. Ihre Muttersprache ist Portugiesisch. Sie arbeitet viel am Telefon, da sie für den Kundenservice einer großen Firma verantwortlich ist und deren Hotline leitet. Da sie mit Akzent spricht, wird sie von den meisten Anrufern zunächst »ausgefiltert«. Die Kunden, die zu ihr durchgestellt werden, fragen erst ein-

Was uns am Zuhören hindert

mal nach ihrem Abteilungsleiter – und sie muss jedes Mal erklären, dass sie die Abteilungsleiterin ist. Wenn Sie Menschen nach ihrem Akzent beurteilen, sind bei Ihnen die gleichen Filter am Werk wie bei Juanitas Anrufern.

Praxistipp

Es folgt eine Liste von Filtern, die bewirken, daß wir Menschen nicht zuhören. Kreuzen Sie die Sondierungsmerkmale an, die Sie selbst einsetzen. Was bringt Sie dazu, im Berufsleben nicht zuzuhören? Dann machen Sie eine neue Liste mit den Namen all jener, denen Sie auf Grund dieser Merkmale nicht zugehört haben. Welche Botschaften sind bei Ihnen nicht angekommen? Mit diesen Leuten werden Sie künftig aktives Zuhören praktizieren.

Filter, die uns am Zuhören hindern

- Geschlecht
- Alter
- Kleider- und Körpergröße
- zu große körperliche Nähe
- vulgäre Ausdrucksweise
- Bildungsdefizit
- Aggressivität und Feindseligkeit
- Schüchternheit
- Grammatikfehler
- schlechte Aussprache
- Körpergeruch
- schlechte Tischmanieren
- Grobheit
- Faulheit
- unangemessene Kleidung

Durch aktives Zuhören Verständigungsprobleme vermeiden

Ungenaues Zuhören

Sehr häufig kommt es nur deshalb zu Verständnisproblemen, weil eine oder einer der Kommunikationspartner nicht genau hinhört. Eine meiner Klientinnen, Monica Gray, lieferte dazu ein plastisches Beispiel: Sie bat ihre Sekretärin, eine ausgesprochen zuverlässige Frau, für sie am Rechner ein neues Excel-Formular vorzubereiten, in das sie neue Forschungsdaten eintragen würde. Ihre Sekretärin schien ganz Ohr zu sein, aber am Ende hatte sie nicht nur die Excel-Tabelle vorbereitet (was etwa eine Stunde dauerte), sondern auch noch alte Forschungsdaten eingetragen (was zehn Stunden dauerte). Monicas Sekretärin hatte bestimmt nicht die Absicht, ihre Chefin auszufiltern. Sie hatte einfach nur nicht mit absoluter Präzision zugehört.

Unaufmerksamkeit

Unser Geist neigt zum Umherschweifen – und das nicht erst seit uns die New-Age-Ära darauf aufmerksam gemacht hat. Eine Spitzenmanagerin bat mich einmal, für sie ein Programm auszuarbeiten, das ihr helfen sollte, besser zuzuhören. Sie meinte: »Ich sitze den ganzen Tag in Besprechungen, aber wenn ich aufstehe und den Raum verlasse, kann ich mich beim besten Willen nicht mehr erinnern, worum es gerade ging.« Ihr Geist filterte einfach die Besprechung aus und ließ dafür jede Menge Ablenkungen herein. Der Geist schweift aus vielerlei Gründen umher. Unten habe ich ein paar der häufigsten aufgeführt. Kreuzen Sie einfach diejenigen an, die auf Sie zutreffen.

Gründe, warum unser Geist umherschweift

- Angst
- Langeweile
- Abstimmungsprobleme mit dem Redner (Ihr Geist arbeitet langsamer oder schneller als der des Redners)
- andere Prioritäten

Was uns am Zuhören hindert

Unterschiedliche Hintergründe

Missverständnisse beruhen häufig auf unterschiedlichen kognitiven oder kulturellen Hintergründen. Auch Unterschiede im Sprachgebrauch oder in den grundlegenden Anschauungen, die man in ein Gespräch automatisch hineinträgt, führen zu Störungen der Kommunikation. Wenn Sie und Ihr Gesprächspartner über einen unterschiedlichen Bildungsstand, andere Lesegewohnheiten und unterschiedliches Fachwissen verfügen, werden Sie beide wahrscheinlich Ausdrücke benutzen, die der andere nicht kennt, bzw. Dinge für selbstverständlich halten, die dem anderen vollkommen fremd sind. Noch eher trifft dies natürlich zu, wenn Ihr Partner aus einem völlig anderen Kulturkreis kommt oder enorme Altersunterschiede bestehen. Eine meiner Klientinnen erzählte mir folgende Geschichte: Sie traf auf einer Konferenz einen Mann aus einem völlig anderen Kulturkreis. Sie unterhielten sich sehr lebhaft über berufliche Themen und tauschten am Ende ihre Visitenkarten aus. Am nächsten Tag rief der Mann sie an und bat um eine Verabredung. »Aber ich habe Ihnen doch gesagt, dass ich verheiratet bin«, antwortete meine Kundin. Der Mann gab zurück, dass er das sehr wohl wisse, er sie aber trotzdem so verstanden habe, als habe sie gegen ein Abenteuer mit ihm nichts einzuwenden. Die grundlegende kulturelle Differenz in der Wahrnehmung führte hier zu einem ebenso grundlegenden Missverständnis in der Kommunikation.

Auch das, was wir für selbstverständlich halten, kann uns üble Streiche spielen. Ein schönes Beispiel hierfür ist das Missverständnis zwischen mir und Jacqueline Braverman, die bei uns Kurse über gutes Zuhören leitet. Normalerweise gibt es bei unseren Kursen Bagels von der Bäckerei »Bruegger's Bagels«. Jacqueline und ich leben im selben Vorort, doch unsere Workshops finden immer irgendwo im Stadtzentrum statt. Bei einem der Workshops erbot sie sich morgens, die Bagels zu holen. Sie fuhr zu der Filiale in unserem Vorort, da sie automatisch annahm, wir würden die Bagels dort abholen. Unglücklicherweise hatten wir die Bagels aber in der Filiale im

Durch aktives Zuhören Verständigungsprobleme vermeiden

Stadtzentrum bestellt, so dass wir am Ende mit zwei Ladungen Bagels dastanden. Ich hatte angenommen, Jacqueline wisse, wo wir die Bagels bestellt hatten, und sie hatte es für selbstverständlich gehalten, dass wir die Bagels dort orderten, wo wir beide sie immer holten. Dieses Missverständnis hatte keine gravierenden Folgen. Wir verschenkten die überzähligen Bagels einfach. Doch dieser kleine Vorfall erinnerte uns als Kommunikationsspezialistinnen wieder einmal deutlich daran, welches Maß an gemeinsamer Information gewöhnlich bei jedem simplen Verständigungsversuch vorausgesetzt wird.

Diese Art von Missverständnis schaukelt sich häufig dann auch auf: Sprecher 1 klärt die Grundlagen nicht, Sprecher 2 antwortet daher falsch, Sprecher 1 baut dann wieder auf die falsche Antwort – und so geht es immer weiter.

Wenn Sie mit Heranwachsenden leben, wissen Sie, dass es Wörter gibt, die nicht generationenübergreifend verstanden werden. Eine unserer jüngeren Klientinnen, die ihr langes Haar am Arbeitsplatz als Pferdeschwanz trug, fragte Marlene Maggio einmal, womit sie diesen denn am schicksten zusammenhalten könne. Und Marlene schlug ihr vor, »a rat« zu benutzen, wörtlich übersetzt also »eine Ratte«. Unsere Teilnehmerin fiel natürlich aus allen Wolken, bis ihr Marlene erklärte, dass dies eine kegelförmige Haarspange sei, die mit »buckram«, also Steifleinen, verstärkt sei. Natürlich wollte unsere Klientin als Nächstes wissen, was um Himmels willen denn Steifleinen sei. Bestimmt kennen Sie aus Ihrer Umgebung ähnliche Beispiele.

Sie sollten also diese Art von Missverständnissen, die auf unterschiedlichen soziokulturellen Hintergründen beruhen, durchaus in Ihre Überlegungen einbeziehen. Sprechen Sie als Vorgesetzte beispielsweise dieselbe Sprache wie Ihre Mitarbeiter? Denken Sie daran, dass diese vielleicht weniger (vielleicht auch mehr) gelesen haben als Sie, dann kommt es unter Umständen zu sprachlichen Missverständnissen. Menschen, die wenig lesen, verstehen normalerweise lange, komplexe Sätze schlechter, weil diese gewöhnlich nur gedruckt vorkommen. »Bitte sorgen Sie dafür, dass der Topf ganz am Ende des Raumes, der mit dem blauen Deckel und den vier Punkten an

Was uns am Zuhören hindert

der Außenseite, der heute Morgen mit Suppe gefüllt wurde, nicht überkocht.« Wenn man Sie hier um eine Erklärung bittet, sollten Sie sich nicht wundern.

Hören Sie genau hin, was man Ihnen erzählt? Berücksichtigen Sie die Unterschiede in Bildung, Herkunft und Hintergrund ausreichend? Streichen Sie in der folgenden Liste alle Punkte an, die Ihnen am Arbeitsplatz schon einmal Probleme verursacht haben.

*   Wortschatz
*   Grammatik
*   gedankliche Differenzen
*   Information, die nur einem Kommunikationspartner bekannt ist
*   Verkennen der kommunikativen Absicht
*   unterschiedliche Ziele

Mangelnde Flexibilität

Ein weiteres Kommunikationshindernis ist fehlende Flexibilität, also eine Haltung, die jeder kommunikativen Situation auf die gleiche Art und Weise begegnet. Eine meiner Klientinnen, eine hochrangige Managerin, meinte einmal: »Ich bin immer so damit beschäftigt, mich in mein Gegenüber einzufühlen, dass ich schlichtweg vergesse, etwas zu sagen.« Frauen sind dafür bekannt, dass sie gute Zuhörerinnen sind. Allen Linguisten erzählen wir immer wieder, dass wir viel mitfühlender und weniger aggressiv kommunizieren als Männer. Vielleicht waren wir so beschäftigt damit, mitfühlend und daher »weiblich« zu sein, dass wir vergessen haben, dass eine funktionierende Kommunikation im Berufsleben nicht nur auf Einfühlungsvermögen beruht, auch wenn dies im privaten Bereich durchaus so sein mag. Einfühlungsvermögen ist nur eine der kommunikativen Fähigkeiten, die es für berufstätige Frauen zu erwerben gilt.

Durch aktives Zuhören Verständigungsprobleme vermeiden

Sieben Hör-Schritte zu erfolgreicher Kommunikation

Machen Sie das Zuhören – genau wie das Lesen – zu einem Instrument Ihres Vorwärtskommens. Wie die Leserin, die verschiedene Lesetechniken anwendet, um zur Power-Leserin zu werden, so werden Sie künftig verschiedene Hörtechniken anwenden, um Ihren Erfolg als aktive Zuhörerin zu steigern. Alles hängt davon ab, ob Sie in der Lage sind, die einzelnen Strategien richtig auf die Situation anzuwenden. In der Folge finden Sie eine Erläuterung all der verschiedenen Ansätze sowie Vorschläge, wie Sie diese konkret in Ihre Arbeitssituation integrieren können. Sobald Ihnen der Sinn der einzelnen Vorschläge klar geworden ist, können Sie die Strategien selbstverständlich nach Belieben anwenden. Das Zauberwort ist, wie immer, Kontrolle.

Technik 1: Achten Sie auf nonverbale Signale

Hier sind wir endlich einmal im Vorteil: Wissenschaftliche Tests haben immer und immer wieder gezeigt, dass Frauen Körpersprache leichter »entziffern« können als Männer. Da ein Teil der Botschaft vom Körper transportiert wird (Telefongespräche einmal ausgenommen), sollten wir lernen, seine Sprache so exakt wie möglich zu lesen. Stimme und Gestik können den Inhalt eines Vortrags unterstützen, ihm aber auch entgegenwirken. Achten Sie darauf, ob beides zusammenpasst: Wenn Gesten und Worte das gleiche sagen, können Sie den Worten trauen. Erzählt Ihnen hingegen eine Frau, wie erfolgreich ihr Projekt war, und ringt dabei schwitzend die Hände, sollten Sie mal ein wenig nachbohren.

Vorsicht ist allerdings bei kulturellen Unterschieden geboten, da jede Kultur hier ihr eigenes Repertoire hat. Das Victory-Zeichen (Zeigefinger und Mittelfinger zu einem V gespreizt) wird in Europa und den Verienigten Staaten jederzeit

Sieben Hör-Schritte zu erfolgreicher Kommunikation

als Zeichen des Sieges interpretiert, in Korea hat es eine äußerst vulgäre Bedeutung. Und auch der Raumbedarf der Individuen ist kulturell höchst unterschiedlich. Wenn Ihnen also jemand für Ihr Empfinden »zu nahe rückt«, mag dies auch kulturelle Gründe haben, denn in manchen Ländern ist der persönliche Raum jedes Einzelnen einfach wesentlich geringer bemessen. In Kapitel 7 finden Sie nähere Hinweise zur Körpersprache. Auch Ihre ständig wachsende Sensibilisierung für Kommunikationsprobleme wird Ihnen helfen, diese Hürde erfolgreich zu meistern.

Technik 2: Hören Sie genau zu

Das Konzept des exakten Zuhörens lehnt sich an das des exakten Lesens an. Nachdem mir die Vorteile des exakten Lesens (siehe Kapitel 11) klar geworden waren, fragte ich mich, ob man beim Zuhören ähnliche Vorteile aus einer gesteigerten Präzision ziehen könnte. Und tatsächlich: Die Idee ließ sich auch auf das Zuhören anwenden.

Was ist nun exaktes Zuhören? Sie geben die Worte des Gegenübers *nicht* in Ihren eigenen wider (keine Paraphrase!), sondern versuchen, sich möglichst genau an das zu erinnern, was er oder sie tatsächlich sagte. Wie das funktionieren soll? Ganz einfach, Sie notieren sich auf Ihrem Block, was Sie hören – so viel wie möglich und so präzise wie möglich. Natürlich können Sie nicht so schnell schreiben wie lesen. Sie müssen also immer einige Worte weglassen, aber mit der Zeit werden Sie in dieser Art des »Wortfischens« genug Erfahrung gewinnen. Am Ende stehen dann so viele Wörter auf Ihrem Block, dass Sie damit den Redebeitrag Ihres Gegenübers recht akkurat wiedergeben können.

In meinen Workshops mache ich meist eine kurze Übung, die die Vorteile des exakten Zuhörens verdeutlichen soll. Die Teilnehmerinnen stellen sich kurz selbst vor. Dann bitte ich die eine Hälfte der Teilnehmerinnen, ihren Kolleginnen einfach so zuzuhören, die andere, dabei einen Notizblock zu benutzen und die tatsächlich verwendeten Worte aufzuschreiben. Am

Durch aktives Zuhören Verständigungsprobleme vermeiden

Ende des Workshops frage ich meine Klientinnen dann, woran sie sich erinnern. Die Resultate sind immer höchst erstaunlich. Die Hälfte, die den Block benutzte, erinnert sich sehr genau – und zwar sowohl an den Inhalt als auch an den sprachlichen Gestus des Gesagten. Ohne Notizen jedoch gehen die Details fast durchweg verloren. Die andere Hälfte der Teilnehmerinnen erinnert sich nur ganz allgemein und vage an das, was gesagt wurde. Sätze oder Wörter können nicht einmal ansatzweise wiederholt werden.

Exaktes Zuhören macht Sie zu einer exakten Frau, die Klarheit, Präzision und Rationalität ausstrahlt. Außerdem profitieren Sie noch von einigen weiteren Vorteilen.

Was Ihnen präzises Zuhören bringt

1. Unsere Filter werden geschwächt. Die exakten Worte mitzuschreiben ist ein ausgezeichnetes Gegenmittel gegen Diskriminierung jeder Art, ob sie nun auf Erscheinung, Herkunft, Geschlecht oder Machtlosigkeit des Gegenübers beruht. Eine Managerin beschreibt zum Beispiel die Begegnung mit einem Angestellten, den sie nicht mochte, so: »Indem ich mich auf seine genauen Worte konzentrierte, konnte ich verstehen, worum es ihm ging. In diesem Fall hatte er Recht, und wenn ich nicht exakt auf seine Worte geachtet hätte, hätte ich seine Einwände zu Unrecht nicht gelten lassen. Außerdem wurde er etwas höflicher, als er sah, dass ich aufschrieb, was er sagte.«

2. Garantiert hundertprozentige Genauigkeit. In der vorher beschriebenen Workshop-Übung gab es noch eine andere Auffälligkeit: Alle, die Notizen gemacht hatten, waren sich über die Details einig: wie viele Jahre jemand bei einer Firma verbracht hatte, die genaue Berufsbezeichnung, die Ziele der Person usw. Wenn Sie Einzelheiten exakt registrieren, wird deren Gültigkeit auch nicht in Frage gestellt. In unserem Büro nehmen wir die Anfragen potenzieller Kunden ebenfalls mit diesem System auf. Wir halten alles, was der Kunde wissen will, seien es Preise, Daten oder genauere Informationen zum Programm, genauso fest wie unsere Antworten. Wenn wir dann das Angebot schrei-

Sieben Hör-Schritte zu erfolgreicher Kommunikation

ben, was oft erst Monate oder Jahre später geschieht, ziehen wir diese Notizen zu Rate. Damit sparen wir uns Zeit und außerdem beeindrucken wir unsere Kunden durch unsere Professionalität.

3. Regt zur Höflichkeit an. Wenn jemand sieht, dass Sie seine oder ihre Worte aufschreiben, ist die Wahrscheinlichkeit geringer, dass er/sie zu fluchen anfängt oder andere Personen beleidigt. Außerdem signalisieren Sie damit deutlich, dass das, was Ihr Gegenüber zu sagen hat, Sie interessiert.

4. Bewahrt den persönlichen Ausdruck. Hier einige Kommentare, die ich vor drei Jahren bei einem Workshop festgehalten habe: June meinte, sie möchte lernen, wie man »beim Lesen schnellstmöglich neue Ideen aus dem Text fischt«. Nancy erzählte, sie müsse »mit stocksauren Kunden umgehen, die mich anbrüllen und meine Firma schrecklich finden«. Stephanie erklärte, dass sie »in einem endlosen Kreislauf von Überarbeitungen gefangen sei«. Wenn ich Stephanie nun anrufe, kann ich sie fragen, ob es ihr gelungen sei, diesen Kreislauf zu durchbrechen.

5. Erweitert unseren Sprachschatz. Junes lebendige Metapher vom »Ideen-Fischen« habe ich gern in mein Vokabular aufgenommen. So hat Junes Sprache meinen Wortschatz bereichert – wie es die Sprache all meiner Freunde und Kollegen tut.

6. Stärkt das Gedächtnis. Über die Grenzen des Erinnerungsvermögens haben wir bereits gesprochen. Wir speichern in unserem Kurzzeitgedächtnis nicht mehr als sieben Worte. Wie wenig mag dann erst in unserem Langzeitgedächtnis Platz haben? Doch die beim exakten Zuhören registrierten »Original«-Wörter helfen unserem Gedächtnis auf die Sprünge. Zwei meiner Kolleginnen hörten vor etwa einem Jahr gemeinsam einen Vortrag: Die eine hörte aufmerksam zu, machte sich aber keine präzisen Notizen. Die andere hingegen wandte die Methode des exakten Zuhörens an. Monate später kam nun in unserem Büro die Diskussion auf eben das Thema dieses Vortrags. Die

Durch aktives Zuhören Verständigungsprobleme vermeiden

Kollegin, die sich Notizen gemacht hatte, holte diese hervor und war in der Lage, den Bericht exakt zu rekonstruieren. Ihre Freundin, die keine Notizen hatte, blickte sie nur voller Ehrfurcht an und beschloss, künftig selbst zur Power-Zuhörerin zu werden.

7. Verhilft zu einem »ewigen« Gedächtnis. Frauen gelten gemeinhin als schusselig, vergesslich und desorganisiert. Mit Ihren exakten Power-Notizen können Sie diese Wahrnehmung korrigieren. Lori Sturdevant zum Beispiel ist Vorstands-Assistentin. Ihr recht beschäftigter Boss erinnert sich nicht immer genau, was er ihr aufgetragen hat und wann. Daher bezichtigte er sie häufig zu Unrecht, sie würde ihre Arbeit nicht schaffen. Am 15. März fragte er sie, weshalb der von ihm verlangte Bericht noch nicht fertig sei. Lori zückte ihre Notizen und bewies ihm, dass er diesen Bericht für den 16. in Auftrag gegeben habe. Bis dahin würde der Bericht fertig sein. Vorkommnisse wie diese überzeugten Loris Chef von ihrer Effizienz.

8. Bündelt die Aufmerksamkeit. Sie haben viel zu tun. Sie stehen unter Druck. Sie sind unkonzentriert, während Sie eigentlich zuhören sollten. Notizen führen ihren umherschweifenden Geist an den Ort des Geschehens zurück. Exaktes Zuhören bündelt die Aufmerksamkeit dort, wo sie hingehört, nämlich bei der Botschaft, die Ihnen übermittelt wird.

9. Bringt Struktur in Ihre Notizen. Wenn die Rednerin ihren Vortrag gut strukturiert, d. h. eine These und eine innere Gliederung mit Aufzählung der Unterpunkte ausgearbeitet hat, spiegeln Ihre Notizen diese Struktur ohne weitere Anstrengung Ihrerseits wider. Hören Sie vom Podium Sätze wie: »Folgende sieben Vorteile hat dieser Standpunkt«, dann schreiben Sie die Zahlen von 1 bis 7 auf Ihr Blatt und lassen daneben Platz für die Ausführungen.

10. Steigert den Verkauf. In seinem Buch *Thriving on Chaos* beschwört Tom Peters seine Leser, »sich zu wild entschlossenen Zuhörern« zu entwickeln. Alle, die im Verkauf arbeiten,

Sieben Hör-Schritte zu erfolgreicher Kommunikation

wissen, dass ihre Quoten umso besser werden, je mehr Zeit sie ins Zuhören investieren. Dafür gibt es gute Gründe. Wenn Sie präzise zuhören, wissen Sie besser, was der Kunde will und braucht. Was noch wichtiger ist: Indem Sie seine Ziele in seinen eigenen Worten wiederholen, zeigen Sie, dass Sie und Ihr Kunde dieselbe Sprache sprechen. In meinem Büro rief eines Tages ein Kunde an, der sich für Seminare über erfolgreiches Präsentieren interessierte. Er dachte, nach dem Besuch eines solchen Seminares alles Wichtige »in der Tasche« zu haben. In meinem Antwortschreiben benutzte ich genau diesen Ausdruck, obwohl dieser nicht zu meinem normalen Sprachgebrauch gehört. Ich nahm die Gelegenheit wahr, ihm zu signalisieren, dass wir buchstäblich eine Sprache sprechen.

11. Verdeutlicht Anweisungen. Meine Kursteilnehmerinnen berichten, dass etwa ein Viertel aller Missverständnisse, die sie erleben, mit dem Geben, Empfangen und Befolgen von Anweisungen zu tun hat. Sekretärinnen beschweren sich über die unklaren Anordnungen ihrer Chefs, während Frauen in Führungspositionen sich beklagen, dass ihre Assistentinnen nicht in der Lage seien, einen Auftrag exakt auszuführen. Genaues Zuhören verhindert diese oft kostenintensiven Kommunikationsfehler. Wenn die Anordnung hingegen wirklich unklar ist, merken Sie das, sobald Sie versuchen, ihr eine schriftliche Form zu geben.

12. Sorgt für gut verständliche Telefonnotizen. Wenn es Ihnen geht wie den meisten Menschen, dann kommt es oft erst Jahre nach dem ersten Telefongespräch zu einem geschäftlichen Abschluss.

13. Bringt Sie beruflich weiter. Als ich zum Beispiel anfing, mich mit dem Thema »Frauensprache des Erfolgs« zu beschäftigen, plante ich zunächst kein Buch. Da ich und meine Assistentinnen aber schon lange mit der Methode des exakten Zuhörens arbeiten, hatte ich keine Schwierigkeiten, Material zu finden, als ich – nach mehr als sechs Jahren – begann, diesen Plan in die Tat umzusetzen. Wenn die Geschichten der Frauen

Durch aktives Zuhören Verständigungsprobleme vermeiden

in diesem Buch authentisch klingen, dann liegt das daran, dass wir alles, was wir in den Workshops je gehört haben, in den eigenen Worten der betroffenen Frauen aufschrieben. Die Geschichten sind wahr und in wahren Worten erzählt.

Technik 3: Wiederholen oder paraphrasieren

Wenn Sie während eines Gesprächs sichergehen wollen, dass Sie richtig verstanden haben, sollten Sie das Gesagte in Ihren eigenen Worten (Paraphrase) oder in denen Ihrer Gesprächspartnerin wiederholen. Eine Wiederholung klärt den Sachverhalt, zeigt Ihrem Gegenüber, dass Sie ihm Aufmerksamkeit schenken, und hat zudem den Vorteil, dass Sie die Botschaft wiederholen, so dass sie sich besser einprägt. Außerdem drücken sich viele Sprecher klarer aus, wenn sie erst einmal ihre eigenen Worte aus anderem Mund vernommen haben. Wenn Sie die Botschaft nicht verballhornen wollen, sollten Sie zumindest die Schlüsselwörter, also die vom Sprecher benutzten Verben und Substantive, präzise wiederholen. Zur Paraphrase greifen Sie am besten, wenn die Botschaft in einer Ihnen wenig vertrauten Sprache formuliert oder schwer verständlich ist. Auch bei beleidigenden Worten verbietet eine Wiederholung sich von selbst. Hier sind ein paar Satzanfänge zur Einleitung von Paraphrasen oder Wiederholungen. Ergänzen Sie diese Liste mit Ihren eigenen Worten, so dass Sie im Bedarfsfall immer darauf zurückgreifen können.

Wie Sie Wiederholungen und Paraphrasen einleiten

Wiederholung: Ich habe Sie so verstanden:
Ich möchte sicher sein, Sie richtig verstanden zu haben. Sie sagten ...
Sie möchten, dass ich ...?
Sie haben gerade gesagt, dass ...

Sieben Hör-Schritte zu erfolgreicher Kommunikation

Paraphrase: Wenn ich Sie richtig verstanden habe ...
In anderen Worten ...
So wie ich Sie verstanden habe ...
Ich möchte nur überprüfen, ob ich das richtig
verstanden habe ...

Ihre Sätze: _____

_____

Technik 4: Verständnis zeigen

Verständnis zeigen bedeutet, dass Sie sich in die Situation eines anderen einfühlen, bis Sie sie verstehen. Wenn Sie einfühlend zuhören, lassen Sie alle Urteile, Ratschläge oder Instruktionen weg und gehen nur von dem aus, was Ihr Gegenüber Ihnen sagte. Diese Art des Zuhörens hat ihre Wurzeln in der Psychoanalyse. Sie zielt auf die Gefühlsebene des Sprechers ab. Wissenschaftliche Studien zeigen, dass Frauen mehr Talent zum einfühlsamen Zuhören haben als Männer. Dieses Talent können Sie auch im Berufsleben einsetzen, denn in einigen Situationen ist Einfühlungsvermögen durchaus angebracht. Wenn einer Ihrer Mitarbeiter schluchzend vor Ihrem Schreibtisch steht, sucht er oder sie wahrscheinlich nicht den professionellen Rat einer effizienten Führungskraft, sondern eher Mitgefühl und Verständnis.

Wie Sie Verständnis zeigen

Oh je.
Das muss sehr schwer für Sie gewesen sein.
Sie scheinen unter enormem Druck zu stehen.
Wie frustrierend!

Ihre Sätze: _____

_____

Durch aktives Zuhören Verständigungsprobleme vermeiden

Technik 5: Klare Verhältnisse

Suchen Sie immer Klarheit, wenn Sie nicht sicher sind, ob Sie eine Aussage richtig verstanden haben. Dieser Vorgang geht über das bloße Wiederholen der Sätze des anderen hinaus. Mit der Bitte um Klarstellung ersuchen Sie den Sprecher um nähere Erläuterung der von ihm vorgetragenen Botschaft.

Wie Sie um Klarstellung bitten

Würden Sie diese Aussage bitte erläutern?
Was meinen Sie mit Unterstützung?
Bitte erklären Sie das Konzept der Wohnungsbaugenossenschaft näher.
Der Begriff »Produktivität« muss in diesem Zusammenhang näher bestimmt werden.

Ihre Sätze: _____

_____

Technik 6: Haken Sie nach

Wenn Sie zusätzliche Informationen brauchen, scheuen Sie sich nicht, nachzuhaken. Unten finden Sie ein paar probate Fragen für den geschäftlichen Kontext. Vielleicht möchten Sie ja noch ein paar hinzufügen, die für Ihren speziellen Fall interessant sein könnten. Wenn Sie nachhaken, dann bitten Sie um ganz bestimmte Informationen. Anders als bei der Klarstellung aber bleibt die Antwort weitgehend offen.

Wie Sie nachhaken

Bitte informieren Sie mich über die Details.
Was genau ist geschehen?
Was passierte als Nächstes?
Wo lag das Problem?

Wer war daran beteiligt?
Wann und wo geschah dies?
Welche Lösungsmöglichkeit gibt es hier?

Ihre Sätze:

Technik 7: Die Coaching-Methode

Diesen Punkt habe ich eingefügt, weil Sie eine besondere Art des Zuhörens entwickeln müssen, wenn Sie anderen Menschen etwas beibringen wollen – gleichgültig, ob Sie nun Managerin, Personaltrainerin oder einfach Referentin bei einem Meeting sind. Selbstverständlich müssen Sie die anderen Hörtechniken beherrschen, doch gleichzeitig müssen Sie noch lernen, wie Sie das Gruppengespräch in geregelte Bahnen lenken und trotzdem auf eventuelle Kommentare eingehen. All Ihre Bemühungen, der Gruppe etwas zu vermitteln, werden fehlschlagen, wenn Sie nicht richtig zuhören können. Dazu gehört auch, dass Sie nicht auf die Ebene des mitfühlenden Zuhörens abgleiten, wenn es der Einzelfall nicht erfordert.

Ein Beispiel: Eine unserer Trainerinnen hielt ihren ersten Kurs ab. Sie war sehr qualifiziert und konnte den Stoff auch interessant darstellen, doch die Gruppe reagierte kaum. Die Beiträge aus der Gruppe wurden im Laufe des Tages sogar immer weniger. Daher sahen wir uns am Ende des Kurses zusammen die Videoaufzeichnung an und konnten gemeinsam feststellen, dass sie einfach zu wenig auf das geachtet hatte, was aus der Gruppe kam. Hier ein Beispiel, wie die Trainerin auf eine Frage antwortete:

Ein misslungener Dialog

Trainerin: Nun sind wir die einzelnen Schritte der Qualitätssicherung im Bereich Kommunikation miteinander durchgegangen. Gibt es noch Fragen?

Durch aktives Zuhören Verständigungsprobleme vermeiden

Sam:	Meine Gruppe hatte Probleme mit dem Begriff des »Empowerment«. Niemand schien recht zu verstehen, was damit gemeint ist.
Trainerin:	(Lächelt und nickt Sam zu.) Ja. Nun, dann sehen wir uns einmal an, wie die einzelnen Schritte in der Praxis aussehen.

Die Trainerin hatte auf den »Vorlesungsmodus« geschaltet. Sie hatte zwar eine Frage gestellt, war aber letztlich überhaupt nicht darauf eingegangen, sondern hatte im »Stoff« weitergemacht. Diese Haltung hatte die Gruppenteilnehmer entmutigt, so dass sie schließlich überhaupt keine Fragen mehr stellten. Wäre sie hingegen auf die Beiträge der Gruppe eingegangen, hätte sie die Fragen zur lebendigeren Gestaltung des Lernprozesses nutzen können. Ganz deutlich wurde dies, als wir die Aufzeichnung mit einer anderen verglichen, in der die Beteiligung im Laufe des Tages immer lebhafter wurde. Die Trainerin dieser Klasse ging auf spezifische Probleme ein und machte sie zum Teil der nächsten Einheit. Unsere erste Trainerin überdachte daraufhin ihre Haltung und arbeitete folgenden Dialog neu aus:

Ein erfolgreicher Dialog

Trainerin:	Nun sind wir die einzelnen Schritte der Qualitätssicherung im Bereich Kommunikation miteinander durchgegangen. Gibt es noch Fragen?
Sam:	Meine Gruppe hatte Probleme mit dem Begriff des »Empowerment«. Niemand schien recht zu verstehen, was damit gemeint ist.
Trainerin:	Vielen Dank, dass Sie dieses Thema angeschnitten haben. Tatsächlich ist der Begriff Empowerment schwierig zu fassen. Wir werden näher darauf eingehen, wenn wir uns jetzt mit der praktischen Anwendung der einzelnen Schritte beschäftigen.

Im ersten Fall nahm die Trainerin zum Wert der Frage für die anderen Teilnehmer weder positiv noch negativ Stellung. Sie ignorierte diesen Gesichtspunkt einfach. Wenn Sie jedoch in dieser Art und Weise auf Fragen reagieren, werden die Beiträge der Gruppe immer spärlicher, da Sie damit das Engagement der Teilnerhmerinnen und Teilnehmer unterminieren. Im zweiten Fall hatte die Trainerin ihr Videoband betrachtet und sich näher mit der Frage beschäftigt, wie aktives Zuhören ihre Resultate als Coach verbessern konnte. Sie ging also auf die Frage ein, ohne jedoch die Vermittlung ihrer Inhalte zu unterbrechen. Sie gab dem Fragenden eine positive Rückmeldung und betonte den Wert der Frage, bevor sie dann die gesamte Gruppe zum nächsten Schritt weiterleitete. Wenn die Frage für das aktuelle oder zukünftige Thema relevant gewesen wäre, hätte man sie auch einfach beantworten können.

Was genau soll ich denn jetzt sagen? – Wie Sie diese Techniken einsetzen

Die beiden folgenden Szenen beschreiben typische Vorkommnisse im Arbeitsleben. Darunter habe ich beispielhaft aufgeführt, wie Sie mit jeder einzelnen Technik auf die Äußerung des ersten Sprechers reagieren können. Im Alltag werden Sie die einzelnen Hörtechniken natürlich mischen, je nachdem, wie und ob sie zur aktuellen Situation passen.

Szene 1: Eine wütende Mitarbeiterin

Sprecherin:	Ich kann das Ganze nicht mehr ertragen. Ich kündige.
Zuhörerin:	
Körpersprache:	Achten Sie genau darauf, was Körper und Stimme Ihres Gegenübers ausdrücken. Ihr steht der Schweiß auf der Stirn, sie ringt die Hände und ist den Tränen nahe.

Durch aktives Zuhören Verständigungsprobleme vermeiden

Exaktes Zuhören:	(Sie notieren:) Kann das nicht mehr ertragen.
Wiederholung:	Sie können das Ganze nicht mehr ertragen und wollen kündigen?
Paraphrase:	Sie können die Situation im Großraumbüro nicht mehr ertragen und wollen kündigen, nicht wahr?
Verständnis:	Sie sehen ganz schön mitgenommen aus.
Klarstellung:	Was meinen Sie mit »das Ganze«?
Nachhaken:	Was ist denn passiert?
Coaching:	Lassen Sie uns mal sehen, wie wir mit dieser Situation umgehen. Haben Sie Ihrem Kollegen gesagt, wie wütend er Sie macht?

Szene 2: Ein Konflikt im Team

Sprecherin:	Wir haben Schwierigkeiten, eine Einigung bei diesem Vertrag zu erzielen. Jeder will etwas anderes und alle liegen sich in den Haaren.
Zuhörerin:	
Körpersprache:	Sie sehen, dass Ihr Gegenüber entspannt scheint. Sie sitzt offen da und lächelt.
Exaktes Zuhören:	(Sie notieren:) Es ist schwierig für Sie, eine Einigung bei diesem Vertrag zu erzielen, da jeder etwas anderes will und alle Teammitglieder sich ständig in den Haaren liegen.
Wiederholung:	Sie haben Schwierigkeiten, eine Einigung bei diesem Vertrag zu erzielen. Jeder will etwas anderes und alle liegen sich ständig in den Haaren.
Paraphrase:	Dieser Vertrag bereitet Ihnen Probleme. Jeder aus dem Team möchte etwas anderes und es gibt nur noch Streit.
Verständnis:	Das ist eine wirklich schwierige Situation.
Klarstellung:	Was sagen Ihre Leute denn, wenn sie streiten?

Was genau soll ich denn jetzt sagen? – Wie Sie diese Techniken einsetzen

Nachhaken: Was stimmt an dem Vertrag nicht?

Coaching: Prüfen wir doch den Vertrag noch einmal. Und die Mitarbeiter bitten wir zu einer Besprechung, in der wir die Probleme klären können.

Passen Sie die Hörtechniken der aktuellen Situation an

Manchmal ist es einfach der gesunde Menschenverstand, der uns die Türen zu mehr Erfolg und Flexibilität öffnet. Wenn Sie früher bereits unter Missverständnissen litten, sollten Sie auf die kommunikativen Situationen, die bei Ihnen häufig schief gehen, besonderes Augenmerk richten. Scheitert wieder einer Ihrer Kommunikationsversuche, so setzen Sie sich danach an Ihren Schreibtisch und halten schriftlich fest, was geschah: Was haben Sie gesagt? Was hat Ihr Gegenüber gesagt? Wie hätte das Ganze laufen müssen, um positiv zu enden? Lassen Sie sich in jeder Situation alle Möglichkeiten offen. Wie Sie in diesem Kapitel gesehen haben, verlangt erfolgreiches Zuhören eine Menge verschiedener Fähigkeiten, die kreativ eingesetzt werden müssen.

Eine meiner Kursteilnehmerinnen, Carol Millet, die heute Personalchefin ist, erzählte mir von einer Geschichte aus ihrer Jugend. Sie war eine äußerst pflichtbewusste Schülerin gewesen, aber trotzdem hatte sie Probleme, ihre Facharbeit rechtzeitig zu Ende zu bringen. Als ihr dies so richtig bewusst wurde, fing sie an zu weinen. Ihr Vater, der gerade an ihrem Zimmer vorbei kam, hörte sie, trat ins Zimmer und fragte, was los sei. Nun ist dies eigentlich die klassische Situation für mitfühlendes Verständnis. Carols Vater aber entschied sich für die Coaching-Methode. Er sagte einfach: »Nun, Heulen löst das Problem auch nicht.« Die erstaunte Carol sah auf, trocknete ihre Tränen und schrieb von diesem Moment an ohne jede Unterbrechung an der Arbeit weiter.

Nun haben Sie die Fesseln der Schwäche zerbrochen. Sie kennen jetzt alle Rezepte eines erfolgreichen Auftretens und sind auch in der Lage, diese in der Praxis anzuwenden. Heißt das, dass all Ihre sprachlichen Probleme hiermit vom Tisch sind? Für einige trifft das wohl zu, andere wiederum zeigen sich erst jetzt in all ihrer Komplexität. Die Welt ist ein schwer zu durchschauendes Gefüge, in dem viele verschiedene Einflüsse und Kräfte sich überlagern. Im nächsten Kapitel werden wir uns daher damit beschäftigen, wie wir all unsere neu erlernten Fähigkeiten so kombinieren können, dass wir uns auch in schwierigen Einzelfällen darauf verlassen können.

Merksätze

- Bauen Sie Wahrnehmungsfilter ab.
- Leihen Sie Ihrem Gegenüber »Ihr Ohr«.
- Meiden Sie grundlegende Missverständnisse.
- Machen Sie aktives Zuhören zu Ihrem Karriereinstrument.
- Hören Sie exakt zu.
- Ziehen Sie Vorteile aus Ihrem exakten Zuhören.
- Achten Sie auf die Körpersprache.
- Wiederholen Sie.
- Paraphrasieren Sie.
- Zeigen Sie Verständnis.
- Bitten Sie um Klarstellung.
- Haken Sie nach.
- Seien Sie eine gute Lehrerin.
- Passen Sie Ihre Hörtechnik der Situation an.

Der Alltag fordert alle Facetten der Erfolgssprache: Probleme und Lösungen

13

Wenn Ihnen die Welt nicht gefällt, müssen Sie sie ändern. Zu diesem Zweck sind Sie hier. Und wenn Sie es Schritt für Schritt tun, dann fällt es gar nicht so schwer.

Marian Wright Edelman

Wir haben nun Faden für Faden das Netz einer erfolgreichen Sprache gewoben. Doch obwohl Ihnen die einzelnen Elemente durchaus klar sind, haben Sie die Probleme an Ihrem Arbeitsplatz immer noch nicht gelöst. Das liegt daran, dass die Welt ein recht komplexer Ort ist, und die Sprache des Erfolgs keine Sammlung von Einzeltechniken ist.

Wenn Sie mit Ihrer Sprache Erfolg haben wollen, müssen Sie aus den Einzelelementen ein Ganzes schmieden. Denn Sie werden immer wieder in Situationen kommen, in denen Sie alle Register ziehen müssen. Wie reagieren Sie beispielsweise, wenn die Person, die ständig Ihre Präsentationen stört, ausgerechnet Ihr Supervisor ist? Oder der Geschäftsführer? Oder ein Arbeiter aus Ihrer Gruppe? Möglicherweise hat dieser nur einen kleinen Schwachpunkt in Ihrem Vortrag oder in Ihrer Körpersprache entdeckt und nutzt nun die Situation für sich aus. Beim Zuhören müssen Sie meist mindestens zwei Techniken gleichzeitig anwenden, zum Beispiel Verständnis zeigen und nachhaken.

Im nächsten Schritt kann die Coaching-Methode angebracht sein. Oder Sie haben bei einem bestimmten Ereignis Schwächen in mehreren Bereichen gezeigt. In diesem Kapitel lernen Sie, wie Sie auf die Komplexität einer Situation reagieren können, während Sie sich gleichzeitig Ihre verbale Antwort überlegen.

Beleidigungen und herabsetzende Bemerkungen

Geschichten über unangenehme Bemerkungen jeglicher Couleur füllen bei mir ganze Aktenordner. Die »Täter« kommen aus allen Altersgruppen, Schichten, ethnischen Hintergründen und Berufsgruppen. Meistens meinen sie es nicht einmal böse. Sie haben diese Ausdrücke als Kinder gelernt und seitdem hat ihnen niemand mehr gesagt, dass dieses Verhalten nicht angemessen ist. Obwohl wir in den vorhergehenden Kapiteln schon einzelne Lösungen angeboten haben, ist dieses Problem so gravierend, dass es einen eigenen Abschnitt verdient. Daher möchte ich Ihnen sechs verschiedene Methoden vorstellen, wie Sie auf sprachliche Entgleisungen reagieren können.

Ignorieren Sie sie einfach!

Legen Sie Ihre dünne Haut ab. Wenn Sie bei den Champions mitmischen wollen, dürfen Sie nicht allzu zimperlich sein. Wenn es nicht allzu oft geschieht, wenn Sie den Betreffenden nicht mehr wieder sehen und wenn kein größerer Schaden angerichtet wurde, machen Sie einen Vermerk im Hinterstübchen und lassen Sie's gut sein. Amüsieren Sie sich bei Ihrem nächsten Netzwerktreffen über die Jungs.

Schlagen Sie zurück!

Leider ist diese Methode nur für die besonders Gewitzten und Schlagfertigen unter uns geeignet. Die Ärztin Sylvia Ruiz wurde anlässlich eines Ärztekongresses mit folgenden Worten aufs Podium gebeten:»Kommen Sie rauf, Herzchen, und sagen Sie, was Sie zu sagen haben.« Sie antwortete mit einem Knallbonbon:»Für Sie immer noch Dr. Herzchen, mein Schatz.« Und eine meiner Klientinnen, die ein hohes politisches Amt bekleidet, reagierte einmal auf die Erzählung eines Politikerkollegen,

Beleidigungen und herabsetzende Bemerkungen

der atemlos die »Titten« einer Frau auf der Straße beschrieb, mit einer lässigen Frage nach seinen intimsten Teilen.

Den meisten von uns aber fallen diese harten Konter nicht rechtzeitig ein oder wir haben nicht den Mut, sie auch auszusprechen. Wenn Sie jedoch zu den Glücklichen gehören, sollten Sie nicht zögern, diese Methode anzuwenden. Meine Klientinnen erzielten damit durchschlagende Erfolge.

Stellen Sie den Betreffenden vor aller Augen zur Rede

Eine junge Unternehmerin nahm an einem Universitätskurs für Existenzgründer teil. Der Dozent hielt sich viel auf seine aufgeschlossene Haltung Frauen gegenüber zugute. Doch als einer der männlichen Teilnehmer fragte: »Was tun Sie, wenn Ihre Frau nicht mitspielt und sich beschwert, dass Sie endlos Überstunden machen?«, antwortete der »Herr« wie folgt: »Es gibt Leute, die behaupten, dass der folgende Witz frauenfeindlich ist. Ich aber finde das gar nicht: Was ist der Unterschied zwischen einem Bigamisten und einem Mann, der monogam lebt? Antwort: Gar keiner. Beide haben eine Frau zu viel.« Die junge Unternehmerin unterbrach das folgende Gelächter und sagte: »Der Witz ist frauenfeindlich. Und außerdem beantwortet er die Frage nicht.« (Bitte beachten Sie: Sie sagte nicht: »Ich finde den Witz frauenfeindlich.«) Nach dem Kurs bat der Professor sie um ein Gespräch und entschuldigte sich für sein Verhalten. Er versprach, diesen Witz nie wieder zu erzählen. Vielleicht denkt er künftig ja gründlicher über das nach, was er sagt.

Als sie noch eine junge Unternehmensberaterin in einer Stahlfirma war, sagte jemand zu Orit Gadiesh, dass Frauen im Stahlgeschäft immer Unglück bringen. Sie antwortete: »Warum haben Sie mich dann nicht der Konkurrenz überlassen?«

Die Richterin Sandra Day O'Connor war die erste Richterin am Höchsten Gerichtshof der Vereinigten Staaten. Als ein Staatsanwalt sich mit folgenden Worten ans hohe Gericht wandte: »Ich möchte Sie, meine Herren, an diesen Aspekt des

Der Alltag fordert alle Facetten der Erfolgssprache

Gesetzes explizit erinnern«, fragte Richterin O'Connor: »Und mich, wollen Sie mich auch erinnern?«

Wenn Sie gewitzt genug sind, in der Öffentlichkeit ohne Beleidigungen zu reagieren, werden Sie selbst zum sprachlichen Vorbild, das in der Sprache des Erfolgs zeigt, wie man zivilisiert miteinander umgeht.

Sprechen Sie das Thema unter vier Augen an

Wenn solch unpassende Bemerkungen immer wieder vorkommen, so dass Ihr Image darunter leidet, oder wenn die Äußerung einfach so beleidigend war, dass man sie schlechterdings nicht ignorieren kann, würde ich Ihnen zu einem Gespräch unter vier Augen raten. Das gibt Ihnen außerdem Zeit, sich genau zu überlegen, was Sie sagen wollen und wie Sie dies am besten in die Sprache des Erfolgs kleiden. Fertigen Sie sich einen »Spickzettel« an, auf dem Sie Ihre Argumente festhalten. Gehen Sie auf keinen Fall einfach ins Büro des Betreffenden, um »mit ihm zu reden«. Bitten Sie um einen Termin und sagen Sie, wie lange es in etwa dauern wird. Allzu viel Zeit brauchen Sie nicht für Ihre Rüge. Sie können sich bei der Erstellung Ihres »Spickzettels« an den Mustern orientieren, die ich unten entworfen habe. Übernehmen Sie einfach die Sätze, die zu Ihrer Situation und Ihrem Sprachstil passen.

Wie Sie künftige Herabsetzungen vermeiden

Ihr Briefing war sehr hilfreich. Wir freuen uns darauf, mit Global International zusammenzuarbeiten. Leider wurde der gute Eindruck, den Sie bei uns hinterließen, abgeschwächt, als Sie die Besprechung mit einem »Und jetzt zurück ans Telefon, Mädels« beendeten. Auch Männer finden es nicht gerade erhebend, als »Jungs« bezeichnet zu werden. Daher ist die Bezeichnung »Mädels« auch für Frauen kaum angemessen. Ich wäre Ihnen dankbar, wenn Sie uns künftig einfach mit »meine Damen« ansprechen würden.

Beleidigungen und herabsetzende Bemerkungen

Vielen Dank, dass Sie mich zu dem Treffen von Führungskräften in Schlüsselpositionen eingeladen haben. Da dies mein erstes Meeting auf dieser Ebene war, war es für mich wichtig, auch hier meine Kompetenz unter Beweis zu stellen. Daher wäre es sicher sinnvoller gewesen, Sie hätten auf meine erfolgreiche Erledigung der letzten Aufgaben hingewiesen, statt mein Aussehen hervorzuheben.

Frauen *Schätzchen, Mäuschen, Kleines, Herzchen, Mädchen, Süße, Baby* zu nennen setzt ihre Arbeit ebenso herab, wie sie mit einer Koseform ihres Vornamens anzusprechen (Biggi, Susi, Uschi). Vor allem lässt diese Form des Verhaltens sowohl Sie wie mich unprofessionell wirken. Wir würden mehr Respekt bekommen, wenn Sie sich stattdessen auf meine beruflichen Fähigkeiten beziehen würden. Wenn Sie mich vorstellen, könnten Sie mich beispielsweise als Ihre kompetente Sekretärin (als erfolgreiche Marketingfrau, erstklassige Trainerin, bekannte Schriftstellerin oder sorgfältige Lektorin) präsentieren.

Schreiben Sie an den Betreffenden

Wenn die Kommentare sich zu Belästigungen auswachsen und Ihre Arbeit oder Karriere ernsthaft beeinträchtigen, weil sie auf Sie und andere Frauen verletzend wirken, sollten Sie der Person, die Ihre Intimsphäre so bedenkenlos verletzt, schriftlich Grenzen setzen. Denken Sie aber daran, dass schriftliche Zeugnisse von Dauer sind. Sie sollten daher sehr viel mehr Zeit, Mühe und Überlegung darauf verwenden als auf einen mündlichen Hinweis. Wenn Sie sich für eine schriftliche Replik entschieden haben, achten Sie darauf, dass Sie dabei die Sprache der Stärke einsetzen. Gehen Sie sprachlich so weit wie möglich auf Distanz.

Bevor Sie sich an Ihr Memo setzen, notieren Sie die einzelnen Vorkommnisse: Wann und bei welcher Gelegenheit fiel welche Beleidigung? Halten Sie den genauen Wortlaut fest und speichern Sie all das in einer Datei, so dass Sie jederzeit Zugriff

Der Alltag fordert alle Facetten der Erfolgssprache

auf Ihr Datenmaterial haben. Auch wenn es sich nur um eine kurze Notiz handelt: Folgen Sie auf jeden Fall unserem Organisationssystem und machen Sie nicht den gleichen Fehler wie Elizabeth Ames: Erwähnen Sie nur die gravierenden Entgleisungen. Wenn es eine Lösungsmöglichkeit gibt, sollten Sie diese in Ihren Text aufnehmen. Schreiben Sie dann die Mitteilung und lassen Sie sie noch eine Weile in Ihrer Schublade, so dass Sie über die Folgen dieses Schreibens Klarheit gewinnen können. Geben Sie sie nach Möglichkeit noch einer anderen Person zu lesen. Und schicken Sie nie, ich betone: *nie* ein Schriftstück ab, mit dem Sie sich nur Ihren Ärger von der Seele schreiben.

Unten finden Sie zwei schriftliche Mitteilungen zum selben Thema. Das erste ist in der Sprache der Schwäche abgefasst, das zweite greift auf die Grammatik der Stärke zurück.

Schwäche

Ich fühlte mich so schrecklich, als Sie mich als das »bestaussehende Mädel in der Stadt« vorstellten. Ich habe so hart gearbeitet, um stellvertretende Leiterin der Serviceabteilung zu werden und diesen Preis zu bekommen, und Sie setzen all das einfach in den Sand, indem Sie aller Augen auf meine Figur lenken. Ich könnte wahnsinnig werden, wenn Sie so etwas machen. Immer müssen Sie Ihre komische Tour durchziehen und Frauen herabsetzen. Sie haben mich mit Ihrem Verhalten tief verletzt.

Stärke

Letzten Dienstag stellten Sie mich auf der Hauptversammlung als das »bestaussehende Mädel in der Stadt« vor. Komplimente für das eigene Aussehen sind ja etwas Wunderbares, aber nicht in diesem Umfeld. Ich bin stellvertretende Leiterin der Serviceabteilung und kümmere mich um die Probleme der Kunden. Da das Publikum fast ausschließlich aus unseren wichtigsten Kunden bestand, tun Sie der Firma mit dieser Einführung keinen Gefallen. Ein Unternehmen, das sich

Beleidigungen und herabsetzende Bemerkungen

ganz dem Dienst am Kunden verschrieben hat, wählt seine Serviceleiterin wohl kaum auf Grund ihres Aussehens aus. Vielleicht könnten Sie mich in Zukunft folgendermaßen vorstellen: »die Frau, die 1995 den Preis für innovative Dienstleistungen erhalten hat«. Oder: »die Frau, die unsere Marketingabteilung zur größten in diesem Bereich gemacht hat.« Vielen Dank.

Bitten Sie eine Mentorin um Hilfe

Manager sollten ihr Team unterstützen. Und wie der Farmer in der Geschichte von Wilbur und Charlotte das Ferkel »wegtun« will, weil es zu klein ist, so wetzen sehr häufig auch im »richtigen Leben« die stärksten Mitglieder des Teams ihre Hörner an den schwächeren. Wenn Sie selbst nicht wählen können, welche Position Sie einnehmen, sollten Sie sich eine Mentorin oder einen Mentor suchen – einen Abteilungsleiter oder jemanden, der schon länger dabei ist – und ihn um Hilfe bitten. Jammern Sie nicht. Listen Sie die Belästigungen auf (Datum, Ort und genauer Wortlaut) und bitten Sie in der Sprache des Erfolgs um Unterstützung. Zum Beispiel so:

Es gibt da ein Problem, das außer Kontrolle geraten ist und das mir und den anderen jungen Frauen der Abteilung die Arbeit enorm erschwert. Ich habe mit Herrn Hirnlos bereits darüber gesprochen, aber er meint, er würde ja nur Spaß machen. Am 12. Januar zum Beispiel hat er mich »Schnecke« genannt, am 14. Januar »Kleines«, am 15. Januar sagte er zu mir »mein Sahnehäppchen« und am 16., dass er mich »am liebsten fressen würde«. Am 17. Januar verstieg er sich zu der Bemerkung: »Ihre Bluse ist ja ganz hübsch, aber ich möchte wetten, der Inhalt ist noch hübscher.« Seine früheren Bemerkungen waren schon ärgerlich und herabsetzend, aber was jetzt geschieht, ist sexuelle Belästigung. Außerdem hören andere Teammitglieder diese Äußerungen und wiederholen sie. Bitte halten Sie Herrn Hirnlos davon ab, solche Dinge zu sagen!

Der Alltag fordert alle Facetten der Erfolgssprache

Wie Sie sehen, gibt die Sprache des Erfolgs Ihnen durchaus Mittel an die Hand, mit denen Sie sich gegen sprachliche Entgleisungen aller Art wehren können. Sie müssen nur wählen, welche Art der Entgegnung zur jeweiligen Situation am besten passt. Sie werden aus dieser Auseinandersetzung gestärkt hervorgehen, mehr Selbstvertrauen ausstrahlen und weniger leicht zum Opfer solcher Angriffe werden als früher.

Entschuldigungen

Frauen entschuldigen sich viel häufiger als Männer. Das hat nichts damit zu tun, dass ihnen ihr Verhalten tatsächlich Leid tut. Linda Sylvester, eine meiner Klientinnen, zum Beispiel bemerkte, dass sie sich sogar beim Tennis entschuldigt, wenn sie einen Schlag verpasst. Die Männer, mit denen sie spielt, tun das selbstverständlich nicht. Eine andere mir bekannte Tennisspielerin entschuldigt sich jedes Mal, wenn sie den Ball so hart schlägt, dass ihre Gegner ihn nicht erwischen. Die Linguistin Deborah Tannen meint, dass Frauen sich »rituell« entschuldigen, was Männern nicht im Traum einfallen würde. Doch gleichgültig, ob Sie sich nun rituell oder anders entschuldigen: Jedesmal wenn Sie sich entschuldigen, obwohl es nichts gibt, was Ihnen Leid tun könnte, schwächen Sie in den Augen anderer Ihr Selbstbild. Für die Momente, in denen eine Entschuldigung tatsächlich angebracht ist, hält die Sprache der Stärke umso überzeugendere Alternativen bereit.

Wenn Ihnen etwas wirklich Leid tut

Wenn Sie jemanden versehentlich anstoßen oder sonst etwas falsch gemacht haben, ist es völlig in Ordnung, sich dafür zu entschuldigen. Wenn Sie zu sich selbst stehen, schwächt Sie dies nicht im Geringsten.

Entschuldigungen

Wenn Ihnen etwas Leid tut, obwohl Sie dafür nicht verantwortlich sind und ein Schuldiger nicht gefunden werden kann

Es ist bedauerlich, dass dieser Vorfall (X oder Y) für Sie so negative Folgen hatte. Dieser Vorfall (wie er auch immer aussehen mag) hatte für Sie negative Folgen. Können wir dies in irgendeiner Form wieder gutmachen (den Schaden beheben, die Angelegenheit klären, Sie entschädigen)?

Wenn Sie zwar zuständig sind, aber nicht die Verantwortung für das Geschehen übernehmen wollen

Rufen Sie das praktische, distanzierte, unklare Passiv zu Hilfe. Der Dichter André Coudrescu nennt das Passiv die »Bauchrednerstimme, die man zum unpersönlichen Ausdruck von Tadel benutzt«. Manchmal bringt man sich damit aus der Schusslinie. Achten Sie doch einmal darauf, wie häufig Politiker sagen: »Es sind Fehler gemacht worden.« Diese Bauchrednerstimme benutzte in den letzten Jahren jede Regierung (und Partei):

Der Brief wurde zu spät abgesandt.
Der Scheck wurde auf die falsche Person ausgestellt.
Die Akten sind leider verloren gegangen.

Wenn Sie zwar wissen, wer verantwortlich ist, dies aber nicht preisgeben wollen

Da gab es offensichtlich ein Missverständnis.
Die Anweisungen waren anscheinend nicht klar genug.
Der Fehler in der Rechnung muss korrigiert werden.

Der Ausdruck von Bedauern hat im höflichen Umgang mit unseren Mitmenschen einen wichtigen Platz. »Es tut mir Leid« ist ein wichtiger Satz, aber nur, wenn Ehrlichkeit dahinter steht. Heben Sie sich also Ihre Entschuldigungen für die Momente auf, in denen sie tatsächlich angemessen sind.

Kommunikationsfehler:
Was tun, wenn alles fehlschlägt?

Ein paar »klassische« Kommunikationsprobleme haben wir in
früheren Kapiteln und Abschnitten bereits aufgezeigt. Doch es
gibt auch Szenarios, in denen es auf fast jeder Ebene zu fehlge-
schlagenen Kommunikationsversuchen kommt und die scheinbar unweigerlich im Chaos enden.

Ein Beispiel: Götterdämmerung im Schreibbüro

Jean ist Leiterin des Schreibbüros einer mittelgroßen Anwaltsfirma. Die meisten ihrer Kolleginnen arbeiten gut zusammen,
doch eine der Frauen, Jezebel, versucht immer wieder, sich der
Verantwortung und der Arbeit zu entziehen. Sie kommt zu
spät, geht früher als die anderen und verbringt Stunden damit,
mit ihren Familienmitgliedern zu telefonieren. Dadurch wird
die Arbeitslast für die anderen größer. Eines Tages nun bat
Jeans Chef Yvette, eine der Frauen aus dem Schreibbüro, für
ihn einen besonders eiligen Schriftsatz zu tippen. Yvette war
aber so überlastet, dass sie es nicht schaffte. Also ging Jean zu
ihrem Chef und sagte: »Yvette schafft den Schriftsatz nicht
rechtzeitig.« Doch ihr Chef antwortete nur: »Nun, dann soll
das eben Suzanne machen.«

Nun war Suzanne sauer, Yvette und Jean ebenso. Und der
Chef hatte den Eindruck, dass alle Teammitglieder nur darauf
aus waren, die Arbeit möglichst schnell an andere abzuschie-
ben, und war darüber natürlich auch nicht erfreut.

Wo liegt das Problem?

Wenn Führungskräfte die Sprache der Schwäche benutzen, leiden nicht nur sie darunter, sondern alle, die in der Hierarchie
unter bzw. über ihnen stehen. Jean hatte drei Fehler gemacht,
die ihr in der Sprache der Stärke nicht passiert wären: Erstens

Kommunikationsfehler: Was tun, wenn alles fehlschlägt?

hatte sie versäumt, die Untugenden der eigentlichen Übeltäterin Jezebel rechtzeitig zu bremsen, was eine unfaire Arbeitsverteilung im Schreibbüro nach sich zog. Zweitens legte der Satz, mit dem sie ihrem Chef das Problem schilderte, nahe, dass die Schuld bei Yvette liege, die ja eigentlich das Opfer war. Und drittens verhindert sie die ungerechte Belastung von Suzanne nicht. Wir werden uns in der Folge um jede dieser drei Schwierigkeiten kümmern.

Lösungsmöglichkeiten

1. Die eigentliche Übeltäterin: Arbeitnehmer, die ihren Teil der Arbeit auf andere abwälzen, betrügen jeden: ihre Arbeitgeber, ihre unmittelbaren Vorgesetzten, ihre Kollegen und sich selbst. Es war Jeans Aufgabe, Jezebel so zu zügeln, dass sie ihre Arbeit erledigte. Hier wäre das Power-Passiv das Mittel der Wahl. Jean hätte beispielsweise mit ihr sprechen können:»Ihr Teil der Arbeit wird nie rechtzeitig fertig. Das wird zu weiter gehenden Maßnahmen führen, wenn dem nicht Abhilfe geschaffen wird. Eine dementsprechende Notiz ist bereits ans Personalbüro gegangen.«

Jean ist also keineswegs gezwungen, die Übeltäterin offen anzugreifen. Das Passiv lässt Feindseligkeit erst gar nicht aufkommen, da nur das Problem und seine Konsequenzen klar genannt werden.

Nehmen wir einmal an, Jeans Ermahnung wirkt ein oder zwei Tage lang. Nun ändert sie ihr Sprachverhalten, um die Einstellung, die sie bei Jezebel sehen möchte, entsprechend zu loben:»Ihre Arbeit kam heute Vormittag rechtzeitig und war fehlerfrei. Vielen Dank.«

Achten Sie darauf, dass Jean das Ganze nicht auf eine emotionale Ebene bringt. Sie sagt nicht:»Ich mag Ihre Arbeit.« Und sie übertreibt nicht mit Lügen wie:»Das war großartig!« Eine einfache und genaue Feststellung wirkt auf der Chefetage genauso wie auf den vielen Ebenen darunter.

2. Ungerechte Schuldzuweisung: Obwohl Jean es gut meinte, ließ die Art und Weise, wie sie sich an ihren Chef wandte, keine

Der Alltag fordert alle Facetten der Erfolgssprache

andere Vermutung zu, als die, dass Yvette zu langsam oder zu inkompetent sei, um diese eilige Arbeit zu erledigen – was natürlich nicht der Fall war. Leider wird in unserer Gesellschaft sehr häufig das Opfer zum Täter gemacht: »Ich habe sie ja nur vergewaltigt, weil sie so aufreizend gekleidet war.« Doch es gibt zwei Lösungswege, wie Jean mit diesem Problem hätte fertig werden können.

Jean hätte sagen können: »Eine unproduktive Arbeitskraft hält uns alle auf, so dass Ihr Auftrag nicht rechtzeitig erledigt werden kann.« Wenn sie den Grund des Problems (noch) nicht erwähnen möchte, nimmt sie wieder Zuflucht zum Passiv: »Ihr Auftrag kann wegen Arbeitsüberlastung nicht rechtzeitig erledigt werden.« Auf diese Weise hätte sie gleich zwei Fliegen mit einer Klappe geschlagen: Yvette wäre nicht zu Unrecht in ein schlechtes Licht gesetzt worden und Suzanne hätte sich nicht mit der zusätzlichen Aufgabe plagen müssen.

Auch hier versetzt die Sprache des Erfolgs Sie in die Lage, unangenehme Situationen zu handhaben, ohne Feindseligkeit oder persönliche Ablehnung auszudrücken.

Kritik üben

Sobald wir den Aufstieg geschafft haben, ist eine der ersten Herausforderungen, die auf uns zukommen, die Tatsache, dass wir andere kritisieren müssen. Wir würden so gern nett und hilfsbereit sein, aber Fehler und Probleme werden so nicht aus der Welt geschafft. Sind Sie in der Lage, Ihre Kritik so zu formulieren, dass Sie Ihren Mitarbeitern wirklich hilft, das zu erreichen, was Sie von ihnen wünschen? Man hat uns beigebracht, positiv zu sein, einfühlsam und großzügig – aber nicht kritisch. Doch die Sprache des Erfolgs kennt Mittel und Wege, wie Sie die Fähigkeiten und die Moral Ihrer Mitarbeiter aufbauen können. Hören Sie möglichst exakt zu und kontrollieren Sie Ihren Wortschatz, Ihre grammatischen Strukturen und das Verhältnis von Nähe und Distanz. Dann können Sie alles sagen, was gesagt werden muss, und zwar einfach, klar und überzeugend.

Kritik üben

Mein Unternehmen bietet einen dreitägigen Workshop zur Verbesserung von Präsentationfähigkeiten an, der in der Branche auch als »Höllentrip« berüchtigt ist. Weshalb dieser »Kosename«? Jeder sieht sich selbst auf Video und wird offen kritisiert, und das nicht nur einmal, sondern immer und immer wieder. Doch gerade bei diesen Workshops findet immer eine wunderbare Verwandlung statt: Am ersten Morgen findet sich etwa ein Dutzend nervöser Menschen ein, die uns Trainerinnen und die anderen Teilnehmenden misstrauisch mustern. Am dritten Nachmittag nennen sie sich gegenseitig »ihre Familie«. Sie lachen und weinen, um die Effekte auszutesten, die dies auf andere hat. Es ist die Sprache der fairen Kritik, die die Workshopteilnehmer so schnell Fortschritte erzielen lässt. Sie haben gelernt, wie man positive und negative Rückmeldungen gibt. Für die anderen Teilnehmer sind sie daher manchmal Anwältin, manchmal Lehrer – das verbindet. Viele berichten uns nachher, dass ihre sprachlichen Fähigkeiten sich zwar allgemein verbessert hätten, dass der für sie wichtigste Zugewinn aber die Sprache der fairen Kritik war. Dabei ist gerade diese leicht zu erlernen.

In der Folge finden Sie ein paar Grundregeln für Anfänger. Da Sie mit der Sprache des Erfolgs schon so weit gekommen sind, dürfte es Ihnen nicht schwer fallen, den Grund hinter der jeweiligen Regel zu erkennen. Sie können diese Tipps jetzt bereits sinnvoll einsetzen – später werden Sie Ihre eigenen Techniken entwickeln.

Grundregeln für die Sprache der fairen Kritik

- Vermeiden Sie Satzanfänge wie die folgenden:
  Ich finde, dass …
  Mir fiel auf …
  Ich hatte den Eindruck …
  Ich möchte von Ihnen, dass …

- Eröffnen Sie Kritik niemals mit »Ich«.

307

Der Alltag fordert alle Facetten der Erfolgssprache

- Beginnen Sie stattdessen Sätze mit dem eigentlichen Thema:
  Dieses Memo nimmt klar und prägnant Stellung.
  Diese These war als solche nicht klar erkennbar.
  Dieses Design löst zwar einige, aber noch nicht alle unserer Entwicklungsprobleme.

- Setzen Sie auf Fachsprache:
  Die Emphase am Ende hat dem Vortrag viel gebracht.
  Mit der Reise-Metapher haben Sie das Publikum gut geführt.
  Eine Metapher aus dem Wortfeld »Atombombe« ist für eine Mayonnaise-Kampagne nicht angemessen.
  Die Folie zum Thema »Reorganisation« passt nicht zu den anderen.
  Die Geschichte über den Leuchtturm zu Anfang der Präsentation stimmt das Publikum richtig ein.

- Wahren Sie Distanz sowohl bei positiver als auch negativer Kritik:
  Der Gang zum Podium könnte noch verbessert werden.
  Ein Lächeln am Ende macht einen besseren Eindruck als ein Schulterzucken.
  Sie schienen mit Ihrer Nervosität ganz gut fertig zu werden.
  Die Geste, bei der Sie mit der Hand zum Himmel wiesen, unterstrich das Gemeinte sehr anschaulich.

Können Sie nett sein und trotzdem führen? Aber ja!

Mignons Gruppe liefert weltweit Daten für Finanzanalysen und bereitet sich auf diese Präsentationen immer sehr gezielt vor. Ihre Leute sind durchweg hoch qualifizierte Analysten und daher auf dem Podium nicht gerade zu Hause. Daher erwarten sie von Mignon klare Anweisungen. Ein Problemkind ist Terrence, der sein Fach zwar aus dem Effeff beherrscht, aber bei Präsentationen maniert und desorganisiert wirkt. Außerdem ist sein Bildmaterial unscharf und altmodisch.

Kritik üben

In der Sprache des Erfolgs können Sie Ihre Mitarbeiter wirkungsvoll unterstützen und trotzdem freundlich bleiben. Früher pflegte Mignon mit Terrence folgendermaßen umzugehen: »Mir gefiel Ihre Präsentation, Terrence. Könnten Sie noch an den Dias arbeiten?« Oder: »Ich habe den Eindruck, Sie haben Ihre Sache gut gemacht, aber meiner Auffassung nach wären bessere Dias nicht schlecht.« Doch Ihr persönliches Wohlgefallen hat mit Ihrer Arbeit wenig zu tun. Es macht den Arbeitsplatz zu einem kuschligen Schmuseort, an dem Frauen auf Grund ihrer Sprache kläglich scheitern. Lassen Sie daher Worte wie gut, schlecht, besser, mögen, Eindruck, Auffassung ganz weg. Auch Ich-Sätze sind hier nicht die optimale Form, wenn Sie Kritik üben wollen. Halten Sie sich an das, was wir in früheren Kapiteln über Distanz gesagt haben und konzentrieren Sie sich auf das Problem, nicht auf die Person. Wenn Sie dann noch auf glasklare Verben setzen, haben Sie die Sprache der fairen Kritik schon gemeistert – und bleiben trotzdem eine anerkannte Führungskraft.

Wir haben bereits mehrere Wege zur Schaffung einer wirkungsvollen Distanz kennen gelernt. Der sicherste ist die Abschaffung von Ich-Sätzen. Halten Sie kurz inne, denken Sie nach, worüber Sie sprechen wollen (wenn Sie an jemandem Kritik üben, können niemals Sie selbst das Gesprächsthema sein) und eröffnen Sie dann die Kritik mit dem Begriff, um den es geht: Ihre Stimme, der Bericht, die Dias, Ihre Gesten, was auch immer. Wählen Sie nun ein Verb, das exakt ausdrückt, was Sie meinen. Hier ein paar Vorschläge, die Mignon (und natürlich Ihnen) weiterhelfen können.

Schwache Kritik	Starke Kritik
Ich habe den Eindruck, Sie haben Ihre Sache gut gemacht, aber meiner Auffassung nach wären bessere Dias nicht schlecht.	Terrence, Ihr Vortrag ist von Mal zu Mal besser geworden, aber die Dias wirken nicht überzeugend. Professionelle Farbdias mit eingängiger Beschriftung werden Ihnen weiterhelfen.

Der Alltag fordert alle Facetten der Erfolgssprache

Oder:
Terrence, Ihre These erfüllt ihren Zweck recht gut. Allerdings kommt Ihr Fachwissen besser zum Tragen, wenn Sie zuerst einen Überblick über das Thema geben und außerdem scharfe Dias benutzen. Mehr Farbe und weniger Information zu den einzelnen Dias macht das Bildmaterial effektiver.

Ich fand Ihre These ganz toll.	Ihre These erfüllt ihren Zweck.
Ich fand die Dias gut.	Die Dias waren gut erkennbar.
Ich finde, Sie machen einen richtig professionellen Eindruck.	Ihr Fachwissen kommt an.
Sie sahen selbstsicher aus.	Sie strahlten Selbstsicherheit aus.
Ich mag die geballte Faust nicht.	Die Geste mit der offenen Hand wirkt einladend.
Ich fühlte mich unwohl, als Sie ins Publikum wiesen.	Ins Publikum zu weisen kann leicht als unfreundliche Geste missverstanden werden.
Meiner Ansicht nach sahen Sie beeindruckend aus.	Sie wirkten überzeugend, als Sie zum Podium gingen.
Sie sahen ängstlich aus und machten einen völlig desorganisierten Eindruck. Können Sie nicht ein bisschen mehr Selbstbewusstsein entwickeln?	Wenn Sie mit den Münzen in Ihrer Jackentasche spielen und den Blick zur Decke richten, lenkt dies das Publikum ab. Dadurch wirken Sie unsicher. Und die Arbeit ohne Skript schien Ihre nervöse Gestik noch zu steigern.

Bedeutet dies, dass starke Führungspersönlichkeiten nie sagen: »Das war Spitze«? Oder: »Das hat mir wirklich gefallen.« Und: »Gratuliere.« Natürlich nicht. Diese Möglichkeit steht Ihnen jederzeit offen, aber sie trägt natürlich nichts dazu bei, dass die Angesprochene erfährt, was sie gut gemacht hat. Genau das ist Ihre Aufgabe als Führungskraft. Worin also liegt die Lösung? Sie sollten alle Formen positiver und negativer Kritik beherrschen, so dass Sie im Einzelfall entscheiden können, was besser wirkt. So hilft Ihnen die Sprache des Erfolgs, Fehler zu beseitigen und Stärken hervorzuheben.

Schwierige persönliche Fragen

Marlene Pendelton, eine erfolgreiche Managerin, sagt von sich selbst: »Ich kann jederzeit konstruktive Kritik üben, wenn es um berufliche Themen geht. Aber wenn jemandes persönliche Gewohnheiten wie Körpergeruch oder schlechte Tischmanieren sich negativ auf die Karriere auswirken, bringe ich kein Wort über die Lippen. Den Betreffenden gegenüber ist das natürlich unfair. Eine Managerin sollte durchaus in der Lage sein, solch eine Situation zu meistern, aber ich weiß einfach nicht, wie ich damit umgehen soll.« Als Mentorin stehen Sie am Steuer Ihres Schiffes, und Sie sind verantwortlich dafür, wohin es die Mitglieder Ihrer Crew trägt. Am Erfolg Ihrer Teammitglieder beweist sich Ihr Können. Eine echte Mentorin geht über die einfachen Themen hinaus. Sie ist verantwortungsbewusst genug, um sich auch schwierigen Problemen zu stellen.

Dabei lösen persönliche Fragen wie Körpergeruch, Tischmanieren oder sonstige Gewohnheiten am meisten Unbehagen aus. Wenn ich sie in meinen Workshops anspreche, bestätigen mir 90 Prozent der Manager, dass sie in ihrem Unternehmen mit diesen Schwierigkeiten konfrontiert sind, aber nicht wissen, wie sie die Angelegenheit befriedigend lösen können. Wenn Sie also »Problemzonen« wie diese meistern, können Sie sicher sein, dass Sie mit allen Themen zurechtkommen.

Personalchefinnen, Managerinnen, Psychologinnen und die Mitglieder meines Netzwerkes für weibliche Führungs-

Der Alltag fordert alle Facetten der Erfolgssprache

kräfte – alle stimmen darin überein, dass es keine Ideallösung für diese Schwierigkeiten gibt. Jede Managerin ist ständig damit konfrontiert, aber mögliche Antworten auf die Frage, wie man solche Dinge anspricht, ohne verletzend zu wirken, wurden bisher nicht ausgearbeitet. Die meisten Menschen tun einfach das gleiche wie Marlene. Sie ignorieren das Problem und werden daher ihrer Rolle als Mentor nicht gerecht. Aber wenn es auch keine Ideallösung gibt, so möchte ich Ihnen hier doch zumindest einige mögliche Formen des Umgangs vorstellen. Wenn Sie bessere Wege kennen, informieren Sie doch bitte andere Führungskräfte.

Wahren Sie Distanz

Eine Möglichkeit ist es, die Wahrheit so distanziert und objektiv wie möglich darzustellen. Tun Sie dies in einem absolut vertraulichen und lockeren Rahmen. Lenken Sie die Unterhaltung auf das Thema im Allgemeinen. Erwähnen Sie, dass manche Leute ihre Mitmenschen – ob nun zu Recht oder zu Unrecht – auf Grund persönlicher Charakteristika wie zum Beispiel Körpergeruch beurteilen. Fragen Sie dann nach, ob Ihr Schützling je über dieses Thema nachgedacht habe. Nun könnten Sie beispielsweise sagen: »Es könnte sinnvoll sein, Ihr persönliches Auftreten in dieser Hinsicht zu überdenken. Ich möchte nicht, dass Ihre Karriere wegen solcher Dinge Schaden nimmt.«

Schreiben Sie

Wenn eine direkte Begegnung Ihnen absolut unerträglich scheint, können Sie das Problem auch schriftlich lösen. Der Nachteil an der Schriftform ist, dass sie kaum noch aus der Welt zu schaffen ist. Andererseits haben Sie hier alle Zeit der Welt, Ihre Formulierungen genau zu überdenken. Trotzdem sollten Sie diesen Weg nur dann wählen, wenn der schriftliche Ausdruck Ihnen leicht fällt und Sie die Perspektive des Textes jederzeit unter Kontrolle haben. Schließlich wollen Sie ja nicht, dass die Rüge den Adressaten so verletzt, dass der beabsichtigte positive Effekt völlig untergeht.

Schwierige persönliche Fragen

Wählen Sie die Ich-Form

An diesem einen Punkt, denke ich, sollten wir von der strikten Regel abweichen, dass Ich-Sätze nur dann angebracht sind, wenn es tatsächlich um die Sprecherin geht. Sie könnten beispielsweise das Gespräch mit dem Hinweis auf das Problematische dieses Themas eröffnen:»Eine Diskussion über persönliche Fragen ist immer schwierig, aber wenn man zusammenarbeitet, fallen die Gewohnheiten jedes Einzelnen auf das ganze Team zurück. Vor allem, wenn man auf so engem Raum zusammenarbeitet wie hier, wo jede Art von Geruch sehr deutlich wahrgenommen wird.« Eine meiner Klientinnen meint, dass folgender Satz wirken könnte:»Ich finde Ihren Geruch unangenehm.« Oder:»Auf den Geruch nach (Knoblauch, Zigarettenrauch, Weichspüler, Moschusparfüm) reagiere ich allergisch. Haben andere Kollegen Ihnen bereits etwas Ähnliches mitgeteilt? Das Thema ist sicher unangenehm, aber mir würde die Zusammenarbeit mit Ihnen sehr viel leichter fallen, wenn Sie dieses Problem in den Griff bekommen würden.«

Virginia Phelan meint übrigens, dass das Eingeständnis, mit diesem Thema nicht umgehen zu können, sehr schön zeigt, was Frauen in die Führungsetagen mitbringen. Männer sind in dem Glauben aufgewachsen, es müsse für alles eine Lösung geben. Wir aber wissen, dass es auf komplexe Fragen nicht immer hundertprozentig sichere Antworten gibt. Gutes Management aber zeigt sich, wenn diese Angelegenheiten trotzdem zur Sprache gebracht werden.

Nun ist unser Netz fertig und strahlt den wärmenden Glanz des Erfolgs aus. Doch halt – wir sind noch nicht ganz am Ende. Schließlich wollen Sie doch wissen, wo Sie stehen. Was haben Sie gelernt und wo sind Ihre Qualitäten noch ausbaufähig? In Kapitel 14 können Sie feststellen, welche Fortschritte Sie gemacht haben. Außerdem lernen Sie dort, wie Sie auf den Gipfel der Sprache des Erfolgs gelangen und zur effizienten Mentorin werden. Ganz am Ende werden wir unsere Geschichte mit wahren Berichten beenden – von Frauen wie Sie und ich, die mit der Frauensprache des Erfolgs ihr Glück gemacht haben.

14 Unsere Heldinnen, unser Leben: Wie wir Stärke gewinnen und weitergeben

… die Kriegerin, die Witz und Mut zu ihren Waffen macht, wird schließlich den Sieg davontragen.

Louise Nevelson

Nun haben wir gemeinsam unser Netz gewoben. Sie haben bestimmte Fähigkeiten kennengelernt und sich diese angeeignet. Sie werden sie mit den Jahren verfeinern, bis Sie wahre Meisterschaft erlangen. Dann ist es an der Zeit, Ihr Können weiterzugeben. Die Erfahrung zeigt, dass Frauen weit kommen, wenn sie selbst oder andere Menschen hohe Anforderungen an sie stellen. Wenn wir unseren Ängsten nicht nachgeben, schreibt Emily Dickinson, »wölben unsere Hände sich bis in den Himmel«. Die Frauensprache des Erfolgs gibt uns Mittel an die Hand, mit denen wir unserer Angst den Garaus machen können. Dann werden wir wahrhaftig Heldinnen, gewitzte Kämpferinnen sein.

Der Weg zur Meisterschaft

In diesem Buch geht es darum, wie Frauen durch eine starke Sprache erfolgreich werden. Doch mit dem Erfolg kommt auch die Verantwortung für andere. Je besser Sie selbst die Frauensprache des Erfolgs beherrschen, umso besser werden Sie sie weitergeben können. Sie sind erst dann am Gipfel angelangt, wenn Sie zur Mentorin für andere werden und ihnen als Beispiel dienen – ebenso wie die Frauen in diesem Buch Ihnen Mut gemacht haben. Aber eine Mentorin ist mehr als nur ein Vorbild, das man kopieren kann. Eine echte Mentorin hilft ihren Schützlingen dabei, über sich hinauszuwachsen, indem

Der Weg zur Meisterschaft

sie ihnen immer wieder signalisiert, dass sie ihnen vertraut. Auf diese Weise lernen sie, Vertrauen in sich selbst zu haben.

Christina A. Gold war die erste Frau, die an der Spitze der amerikanischen Tochter der Kosmetikfirma Avon stand. Gleichzeitig leitete sie das Marketing für Kanada und Puerto Rico. Dieser Erfolg geht nicht zuletzt auf die Bemühungen ihres Mentors, Mun Lavigne, zurück, der sie zum Beispiel mit ihrer Angst vor öffentlichen Auftritten konfrontierte. Obwohl er wusste, dass sie davor eine Höllenangst hatte, ließ er sie eine Präsentation vor den höchsten Managern der Firma halten. »Ich hatte schon Angst, wenn ich vor meinen eigenen Leuten sprechen musste. Die Vorstellung, vor den Führungsspitzen des Unternehmens aufzutreten, jagte mir eine Heidenangst ein«, erinnert sich Christina Gold.

Lavigne kehrte ihre Angst nicht unter den Teppich, sondern fing an, sie auf diese Herausforderung vorzubereiten. »Ich ließ sie ihre Rede immer und immer wieder überarbeiten, veranlasste sie dazu, Augenkontakt mit dem Publikum zu halten, ihre Stimme aufzupeppen usw. Wir arbeiteten so hart, dass sie im Flugzeug nach New York kein Wort mehr mit mir sprach.« Doch er fuhr fort, sie auf immer neue Aufgaben anzusetzen, die Schritt für Schritt schwieriger wurden. »Ich habe sie ständig mit neuen Herausforderungen konfrontiert … wir hegten eine Art Hassliebe füreinander, doch am Ende mochten wir uns sehr gern und hassten uns nur noch ein ganz kleines bisschen.«

Manchmal genügt schon das Wissen, dass jemand anders uns etwas zutraut, um uns zum Wachsen zu veranlassen. Mentorin zu sein heißt, dass wir an andere Frauen glauben und sie lehren, an sich selbst zu glauben. Genau dies geschah mit Christina Gold. Und es wird wieder und wieder passieren, wenn Sie sich die Frauensprache des Erfolgs aneignen und sie als Mentorin in Ihrer Umgebung lehren. Ermutigung und Wissen, das weitergegeben wird, machen aus jeder Frau eine starke Frau, bis schließlich unsere gemeinsame Stärke aus der Arbeitswelt einen Ort macht, an dem wir Erfolge feiern.

Wie wir Stärke gewinnen und weitergeben

Überprüfen Sie Ihre Fortschritte

Selbstverständlich können Sie sich auch selbst fördern: Überprüfen Sie, auf welchen Gebieten der Frauensprache des Erfolgs Sie Fortschritte gemacht haben. Wir unterscheiden dabei vier Stufen:

Die Anfängerin (A)	Sie geben sich Mühe, eine bestimmte Fähigkeit zu erwerben.
Die Übende (Ü)	Sie verstehen, worum es bei dieser Fähigkeit geht und sind auch in der Lage, sie hin und wieder anzuwenden, aber sie ist noch nicht Teil Ihres Alltags geworden.
Die Meisterin (M)	Sie setzen diese Fähigkeit erfolgreich ein, um im Berufsleben vorwärts zu kommen.
Die Mentorin (Me)	Sie haben die Meisterschaft erworben und versuchen, diese Fähigkeit an jüngere Frauen mit weniger Selbstvertrauen weiterzugeben. Sie sind in den »Götterhimmel« der Vorbilder und Mentorinnen aufgestiegen.

Schätzen Sie für jede der unten aufgeführten Fähigkeiten ein, welches Niveau Sie haben. Verlieren Sie Ihre Fortschritte nicht aus dem Auge. Feiern Sie Ihren Erfolg, und erlauben Sie den gelegentlichen Rückschlägen nicht, Sie vom Weg abzubringen.

	A	Ü	M	Me
Grammatik				
Kontrolliert Ich-Sätze	❏	❏	❏	❏
Vermeidet Intimitäten	❏	❏	❏	❏
Vermeidet überflüssige Pufferwörter	❏	❏	❏	❏
Lässt Anhängsel weg	❏	❏	❏	❏
Lässt Gefühle und Eindrücke außen vor	❏	❏	❏	❏
Formuliert Sätze ohne »eigentlich« und »irgendwie«	❏	❏	❏	❏

Überprüfen Sie Ihre Fortschritte

	A	Ü	M	Me
Verwendet Passivkonstruktionen sparsam	❏	❏	❏	❏
Richtet sich nach ihren Vorbildern	❏	❏	❏	❏
Ist korrekt, aber nicht überkorrekt	❏	❏	❏	❏
Meidet blasse Füllwörter	❏	❏	❏	❏
Geht schwachen Konjunktionen aus dem Weg	❏	❏	❏	❏
Verwendet nie mehr Worte als nötig	❏	❏	❏	❏
Verfügt über Grammatikkenntnisse	❏	❏	❏	❏
Bevorzugt Tätigkeitsverben	❏	❏	❏	❏
Kontrolliert ihre Distanz je nach Situation	❏	❏	❏	❏
Setzt dazu Passivkonstruktionen ein	❏	❏	❏	❏
Wird zur Frau, der man einfach gehorcht	❏	❏	❏	❏
Sagt Nein, wenn nötig	❏	❏	❏	❏
Nutzt die Macht der Parallelen	❏	❏	❏	❏

Wortschatz

	A	Ü	M	Me
Verwendet präzise Ausdrücke	❏	❏	❏	❏
Spielt mit Konnotationen	❏	❏	❏	❏
Meidet Allerweltswörter	❏	❏	❏	❏
Setzt Fachjargon mit Augenmaß ein	❏	❏	❏	❏
Kennt griechische und lateinische Wortstämme	❏	❏	❏	❏
Ist erfindungsreich bei der Schaffung von Metaphern	❏	❏	❏	❏
Zieht Vorteile aus dem Gebrauch von Lexika und anderen Quellen	❏	❏	❏	❏

Organisation

	A	Ü	M	Me
Folgt ihrem Organisationssystem	❏	❏	❏	❏

Reden

	A	Ü	M	Me
Hält Rede mit Skript, wenn nötig	❏	❏	❏	❏
Teilt ihre Zeit mit der Stoppuhr ein	❏	❏	❏	❏
Baut Gedächtnisbrücken für Zuhörer	❏	❏	❏	❏
Erzählt interessante Geschichten	❏	❏	❏	❏
Verlässt sich auf rhetorische Kunstgriffe	❏	❏	❏	❏
Setzt visuelle Medien gekonnt ein	❏	❏	❏	❏
Macht sich auch im Sitzen bemerkbar	❏	❏	❏	❏

Wie wir Stärke gewinnen und weitergeben

	A	Ü	M	Me
Körpersprache				
Signalisiert auch mit der Haltung Selbstbewußtsein	❑	❑	❑	❑
Geht locker und aufrecht zum Podium	❑	❑	❑	❑
Hat ihre Haltung vom Scheitel bis zur Sohle unter Kontrolle	❑	❑	❑	❑
Hält Augenkontakt mit dem Publikum	❑	❑	❑	❑
Nimmt eine lockere Ruheposition ein	❑	❑	❑	❑
Hat Stimme, Betonung und Redegeschwindigkeit im Griff	❑	❑	❑	❑
Setzt Pausen wirkungsvoll ein				
Nutzt Strategien für mehr Selbstsicherheit	❑	❑	❑	❑
Stil				
Stimmt ihre Kleidung auf die zu spielende Rolle ab	❑	❑	❑	❑
Setzt auf Klassiker				
Bevorzugt Understatement	❑	❑	❑	❑
Ist auch in ungewöhnlichen Situationen passend gekleidet	❑	❑	❑	❑
Führungsqualitäten				
Führt mit der Sprache des Erfolgs	❑	❑	❑	❑
Ahmt Charlottes Managementgebaren nach	❑	❑	❑	❑
Ist »versiert«	❑	❑	❑	❑
Nimmt Anerkennung freundlich an	❑	❑	❑	❑
Lehnt höflich ab	❑	❑	❑	❑
Überzeugt kompetent	❑	❑	❑	❑
Fördert den Nachwuchs	❑	❑	❑	❑
Macht aus Verlierern Sieger	❑	❑	❑	❑
Schreiben				
Pflegt einen erfolgreichen, überzeugenden Schreibstil	❑	❑	❑	❑

	A	Ü	M	Me
Lesen				
Macht Lesen zum Karriereinstrument	❏	❏	❏	❏
Schafft ihren Posteingang locker	❏	❏	❏	❏
Liest gründlich, um den Text zu analysieren, zu kritisieren und ihre Schlüsse daraus zu ziehen	❏	❏	❏	❏
Liest gut vor, wenn nötig	❏	❏	❏	❏
Zuhören				
Hört aktiv zu	❏	❏	❏	❏
Meistert die einzelnen Hörtechniken	❏	❏	❏	❏
Erkennt ihre Filter	❏	❏	❏	❏
Hört präzise zu	❏	❏	❏	❏
Passt ihre Hörtechnik der Situation an	❏	❏	❏	❏
»Hört« auf Körpersprachesignale	❏	❏	❏	❏
Zeigt Verständnis	❏	❏	❏	❏
Paraphrasiert	❏	❏	❏	❏
Bittet um Klarstellung	❏	❏	❏	❏
Hakt nach	❏	❏	❏	❏
Hört auch als Trainerin gut zu	❏	❏	❏	❏
Umgang mit Sonderfällen				
Kann mit komplexen Situationen umgehen	❏	❏	❏	❏
Weiß, dass es nicht für alle Probleme einfache Lösungen gibt	❏	❏	❏	❏

Starke Frauen, starke Sprache: Erfolgsgeschichten

Da dieses Buch mit wahren Geschichten begann, in denen gezeigt wurde, wie sehr die Sprache der Schwäche uns schadet, wollen wir es mit ein paar wahren Geschichten enden lassen – mit Erfolgsstorys von Frauen, die die Grammatik der Stärke angewandt haben.

Wie wir Stärke gewinnen und weitergeben

Wie Sprache aus grauen Mäusen Powerfrauen macht

Lavi Walton ist Ingenieurin. Sie ist jung, klug und außerordentlich begabt, lauter Talente, die ihr eigentlich zu einer glänzenden Zukunft hätten verhelfen sollen. Doch als ich Lavi kennen lernte, sah sie nicht nur aus wie ein verschüchterter Teenager, sie sprach und benahm sich auch so. Bei ihrem ersten Vortrag schlurfte sie mit gesenktem Blick lustlos zum Rednerpult. Sie ließ den Kopf so tief hängen, dass niemand ihr Gesicht sehen konnte. Nicht nur ihr Körper drückte die Sprache der Schwäche aus. Sie redete so leise, dass wir sie kaum verstanden. Ihre Sätze strotzten nur so von Ich-Statements, und sie nahm sich bei jeder Gelegenheit zurück. Über Sprache und Erscheinungsbild schien sie keinerlei Kontrolle zu haben.

Doch nach zwei Tagen Workshop, nach mehreren Videoaufzeichnungen und persönlichen Gesprächen erwachte die Powerfrau in ihr. Ihre Abschlussrede vor dem Kurs hielt sie stolz, mit lauter Stimme und hocherhobenem Kopf. So manche Kurskollegin konnte sich der Tränen nicht erwehren, während sie sprach. Am Ende erhielt sie vom ganzen Kurs Standing Ovations. Lavi hatte wahrhaftig gelernt, aufzustehen und wie eine Frau zu sprechen. Deshalb stelle ich Ihnen hier einige Auszüge aus ihrer Abschlussrede vor.

Um Ihnen die Bedeutung der Sprache des Erfolgs zu verdeutlichen, möchte ich Ihnen zuerst eine Geschichte erzählen, die mir selbst passiert ist. Im zweiten Teil werde ich Ihnen erläutern, wie mir dieser Kurs die Augen geöffnet hat, so dass ich besser verstehen konnte, was sich tatsächlich abgespielt hatte.

Bei einer unserer wöchentlichen Gruppensitzungen wurde die Präsentation eines Kostenvergleichs für A- und B-Rechner besprochen. Das Problem war nur, dass die Kosten für jeden Rechner auf der Basis zweier verschiedener Modelle kalkuliert wurden. Es gab also zwei verschiedene Kosten-

Starke Frauen, starke Sprache: Erfolgsgeschichten

ansätze für jeden Computer. Mein Kommentar dazu war, ich zitiere:

»Ich habe das Gefühl, dass die verschiedenen Zahlen den Kunden nur verwirren würden, daher glaube ich, dass wir nur eine Kalkulationsmethode benutzen oder zumindest die Zahlen farblich unterschiedlich darstellen sollten.«

Die Gruppe diskutierte meine Bemerkung, entschied jedoch, die Präsentation unverändert zu lassen. Ich weiß noch, dass ich damals dachte:»Nun ja, vielleicht sind die vielen unterschiedlichen Zahlen für den Kunden kein Problem.«

Bevor wir mit unserer Präsentation zum Kunden gingen, hatten wir eine Generalprobe vor unserem Abteilungsleiter. Einer seiner Kritikpunkte lautete, ich zitiere:

»Die unterschiedlichen Zahlen verwirren den Kunden. Die Kalkulationsmethode muss vereinheitlicht werden. Alternativ können Sie die Zahlen farblich unterschiedlich darstellen.«

… Er hatte nur ausgesprochen, was ich die ganze Zeit über gedacht hatte. Ich ging sogar zu meinem Chef und erzählte ihm, dass der Abteilungsleiter dieselbe Kritik geäußert hatte wie ich bei unserem Gruppenmeeting. Er akzeptierte das, konnte mir aber nicht erklären, weshalb mein Kommentar nicht angenommen worden war. Damit war die ganze Sache zunächst einmal vorüber.

Erst als ich die Sprache des Erfolgs lernte, wurde mir klar, was wirklich geschehen war. Der Abteilungsleiter und ich hatten keineswegs dasselbe geäußert. Ich hatte gesagt:»Ich habe das Gefühl, dass die verschiedenen Zahlen den Kunden nur verwirren würden, daher glaube ich, dass wir nur eine Kalkulationsmethode benutzen oder zumindest die Zahlen farblich unterschiedlich darstellen sollten.« Er hatte gesagt:»Die unterschiedlichen Zahlen verwirren den Kunden. Die

Kalkulationsmethode muss vereinheitlicht werden. Alternativ können Sie die Zahlen farblich unterschiedlich darstellen.« Das war etwas völlig anderes! Nun ist mir klar, weshalb mein Vorschlag kein Gehör fand.

Ein Punkt, der gegen mich sprach, war mein geringes Alter. Ein weiterer Punkt die Tatsache, dass ich eine Frau bin. Und der dritte war das mangelnde Selbstbewusstsein, mit dem ich diesen Vorschlag äußerte. Jetzt weiß ich, was ich tun kann, um ähnliche Vorfälle zu verhindern. Um nicht aus dem Feld geschlagen zu werden, muss ich mir mit der Sprache des Erfolgs Respekt verschaffen, damit alle meine Stärken erkennen.

Lavi konnte weder an ihrem Alter noch an ihrem Geschlecht etwas ändern, aber sie konnte ihre Sprache verbessern. Genau dies tat sie auch. Sehr erfolgreich übrigens. Doch die Sprache des Erfolgs hilft nicht nur jungen Frauen. Im Folgenden lesen Sie die Geschichte einer bereits erfolgreichen Managerin, die sogar einen Doktortitel besitzt.

Wie Sprache zur Führungskraft qualifiziert

Laurette Black war eingestellt worden, um ein Projekt zu leiten, das nicht mehr zu retten schien. Der Zeitplan war hoffnungslos überzogen, und doch mußte sie den fristgerechten Abschluss des Projekts garantieren. Diese Aufgabe raubte ihr schier den Schlaf: Sie war eben in eine neue Stadt gezogen, hatte den Job ebenso gewechselt wie den Arbeitsbereich, und ihr erstes Projekt drohte, ein katastrophaler Fehlschlag zu werden. Der Druck, unter dem sie stand, und das Gefühl der Hilflosigkeit drückten sich auch in ihrer Sprache aus. Doch als sie die Frauensprache des Erfolgs lernte, begriff sie mit einem Mal, dass ihre Gruppe durchaus Hervorragendes würde leisten können, wenn sie es nur schaffte, sie zu einem Team zusammenzuschweißen.

Starke Frauen, starke Sprache: Erfolgsgeschichten

Als ihre Gruppe sich traf, um über den Zeitplan zu sprechen, wurden Klagen laut: »Ich fühle mich schrecklich mit diesem Zeitplan. Er wird niemals funktionieren.« Oder: »Ich habe den Eindruck, dass wir von Anfang an zum Scheitern verdammt sind.« Black wusste, dass es ihre Aufgabe als leitende Managerin war, sich mit dem Problem auseinander zu setzen und nicht mit den Gefühlen, die es auslöste. Also beschnitt sie die Diskussion kurzerhand und meinte: »Wir wollten über den Zeitplan sprechen, nicht über unsere Gefühle.« Dadurch wurden enorme Energien frei. Alle konzentrierten sich auf die verschiedenen Lösungsmöglichkeiten, und am Ende war das Projekt zum vereinbarten Termin abgeschlossen.

Manchmal bringt unser Erfolg ganz überraschende Wendungen mit sich. In Kapitel 5 haben Sie Linda Rubin bei der Abfassung eines Vortrags begleitet, den sie mehr fürchtete als den Zahnarzt. Nun sollen Sie erfahren, wie die Geschichte weiterging.

Wie Sprache neue Möglichkeiten schafft

Lindas gründliche Vorbereitung half ihr, ihre Furcht zu überwinden und sich strahlend und kompetent zu zeigen. Die Rede war ein großer Erfolg. Einer ihrer Kollegen nannte sie gar »brillant«. Acht Wochen später rief ein Headhunter sie an und bot ihr einen hoch bezahlten Job in einer weit entfernten Stadt an. Da Linda sich nicht um eine neue Aufgabe bemüht hatte, fragte sie ihn, wie er denn nur auf sie gekommen sei. Sie erfuhr, dass drei Direktoren von Seniorenheimen in verschiedenen Städten sie unabhängig voneinander als die beste Person für diesen Job genannt hatten. Alle drei hatten Lindas Vortrag besucht. Wie ein Kieselstein, den man ins Wasser wirft, immer weitere Kreise zieht, so hatte die Sprache des Erfolgs auf Lindas Leben ganz unerwartete und weit reichende Auswirkungen.

Carol Millet hingegen hatte mit einem Problem zu kämpfen, mit dem garantiert kein Mann je fertig werden musste. Hier ist ihre Geschichte.

323

Wie wir Stärke gewinnen und weitergeben

Wie Sprache zum richtigen Image verhilft

Carol Millet war auf dem Weg ins Topmanagement. Um ihre Präsentationsfähigkeiten zu verbessern, schickte sie mir eine Videoaufzeichnung von einer ihrer Präsentationen auf einer internen Konferenz ihres Unternehmens. Ihre Aufgabe dabei war es, Marketingvertreter aus dem ganzen Land mit den neuesten Marktforschungsergebnisse bekannt zu machen, die sie dann bei ihren Verkaufsgesprächen umsetzen sollten.

Das Video erwies sich im Hinblick auf die Präsentationsprobleme von Frauen geradezu als Offenbarung. Carol war nicht gut angekommen. Sie wirkte sehr jugendlich und war klein und zierlich. Dies genügte dem Publikum, um ihr die Aufmerksamkeit zu verweigern. Außerdem gab es noch ein anderes Problem: Am Tag der Präsentation war Carol im siebten Monat schwanger. Die (männlichen) Organisatoren der Konferenz hatten entschieden, die Kleiderordnung allgemein auf lockere Businesskleidung festzulegen, aber die Redner sollten ein T-Shirt mit dem Firmenlogo tragen. Außerdem schnallte man ihnen Mikrofone um. Stellen Sie sich nun diese zierliche, mädchenhafte Frau vor, die mit ihrem Sieben-Monats-Bauch in einem T-Shirt all den Männern in Anzügen und Frauen in eleganten Kostümen sagt, was sie in den nächsten Monaten zu tun haben.

Carols Präsentation war gut, doch einige wesentliche Schwächen hatten den Erfolg verhindert, den sie sich gewünscht hatte. Sie hatte beispielsweise zu viel Zeit darauf verwendet, sich vorzustellen. Sie erwähnte ihre Schwangerschaft (obwohl diese selbsterklärend war). Und sie verwendete kein Skript, was zur Folge hatte, dass sie zwischendrin immer wieder in Formulierungen abglitt, die ihren Erfolg sabotierten: »Ich habe viel Zeit damit zugebracht …«; »ich werde versuchen …«; »wir haben den Eindruck, dass dies wichtige Erkenntnisse sind«, »ich denke, vom Standpunkt des Visionärs aus …«; »ich möchte gerne, dass Sie Folgendes tun …« Auch der Schluss war eher flach: Sie dankte allen für die Zeit, die sie ihr geschenkt hatten.

Starke Frauen, starke Sprache: Erfolgsgeschichten

Carols Beispiel zeigt gut, worin Kommunikationssituationen von Frauen und Männern sich unterscheiden. Kein zierlicher, langhaariger, blonder Mann wird gezwungen, eine seiner wichtigsten Präsentationen im T-Shirt und mit einem umgeschnallten Mikro zu halten. Er kommt darüber hinaus niemals in die Verlegenheit zu erklären, dass er im siebten Monat schwanger ist. Was immer das T-Shirt auch hätte bewirken sollen, Carols Präsentation wurde dadurch ganz eindeutig geschwächt.

Nach unserem Gespräch änderte Carol einen Punkt in der Firmenphilosophie und drei Punkte in ihrem Präsentationsstil. Erstens überzeugte sie das Organisationskomitee, dass bei künftigen Gelegenheiten die Redner selbst entscheiden sollten, was sie tragen. Zweitens entschied sie sich, zumindest für Anfang und Ende wichtiger Vorträge ein Skript auszuarbeiten. Drittens setzte sie sich mit der Grammatik der Schwäche auseinander und vermied künftig solche Strukturen. Und schließlich verabredete sie sich mit einer Typberaterin, um ihr berufliches Image aufzupolieren.

Einige Monate später hielt Carol ihre nächste Präsentation. Sie trug ihr Haar kürzer und hatte sich für Make-up entschieden, um nicht mehr auszusehen wie ein Teenager. Außerdem war sie – diese absurde Regel war glücklicherweise gekippt – passend angezogen. Sie hatte für ihre Rede ein Skript erstellt und die Zeit geprobt. Da sie sich nicht selbst vorstellen wollte, tat ein Kollege dies für sie. Er präsentierte sie als Leiterin der Marktforschungsabteilung, die das Forschungsprojekt initiiert und geleitet hatte (keine Kommentare darüber, wie sie aussieht und wie nett sie ist). Da sie bereits vorgestellt worden war, eröffnete sie ihren Vortrag mit großzügigen Komplimenten an einige der Zuhörer. Das Skript bewahrte sie im Übrigen vor Rückfällen in die Sprache der Schwäche. Diese kleinen Unterschiede machten aus einer guten eine bemerkenswerte Präsentation, an die man sich erinnern würde.

Authentisch bleiben mit der Sprache des Erfolgs

Annette Olin Hill schreibt: »Ein Hauptproblem von Frauen ist die Frage, ob sie in traditionell männlich geprägten Berufen Erfolg haben können, ohne dabei die Sichtweise der Männer zu übernehmen.« Ihre eigene Geschichte beweist dies ebenso wie die Geschichten der Frauen in diesem Buch. Die Erfolgsstorys in meinen Ordnern handeln niemals von Frauen, die sich Männern angepasst haben. Sie drehen sich um Frauen, die die Sprache der Stärke gelernt haben, um als Frauen erfolgreich zu sein.

Wie die Orte, an denen wir arbeiten, so war auch Charlottes Scheune ein profitorientierter und nicht unbedingt menschlicher Ort. Trotzdem schaffte es die kleine Spinne, andere zu führen, selbst zu wachsen, bedrohte Wesen zu fördern, neues Leben hervorzubringen, andere zur Zusammenarbeit zu bewegen und das Leben ihres Freundes zu retten. Auf die gleiche Weise gelingt es Frauen heute schon, Erfolg am Arbeitsplatz zu haben, ohne ihre eigene Identität oder Weiblichkeit aufzugeben. Sprache ist ein machtvolles Instrument zur Erlangung dessen, was Sie sich wünschen. Wir müssen uns nur entscheiden, sie auf diese Weise einzusetzen. Dann sind wir – wie Charlotte – gute Freundinnen und begabte Sprachkünstlerinnen.

Danksagung

Wenn ich die Mutter dieses Buches bin, könnte man sagen, dass es viele Hebammen und Geburtshelfer hatte: Marvin I. Mindell, der sogar meine wildesten Ideen gut findet; Joe Mindell und Ossi Borosh, deren Heirat meine Kreativität anspornte; David Mindell, der mein Denken in jeder Hinsicht schärft; Ruth Mills, die mir die Vision einer wirklich funktionierenden Einteilung schenkte; B.K. Nelson, der die Lücke zwischen Autorin und Verleger füllte; Ellen Schneid Coleman, die zwei meiner Bücher wunderbar lektorierte, und die vielen Frauen, die mir so freimütig von ihren Erfahrungen mit Sprache und Macht am Arbeitsplatz berichteten.

Dr. Virginia Phelan war mir eine wahre Freundin, während ich dieses Buch schrieb. Mit ihrem sicheren Sprachgefühl redigierte sie das Manuskript, lieferte mir eine endlose Liste von Mottos für die einzelnen Kapitel und schrieb exzellente Klappentexte für die amerikanische Ausgabe des Buches. Sie führte mir immer wieder vor Augen, dass Frauen im Beruf durchaus erfolgreich sein können, ohne wie Männer zu werden. Viele ungeschickte Sätze erfuhren durch ihre Hand eine elegante Wendung. Und vielen noch im Werden begriffenen Ideen verlieh sie eine sprachliche Gestalt. Mit einem Wort: Sie war Charlotte für mich (siehe Kapitel 1).

Allen Freundinnen und Freunden, die das Manuskript gegengelesen haben, danke ich herzlich: Megan Bern, Rose Love, Jennifer Worden, Carol Schwartz und Pat Murray.

Die Autorin

Dr. Phyllis Mindell berät und trainiert seit über zwanzig Jahren Managerinnen und Manager von Unternehmen wie Bayer, Kellog's, Motorola oder Texas Instruments im Bereich Kommunikation. Sie ist Gründerin und Leiterin von »Well-Read«, einer international tätigen Wirtschaftsberatung. Als beliebte Rednerin hält sie ihre Präsentationen sowohl vor nationalem wie vor internationalem Publikum, zum Beispiel vor dem Women's Network, den Financial Women International, der University of Rochester oder dem Kodak Manager Forum. Ihr Buch »Power Reading« wurde in den Vereinigten Staaten zu einem der »Business-Bücher des Jahres 1998« gewählt.

Englischsprachige Informationen zur Autorin und der Arbeit ihres Unternehmens erhalten Sie bei folgender Adresse:

Phyllis Mindell, Ed.D.
President
Well-Read (wel'-red')
12 Cranston Road
Pittsford, New York 14534
USA

E-Mail: pmindell@well-read.com
Web-Site: www.well-read.com
Telefon: (001) 716 / 381 - 08 06

Literatur

Albus, Lioba: *Frau Mittelkötter kennt sich aus. Was Männer meinen, wenn sie etwas sagen,* Freiburg: Herder, 1996
Breu, Joachim: *Internet für Führungskräfte,* Niedernhausen: Falken, 2000
Cicero, Antonia/Horn, Ulrike/Kuderna, Julia: *Frauen, Sprache, Macht,* Wien: Passagen, 1996
Dickinson, Emily: *Eden ist nicht einsam.* Gedichte, ausgew. u. übertr. von Beate Hellbach. Berlin: Unabhängige Verlagsbuchhandlung Ackerstraße, 1991
Earhart, Amelia: *Last Flight,* New York: Orion Books, 1988
Gadiesh, Orit: »True North«, Exzerpte aus einer unveröffentlichten Rede vom 19. Juli 1992
Grabrucker, Marianne: *Vater Staat hat keine Muttersprache,* Frankfurt am Main: Fischer, 1993
Hall, Judy: *Nonverbal Sex Differences,* Baltimore: Johns Hopkins University Press, 1984
Hallwass, Edith: *Deutsch müßte man können. Ein Sprachquiz für jedermann,* Bad Wörishofen: Hans Holzmann, 1987
Helgesen, Sally: *Frauen führen anders – Vorteile eines neuen Führungsstils,* Frankfurt am Main: Campus, 1991
Henley, Nancy: *Body Politics,* Englewood Cliffs: Prentice Hall, 1977
Hills, Carla: »US Trade Policy in 1994«, Rede vor dem Commonwealth Club of California, veröffentlicht in: The Commonwealth (San Francisco), 11. März 1994
Hof, Marion: *Amelia Earhart,* Trier: Kleine Schritte, 2000
Hooffacker, Gabriele: *Erfolgreiche Online-Recherche. Das Wissen der Welt. Wo und wie Sie es finden,* Kilchberg: Smart Books, 2000
Hooffacker, Gabriele: *Informationen gewinnen im Internet. Zielgenau suchen und auswerten,* Reinbek: Rowohlt, 2000

Literatur

Mindell, Phyllis: *Power Reading,* Englewood Cliffs: Prentice Hall, 1993

Morris, Desmond: *Bodytalk. Körpersprache, Gesten und Gebärden,* München: Heyne, 1997

Müller, Sigrid/Fuchs, Claudia: *Handbuch zur nichtsexistischen Sprachverwendung in öffentlichen Texten,* Frankfurt am Main: Fischer, 1993

Pearce, Carol Ann: *Career Chic,* New York: Putnam, 1990

Penelope, Julia: *Speaking freely. Unlearning the Lies of the Father's Tongues,* New York: Pergamon Press, 1990

Peters, Tom: *Kreatives Chaos. Die neue Management-Praxis,* Hamburg: Hoffmann & Campe Verlag, 1980

Pusch, Luise F.: *Das Deutsche als Männersprache,* Frankfurt am Main: Suhrkamp, 1984

Pusch, Luise F.: *Alle Menschen werden Schwestern. Feministische Sprachkritik,* Frankfurt am Main: Suhrkamp, 1990

Pusch, Luise F.: *Die Frau ist nicht der Rede wert. Aufsätze, Reden und Glossen,* Frankfurt am Main: Suhrkamp, 1999

Sadrozinski, Renate: *Grenzverletzungen,* Frankfurt am Main: Fischer, 1996

Schneider, Wolf: *Deutsch für Profis. Wege zu gutem Stil,* Hamburg: Goldmann, [10]1992

Schneider, Wolf: *Deutsch fürs Leben. Was die Schule zu lehren vergaß,* Reinbek: Rowohlt, 1994

Tannen, Deborah: *Das hab' ich nicht gesagt! Kommunikationsprobleme im Alltag,* München: Goldmann, 1994

Tannen, Deborah: *Job-Talk. Wie Frauen und Männer am Arbeitsplatz miteinander reden,* Hamburg: Kabel, 1995

Tannen, Deborah: *Du kannst mich einfach nicht verstehen. Warum Männer und Frauen aneinander vorbeireden,* München: Goldmann, 1996

Trömel-Plötz, Senta: *Gewalt durch Sprache. Die Vergewaltigung von Frauen in Gesprächen,* Frankfurt am Main: Fischer, 1984

Trömel-Plötz, Senta: *Frauengespräche: Sprache der Verständigung,* Frankfurt am Main: Fischer, 1996

Walther, George: *Phone Power. Das Telefon als effektives Erfolgsinstrument,* Düsseldorf: Econ, 1991

Westerholt, Birgit: *Frauen können führen. Erfolg und Karriere durch Motivation und Kompetenz*, München: dtv, 1995
Wolf, Kirsten: *Karriere durch Networking. Erfolgreich Beziehungen knüpfen im Beruf*, Falken: Niedernhausen, 1999
White, E. B.: *Wilbur und Charlotte*, Zürich: Diogenes, 1976
White, E. B./Strunk, William u. a.: *The Elements of Style*, New York: Allyn & Bacon, ⁴1999

Nachschlagewerke zur deutschen Sprache

– aktuelle Auflagen –

Duden:
* *Briefe gut und richtig schreiben*
* *Das Fremdwörterbuch*
* *Das Herkunftswörterbuch*
* *Das Stilwörterbuch*
* *Deutsches Universalwörterbuch*
* *Die deutsche Rechtschreibung*
* *Die Grammatik*
* *Die sinn- und sachverwandten Wörter*
* *Komma, Punkte und alle anderen Satzzeichen*
* *Richtiges und gutes Deutsch*

Allgemeine multimediale Nachschlagewerke

Brockhaus multimedial, CD-ROM-Lexikon aus dem Brockhaus Verlag, die jeweils neueste Ausgabe zum Kennenlernen auch im Internet unter
http://www.brockhaus.de

Meyers Lexikon in 3 Bänden im Internet:
http://www.iicm.edu/meyers

Microsoft Encarta Enzyklopädie, zum Kennenlernen auch im Internet:
http://www.microsoft.com/encarta

Internet-Adressen für Frauen

http://ewmd.org
Website der European Women's Management Development International Network (englisch)

http://www.catalystwomen.org/home.html
Forschungs- und Beratungsstelle für Businessfrauen (englisch)

http://www.ceiberweiber.at/home.htm
Österreichisches Frauen-Online-Magazin

http://www.fembio.org/
Biografische Datenbank zu berühmten Frauen von Luise F. Pusch

http://www.frauen-net.ch
Website des Bundes schweizerischer Frauenorganisationen mit den neuesten Nachrichten zum Thema Frau

http://www.powercat.de
Webkatalog für Frauen

http://www.uni-bielefeld.de/IFF/fraueninfonetz/
Information zu Frauenforschung und -förderung

http://www.uni-bielefeld.de/IFF/fraueninfonetz/forsch/iud/dat/media.htm
Informations- und Recherchedienst für Frauen

http://www.webgrrls.de
Frauennetzwerk mit vielen Tipps zu breit gestreuten Themenbereichen

http://www.web-publishing.com/WyberNetz/hallo.htm
Europäischer Treffpunkt für Frauen im Internet

http://www.womenlobby.org/
Europäische Frauenlobby (englisch/französisch)

Register

Accessoire 207
Aggressivität 36
Aktionsverb 52
Anerkennung 215f., 222f.
Anekdote 152
Angst 28, 194
Anhängsel 57
Anlesetechnik 259f., 262
Anna Karenina 253
Antwort, strategische 162
Anweisung 24, 82, 285
Arbeitsmoral 223
Arbeitsplatz 295
Armhaltung 183
Aufmerksamkeit 166, 284
Aufzählung 155
Augenkontakt 175, 179
Ausdruck 19, 283
Aussehen 143
Autorität 53

Beförderung 140
Beinhaltung 186
Belästigung 32
Beleidigung 32, 296
Besprechung 219f.
Betonung 188
Blockierer 169

Coaching 289, 292
Computer 244
Computernetz 119, 246f.

Dialog 289f.
Distanz 78, 312
Dreierparallele 157

»Dress-Down«-Tage 209
Duft 202
Durchatmen 196

E-Mail 246
Earhart, Amelia 20, 37, 93, 109,
156, 193
Eindruck, erster 175
Einfühlungsvermögen 35
Einleitung 120, 131, 137
Emotion 59
Entschuldigung 25, 302
Erfolgs-Wortschatz 97
Erziehung 35
Etymologie 114

Fachbuch 251
Fachchinesisch 99
Fachzeitschrift 251
Feindseligkeit 215, 224
Figur 203
Flaubert, Gustave 253
Flexibilität 279
Förmlichkeit 214
Frage, destruktive 160ff.
Frage, rhetorische 156f.
Fragebogen 316
Fragetechnik 156, 163f.
Fremdwort 105
Frisur 201
Führungskraft 212, 322
Füllwort 61, 67

Gadiesh, Orit 38, 110, 151
Gang 175, 177
Gedächtnis 150, 283f.

333

Register

Gedächtnisstütze 154
Genauigkeit 282
Generalprobe 120, 135, 137
Gesicht 181, 204
Gestik 144, 185
Ginsburg, Ruth Bader 20, 37, 93, 109
Glaubwürdigkeit 24
Grafik 158
Griechisch 106

Haftnotiz 120f., 146
Händezittern 28
Handlungsverb 76
Harvard-Mitteilung 232
Hierarchie 215
Hills, Carla 20, 38
Höflichkeit 283
Hyperlink 119

Ich-Satz 44, 49, 313
Ignorieren 296
Image 324
Internet 247
Intimität 51

Karriere 256
Karteikartensystem 120, 146, 262
Klarstellung 288, 292
Kleidung 205
Körpergeruch 312
Körpersprache 144, 172f., 280, 175f., 291
Kommunikation 255 274ff., 304
Komplexität 42
Konjunktion 68
Konnotation 96
Kooperation 224
Kopf 178f.
Korrektheit 66
Kreativität 136

Kritik 306f.
Kurzzeitgedächtnis 150

Lachen 195
Latein 105
Lektüre, instrumentelle 250
Lesedefizit 255
Lesen 30, 249f., 263, 266, 268, 270
Lexikon 113

Macht 39, 95
Madame Bovary 253
Make-up 204
Managerin 213
Meeting 27
Mentorin 213, 226f., 301, 311
Metapher 108, 158
Mitgefühl 35
Motivation 142
Mrs. Dalloway 253
Mut 314

Name, verniedlichender 31
Nein sagen 35, 84, 218
Nervosität 29

Parallelkonstruktion 89
Paraphrase 286, 292
Passiv 61, 80
Pause 190f.
Perfektion 196
Personalführung 172ff., 212ff., 308ff.
Planung 117f., 147
Podium 177
Posteingang 251
Power-Lesen 254, 257
Power-Lexikon 113
Präsentation 29, 120, 122, 138f., 142, 145
Präsentationsplanung 160
Präsenz 175

Register

Psychogelaber 24
Publikum 120, 122, 137, 214
Pünktlichkeit 229
Puffersatz 98
Pufferwort 54, 97

Rede 118, 139, 142, 145, 148,
168, 197
Rolle 200
Rollenmodell 20
Roman 251

Satzstruktur 74, 154
Schachtelsatz 69
Schimpfwort 32
Schmusewort 102
Schreiben 231, 244, 312
Schuhe 208
Schuldzuweisung 305
Schweigen 140
Scott, Ruth 93
Selbstvertrauen 28f., 192
Skript 147f.
Spielregel 222
Spontaneität 118, 136
Sprachschatz 283
Sprechgeschwindigkeit 166, 189
Statement, klares 169
Stil 199
Stille 190
Stimme 28, 145, 187
Stoppuhr 189
Strategie, sprachliche 166f.

Tätigkeitsverb 103
Telefonnotiz 285
Textgliederung 128f., 133, 137,
144, 284

These 131, 137
Timing 148
Tolstoj, Leo N. 253

Überfliegen 258
Übergriff, sprachlicher 31
Übersichtskarte 120
Überzeugen 216
Unaufmerksamkeit 276
Unerfahrenheit 226
Unhöflichkeit 222
Unsicherheit 55
Unterbrechung 222

Verbkategorie 74
Verständigungsproblem 272
Verständnis 287, 292
Vertrauen 228
Video 50, 98, 140, 170, 177f.,
180, 182, 186f., 192, 221,
270f.
Vorbereitung 143
Vorbild 20, 38, 170, 210
Vorlesen 269
Vortrag 148

Wiederholung 153f., 286
Wilbur und Charlotte 20
Witz 314
Woolf, Virginia 253
Wortgeschichte 105
Wortwahl 112, 157

Zielsetzung 124, 142
Zuhören 164ff., 273ff., 292
Zuhören, aktives 272
Zuhören, ungenaues 276
Zustandsverb 74f.

Monica Jackson
Elizabeth Stark
Zelte auf dem Dach der Welt

Mit einem Vorwort von Lene Gammelgaard
296 Seiten mit zahlreichen Abbildungen, Broschur

Drei Bergsteigerinnen lassen Job und Familie hinter sich, um die Gipfel in einem unerforschten Gebiet des Himalaya zu erklimmen.
Mit geringen Mitteln, aber um so größerem Enthusiasmus finden sie einen Weg zu diesen abgelegenen Bergen an der Grenze von Nepal und Tibet. Das Pionierstück gelingt ihnen im Frühling 1955, nur zwei Jahre nach der Erstbesteigung des Mount Everest durch Edmund Hillary. Es ging als erste Frauen-Himalaya-Expedition in die Geschichte ein.

Ein lebendiger Bericht über Grenzerfahrungen im Himalaya und eine fesselnde Story für alle Frauen, die ihre Träume mit Mut und Selbstvertrauen verwirklichen wollen.